丛书编委会

主　编 徐　蓝

编　委（以姓氏拼音为序）

　　　崔　丕　韩长青　梁占军

　　　史桂芳　徐　蓝　姚百慧

20世纪国际格局的演变与大国关系互动研究丛书

"十二五"国家重点图书出版规划项目

中法建交多国档案选编

Selected Multinational Archives on the Establishment of Sino-French Diplomatic Relations

姚百慧 / 编

社会科学文献出版社
SOCIAL SCIENCES ACADEMIC PRESS (CHINA)

本书为国家社科基金重大项目"20世纪国际格局的演变与大国关系互动研究"(11&ZD133)的阶段性成果

总　序

本套丛书研究的是 20 世纪国际格局的演变与大国关系的互动之间的关系。其中既要考察 20 世纪主要大国之间关系的发展变化，也要探讨大国之间的关系变化对国际格局演变的影响，以及在一定历史时期内相对稳定的国际格局对大国关系形成的反作用。

之所以选择研究这个课题，主要有以下几点考虑。

第一，大国关系与国际格局的演变密切相关。自近代民族国家产生以来，大国之间的关系始终是最重要的国际关系，对世界历史的发展、国际格局的变动、国际秩序的构建、各民族国家的命运，都产生过十分重要的影响。特别是 20 世纪以来，世界历史发生的各种重大事件以及国际格局从欧洲中心到两极格局，再到多极化趋势发展的巨大变化，无不与大国之间关系的发展变化紧密相连。换句话说，大国和大国集团的力量对比和关系变化构成了世界格局的重要基础，是国际格局变动的决定性力量。与此同时，国际格局也实际影响并制约着一定历史时期内的国际秩序，并进而影响着一国的战略选择和政策制定。

第二，加强对 20 世纪国际格局的演变与大国关系的互动研究是当今国际形势发展及中国国力增长的需要。进入 21 世纪以来，国际形势发生了深刻变化，经济全球化迅速发展，世界多极化不可逆转。但是，在今天的世界上，民族国家仍然是国际行为的主体，因此，民族国家如何在国际竞争中有效地维护自己的国家主权，捍卫自己的国家利益，如何在国际合作中取得双赢和多赢的结果，仍然是每一个民族国家面临的重要问题，也是正在崛起的中国面临的重大问题，更是一个关系到中国长远稳定和平发展的重大战略问题。可以预见，随着中国改革开放政策的稳步推进，随着中国国力的不可阻挡地快速发展，随着中国在国际经济、政治、军事、文化等领域的重要性不断提升，在今后的几十年时间里，中国与外部世界特别是与一些大国之间的关系必将呈现出更多的冲突、摩擦、竞争与合作的错综复杂的局面。因此，研究英国、美国、法国、德国、日本、苏联（俄罗斯）

等大国在构建有利于自己的国际格局、国际体系时所做出的外交努力，研究20世纪国际格局的变动与大国关系变化之间的互动，对于当今的中国如何在大国关系演变、国际格局和国际秩序的变革中发挥负责任大国的作用，构建有利于中国的国际格局和国际体系，有着重要的参考价值和借鉴作用。

第三，研究这一课题是学术发展的需要。鉴于大国关系与国际格局的重要性，国内外的学者在历史学领域和国际政治学领域的相关研究已有颇多建树。

在历史学领域的研究，主要是运用历史学的实证方法，通过对档案资料的研究和解读，或对双边或多边大国关系中的具体个案进行微观的深入探讨，或从外交史出发对大国关系进行通史性论述，以揭示主要大国之间的错综复杂的关系发展。一些著作已经涉及20世纪的国际格局、国际体系、国际秩序等问题，对国际组织的活动也有所探讨。这些成果，为我们提供了重要的研究基础。但是这些研究仍然比较缺乏宏观的视野、辩证的思考和应有的理论深度。西方学者的研究成果虽然有许多可取之处，但是其基本主导思想是以西方特别是以美国的理念来改造世界（尽管美欧之间也有分歧），建立西方主导的国际格局和国际秩序，并维护这种秩序，因此只具有借鉴意义。

在国际政治学领域的研究，主要是依据欧美大国关系的发展历史和处理国际关系的经验而发展出来的一系列国际关系理论，通过对历史案例的解读和相对宏观的论述，说明大国之间的关系以及对国际格局、国际秩序的影响，以此分析当今的国际问题和国际形势发展趋势，并提出对策。这种把国际政治学和国际关系史结合起来的研究方法，以及通过对当前的国际问题的研究为中国外交提出对策的视角，对本课题的研究具有重要的启发和借鉴作用。但是这些研究较缺乏基于原始资料的历史考察，以及缺少对大国关系的发展与国际格局、国际秩序的建立和演变之间互动关系的历史研究。西方学术界运用其国际关系理论来看待20世纪国际格局和大国关系的发展，带有很大的片面性，往往把西方大国崛起时的对外扩张视为普遍真理，并以此来看待正在发展的中国，宣扬"中国威胁论"，这是我们不能接受的。

因此，将历史学与国际政治学二者结合起来、将微观研究与宏观考察结合起来，具体探讨国际格局、国际体系、国际秩序的构建和演变与大国之间关系变化的互动关系，是本课题研究的学术发展空间。

第四，与近年来国外大量新解密的原始档案资料特别是外交档案资料相比，中国国际关系史的资料建设相对落后，一些整理汇编的资料集多以20世纪50～70年代翻译的资料为主，严重制约了中国的国际关系史研究。因此，本课题在进行研究的同时，将密切跟踪不断解密的国内外档案文献，精选、翻译、编辑一些重要的国际关系史料并陆续出版。

鉴于国际格局的演变是一个比较长期的过程，要经过许多重大的事件导致国际关系特别是大国之间的关系发生一系列变化的量化积累，最后才会导致国际格局发生质变，因此本课题的研究着眼于20世纪的较长时段，突出问题意识，以唯物史观为基本指导，运用历史学与国际政治学的交叉研究方法，以历史学的微观探究为手段，以国际政治学的宏观战略高度为分析视角，通过对20世纪重要大国之间关系发展的一系列重大问题的专题实证研究，力图深层次多角度揭示大国关系的发展及其与国际格局、国际秩序演变之间的互动关系，为今天正在和平发展的中国如何处理与其他大国的关系，包括如何处理与目前由大国主导的国际组织的关系、如何在当今世界积极发挥自己作为负责任大国的作用，从而构建有利于中国发展的国际格局、国际体系、国际秩序、国际机制和国际安全环境，提供历史借鉴、重要启示和基本的理论与现实支持。与此同时，本课题的研究也希望能够在培养具有世界眼光、了解大国之间关系发展的历史、知晓国际关系的复杂性和曲折性、具有对世界多元文化的认知与理解力、从而能够在纷繁复杂的国际关系现实中处变不惊的人才方面，有所贡献。

为了将本课题的研究成果集中呈现，首都师范大学国际关系研究中心和社会科学文献出版社联合推出这套"20世纪国际格局的演变与大国关系互动研究"丛书。这套丛书包括专著、资料集和论文集等若干种，这些成果也是国家社科基金重大项目"20世纪国际格局的演变与大国关系互动研究"（项目号：11&ZD133）的组成部分。

徐　蓝
2014年4月

目　录

编者导论 ··· 1

第一部分　中国档案 ·· 7

第二部分　法国档案 ·· 30

第三部分　美国档案 ·· 109

第四部分　其他国家档案 ·· 233

　　壹　德国档案 ·· 233

　　贰　澳大利亚档案 ·· 239

附录一　中法建交大事年表 ··· 244

附录二　参考文献 ·· 247

附录三　档案简目（档案编号序） ·· 255

附录四　索引 ··· 258

后　记 ··· 266

编者导论

1964年的中法建交，曾被学界誉为"外交核爆炸"，震惊世界。[①] 中法建交已过50余载，为促进学术研究，并纪念这一事件，特编选本资料集。为便于读者利用，此处对中法建交概况、相关档案解密情况及本书编选原则作些简单说明。

一 中法建交概况

中法国家层面的关系始于鸦片战争，此后历经晚清和民国政府一直存续。1949年，蒋介石在大陆的统治被推翻，新中国成立，中国实现了政权更替。已在中国大陆建立有效管辖的新中国，理应继承中国在国际上的地位，并获得国际社会的承认。然而在冷战的背景下，作为西方一员的法国追随美国不承认新中国的政策，继续同在台湾的国民党当局维持着"外交"关系。[②] 1949～1962年，中法间只有一些民间性质的经贸文化往来。

20世纪50年代末，国际格局从战后初期的两极格局逐步向多极化态势演进，美欧矛盾和中苏分歧的加剧，成为推动这种态势的重要力量。两极格局的松动为分属两大阵营的中法两国发展关系提供了机遇。与此同时，中国外交战略开始有了一个较大的变化，从"一边倒"、集中力量孤立和打击美帝逐步转为反对美帝国主义和苏联修正主义，并日益重视西欧尤其是法国这些"间接同盟军"在反帝反修中的战略作用。而戴高乐领导的法国为恢复法国大国地位，追求对美外交独立，同时为重返印度支那地区做准

[①] 参与富尔访华期间中法建交谈判的张锡昌在其回忆性文章中说，中法建交被西方媒体誉为"外交核爆炸"，但他没有对此说的来源进行更深入的介绍。见张锡昌《亲历中法建交》，黄舍骄主编《春华秋实四十年——中法建交回忆录》，世界知识出版社，2004，第1页。

[②] 新中国成立后，法国驻华大使梅理蔼于1949年11月被召回。此后，法国并未向台湾派出"大使"，也未同意台湾派遣"大使"的要求。法台关系长期维持在"代办"级甚至是"临时代办"的级别上。对这个问题的考察，可参见黄庆华《中法建交始末——20世纪40～60年代的中法关系》，黄山书社，2014，第127～138页。

备，也把中国作为可以利用的重要力量。

1963年10月下旬法国前总理埃德加·富尔以"私人名义"访华，按戴高乐的指示与中国商谈发展两国关系的问题。富尔访华期间，毛泽东、刘少奇曾分别予以接见。周恩来、陈毅在北京、上海两地与其进行了多次会谈。最终，中法在内部默契的基础上，达成了直接建交、立即互换大使的方案，并约定通过互换照会来完成建交步骤。同年12月到次年1月，中国驻瑞士大使李清泉和法国外交部欧洲司司长雅克·德波马歇（后改任外交部办公室主任）在瑞士伯尔尼进一步商谈建交问题，最终确定建交方案。

1964年1月27日，中法同时公布建交公报，宣布建立外交关系。2月10日，台湾当局与法国"断交"。同年5月底至6月初，法国驻华大使吕西安·佩耶和中国驻法大使黄镇分别到任并递交国书，法国和新中国的外交关系最终建立。

二　相关档案解密及出版情况

许多国家的档案中都有对中法建交经过及其影响的相关记载。根据本书编选情况，这里简略介绍中、法、美三国相关档案的解密情况。

2004~2008年，中国外交部分三批开放了1949~1965年形成的外交档案，其中与中法建交有关的主要档案解密于2008年。这批档案包括关于富尔访华的文件[1]、关于瑞士建交谈判的文件[2]，以及中国对法国内政、外交评估的文件。[3] 除少量几件外，绝大部分尚未出版。[4]

---

[1] 主要集中在110-01982的系列卷宗中，共16卷。
[2] 主要集中在110-01997的系列卷宗中，共10卷。
[3] 这些外交部档案的一份相对完整的目录已整理并发表，参见姚百慧编《中法建交多国档案选编（一）：中国解密档案》，华东师范大学冷战国际史研究中心编、李丹慧主编《冷战国际史研究》（第8辑），世界知识出版社，2009，第437~451页。
[4] 根据编者的调查，只是在《周恩来外交文选》、《毛泽东外交文选》、《中法建交四十年重要文献汇编》等资料汇编中收录了数件有关中法建交的文件。由于中国外交部档案馆"系统升级"，现已无法在档案馆查阅任何档案资料。不过，有些学术著作中，提供了一些中法建交档案的全文或主要部分。如富尔访华相关文件，可参见：黄庆华《中法建交始末——20世纪40~60年代的中法关系》，第272~339页；姚百慧《中法建交谈判中关于台湾问题的"三项默契"——〈周恩来总理谈话要点〉形成考释》，《当代中国史研究》2012年第2期，第71~81页。瑞士建交谈判相关文件，可参见黄庆华前引书，第339~356页；姚百慧《〈中法建交公报〉形成考释》，《当代中国史研究》2013年第2期，第86~94页；

从1990年代末开始,台湾也陆续开放了其"外交档案"。在这些档案中,关于中法建交的卷册众多,主要集中在台湾"外交部"档案中,其馆藏有二:一为中研院近代史研究所藏"外交部"档案(注释中简称:近史所外档);二为"国史馆"藏"外交部"档案(注释中简称:"国史馆"外档)。① 也有少量档案见于"总统文物",典藏于"国史馆"。这些台湾档案尚未被系统整理出版。② 另外,斯坦福大学收藏的蒋介石日记中,也有关于中法建交的内容。③

姚百慧《"速决为宜":论中法瑞士建交谈判中的中国外交》,徐蓝主编《近现代国际关系史研究》(第2辑),人民出版社,2012,第290~315页。此外,伍德罗·威尔逊中心编辑的论文集附录的档案中有两件翻译成英文的中国档案。这两份档案为:《中法建交情况和有关问题》(1964年1月),中国外交部档案馆,110-01998-01,第27~44页;《外交部致各驻外使馆、代办处、各驻外机构,转发中央关于中法建交宣传要点的通知》(1964年1月26日),中国外交部档案馆,110-01998-03,第17~21页。Enrico Fardella, Christian F. Ostermann and Charles Kraus eds., *Sino-european Relations during the Cold War and the Rise of a Multipolar World*: *A Critical Oral History*, Washington D. C.: Woodrow Wilson International Center for Scholars, 2015, pp. 306-326.

① 据中法建交时任台湾"外交部""欧洲司副司长"的刘达人回忆,当时以"一等秘书"回台北办事的朱震球专门负责处理中法建交事宜,并编订了五大卷资料,并自比为"经典之作"。参见刘达人《刘达人先生访谈录》,何智霖、蔡慧瑛访问;蔡慧瑛记录整理,台北:"国史馆",1997,第118页。实际上,台湾档案中关于中法建交的卷宗远不止此数。近史所外档中,以《法匪建交》为卷名的,就有14册;另有《法国拟承认匪共》、《法匪建交各国反应资料原稿》、《法匪建交我对法抗议》、《法匪建交应变之经费》、《法匪建交后我在法工作》、《中法绝交(照会与声明)》、《法匪建交与我方之因应措施》、《法匪建交后之中法关系》、《中法断交资料》(两册)、《法国承认中共》、《关闭驻法大使馆》、《驻法大使馆产权之维护》直接相关卷册12卷13册,以及《中法关系》(三册)、《法国拟支持中共进入联合国》、《驻法使馆杂卷》、《总统与戴高乐总统来往电稿》间接相关卷册4卷6册。在"国史馆"外档中,计有《美国对法匪建交之舆论》、《法匪建交》、《侨胞对法匪建交之反应》、《各国对法匪建交之反应》(两册)、《美国对法匪建交之反应》(两册)、《欧洲国家对法匪建交之反应》、《非洲国家对法匪建交之反应》、《拉丁美洲国家对法匪建交之反应》、《亚洲国家对法匪建交之反应》(两册)、《法匪建交本部各项通电》、《法匪建交总统及部长与使节谈话》、《法匪建交后中南美各国态度》、《法国承认匪共后各国之反应》直接相关卷册13卷16册。由于档案馆藏调整,"国史馆"外档中除了最后一卷,其余现在均无法看到。台湾典藏"外交部"档案的还有台"档案局",但它不对台湾以外人士开放,所以笔者现在的调查仅限于近史所和"国史馆"。

② 编者整理了台法交涉部分台湾档案,见姚百慧编《中法建交多国(地区)档案选编(四):台湾解密档案》,华东师范大学冷战国际史研究中心编、李丹慧主编《冷战国际史研究》(第17辑),世界知识出版社,2014,第297~359页。以下简称《中法建交多国档案选编》(四)。

③ 翟强的论文中,较为系统地引用了这部分蒋介石日记。见翟强《美台对中法建交的反应(1963~1964)》,《史林》2013年第2期,第136~151页。

法国外交档案遵循 30 年解密的原则，关于中法建交的档案在 20 世纪 90 年代就可以查询利用。这部分档案主要收录在 1944 年以后"亚洲－太平洋地区"的相关卷宗里（MAE，ASIE – OCEANIE 1944 – ）。法国外交部出版的《法国外交文件集》（*Documents Diplomatiques Français*，DDF）以及戴高乐的《书信、札记、文稿》（*Lettres，Notes et Carnets*）中，收录了不少有关中法建交的重要档案。关于中法关系的文件，国内外有非常零散的译本。①

美国政府外交档案亦遵循 20 ~ 30 年解密的原则，关于中法建交的档案绝大部分已解密。这些档案主要分布在国务院、中央情报局、国家安全委员会等机构中，其中以国务院的档案为最多。ProQuest 公司所属的美国大学出版社（University Publications of America，UPA）较为系统地以缩微形式出版了这些档案②；也有部分档案由学者或数据库公司挑选出版，收录在诸如《美国对外关系文件集》（*Foreign Relations of the United States*，FRUS）、"解密文件参考系统"数据库（*Declassified Documents Reference System*，DDRS）、"数字化国家安全档案"数据库（*Digital National Security Archive*，DNSA）等文件系统中。③ 有些档案亦被译成中文。④

---

① 加勒特·马丁把 26 件法文档案翻译成英文，刊登于伍德罗·威尔逊国际学者中心的网站；笔者与李晓姣整理、翻译了部分法文档案，刊登于《冷战国际史研究》和《近现代国际关系史研究》。分别见 Garret J. Martin, "A 'Diplomatic Nuclear Explosion'? Sino-French Relations in the 1960s", CWIHP e-Dossier, No. 53, http://www.wilsoncenter.org/publication/% E2% 80% 9Cdiplomatic-nuclear-explosion% E2% 80% 9D-sino-french-relations-the-1960s, 访问时间：2014 年 9 月 16 日；姚百慧编《中法建交多国档案选编（三）：法德澳解密档案》，华东师范大学冷战国际史研究中心编、李丹慧主编《冷战国际史研究》（第 12 辑），世界知识出版社，2011，第 367 ~ 403 页；李晓姣编《中法伯尔尼建交谈判法文档案选译——法国谈判代表的纪录》，徐蓝主编《近现代国际关系史研究》（第 3 辑），人民出版社，2013，第 315 ~ 322 页。
② UPA 出版的关于中法建交的缩微主要包含在以下几套档案中：（1）*Confidential U. S. State Department Central Files，China，February 1963 – 1966，Part 1：Political，Governmental，and National Defense Affairs*；（2）*The John F. Kennedy National Security Files，1961 – 1963，Asia and the Pacific*；（3）*The John F. Kennedy National Security Files，1961 – 1963，Asia and the Pacific，First Supplement*；（4）*The Lyndon B. Johnson National Security Files，1963 – 1969，Asia and the Pacific*；（5）*The Lyndon B. Johnson National Security Files，1963 – 1969，Asia and the Pacific，First Supplement*；（6）*CIA Research Reports：China，1946 – 1976*。
③ 其中，FRUS、DDRS 中收录的中法建交档案相对较多。
④ 在陶文钊、牛军主编的《美国对华政策文件集》（第 3 卷，世界知识出版社，2005）和沈志华、杨奎松主编的《冷战时期美国对华情报评估：解密档案选编（1948 ~ 1976）》（东方出版中心，2009）中收录了部分 FRUS 和中央情报局的文件。

三 档案编选原则

本书收录中、法、美、德、澳五国档案共161件，其来源及分布如下：中国档案限于从公开出版物中选取，共7件；法国档案，选取《法国外交文件集》、戴高乐的《书信、札记、文稿》及法国外交部的未刊档案，共57件；美国档案，选取 FRUS、DDRS、DNSA 以及 UPA 部分缩微中的档案，共93件；另有从德国（联邦德国）和澳大利亚的外交档案中选译的档案各2件。① 主要文件为有密级的档案文献，但也根据内容重要性适当选取了几件当时已公开的文献。

在档案编选上，本书遵循如下原则。

（一）档案来源选择。档案有正本、草本的，以正本为准，但有些重要的改动会在注释中体现；同一份档案有多种文件源的，尽可能注以方便查找的来源；② 有多语种的档案，努力查找档案的最初语种版本。

（二）档案编号。档案左上角之档案编号为编者自拟，分别表明该档案的时间（8位编码）和整理档案时的流水号（5位编码），格式为：×××××××× ，ZFD×××××。

（三）档案标题。现标题为编者自行拟定。拟定标准主要是根据档案的类型；电报、信函、照会等标明收发者；谈话记录、备忘录等标明谈话双方，等等。由于电报内容中多有参照相关电报之说明，所以在整理电报时在标题后增加了文号。

（四）档案时间。档案时间以原档生成的主日期为准。如电报为正式发出时间，但美国国内机构接收的电报，则以接收日期为准。

（五）档案内容。一般照原文全文照录或照译。如下几点需做特别说明：

1. 节录与节译。部分档案内容涵盖广泛，本书只节录或节译了与中法建交有关的部分。省略部分，在注释中加以说明。

2. 部分未解密的内容，以"（有……未解密）"形式标出。

---

① 本书编选的部分档案，曾连载于《冷战国际史研究》（第8~9辑、第12辑）和《近现代国际关系史研究》（第3辑），收录入本资料集时，修订了部分文件的标题、译文及注释。

② 如美国档案中，一般来说，FRUS 利用最为便利，DDRS、DNSA 等数据库次之，缩微胶卷利用最困难。

3. 部分档案对中国及其领导人时有蔑称或不正确的评判，在涉台用语上与我们也不尽一致。为维持档案原貌，整理时未加改动，希望读者阅读时自行辨别。

4. 整理中对档案中部分标点及数字进行了修订，以照顾中文的文法和阅读习惯。

（六）档案附件。原档案附件，根据内容重要性，适当加以收录；未收录的，也做注释予以说明。

（七）档案注释。档案注释有两种类型。一是档案原注。本书部分档案来自纸本出版物，对原编译者的注释，适当予以选取，并以"——原编译者注"加以标明。二是本书编者自己所加注释，以说明档案来源，介绍相关档案关系，对档案内容进行补充等。

此外，本资料集最后还制作了"中法建交大事年表"、"参考文献"、"档案简目（档案编号序）"、"索引"4个附录。

第一部分　中国档案

一　目录

19551101，ZFD00023，周恩来同法国议员代表团的谈话（节录）（1955年11月1日）

19631023，ZFD00083，周恩来与富尔谈话记录（节录）（1963年10月23日）

19631102，ZFD00090，周恩来总理同富尔达成的三点默契（1963年11月2日）

19640127，ZFD00091，中华人民共和国和法兰西共和国之间建立外交关系的联合公报（1964年1月27日）

19640128，ZFD00092，中华人民共和国外交部发言人声明（1964年1月28日）

19640130，ZFD00020，毛泽东同法国议员代表团的谈话（1964年1月30日）

19640218，ZFD00099，中法贸易（1964年2月18日）

二 正文

19551101，ZFD00023

周恩来同法国议员代表团的谈话（节录）①

（1955年11月1日）

西方国家同中国的关系存在着三种形式。

第一种是北欧国家同中国的关系。它们承认新中国，割断了同蒋介石的外交关系，不但在国内而且在国际上支持新中国，特别是在联合国支持恢复新中国的地位、反对蒋介石的代表。这是一种完全的外交关系。瑞典、丹麦、挪威都派大使或公使驻中国，中国也派大使或公使驻对方。

第二种是英国、荷兰同中国的关系。它们承认新中国，同蒋介石断绝了外交关系，但在联合国又支持蒋介石，不承认新中国的地位。这不是完全承认新中国。我们同它们就只有半外交关系，只有代办驻对方首都。这种半外交关系对处理某些事情不是十分方便的。去年我对艾登首相（当时是外交大臣）也说过。②他说，他们承认了中国。我说，不错，你们承认新中国，但在联合国又承认另一个"中国"，而我们只承认一个英国，所以我们不能互换大使。艾登也承认这种情况不好。现在世界上有人有这么一种想法，好像中国可以容许"两个中国"的存在，就像德国、朝鲜和越南那样。中国人民决不能接受这种情况。两个德国、两个朝鲜和两个越南是战争造成的，它们也要求统一。中国本来是统一的，中国内战的结果是中国人民取得了彻底的胜利，蒋介石被中国人民所抛弃。革命成功，新的代替旧的，不能有"两个中国"。法国大革命后，路易十六被推翻，新的代替旧的，法国人民不能容许有两个法国。所以我们要向你们说明，中国人民不能容许制造"两个中国"的阴谋实现。我们同英国朋友也说过好多次。

第三种是法国、比利时同中国的关系。它们只承认蒋介石。不但在联

---

① 资料来源：中华人民共和国外交部、中共中央文献研究室编《周恩来外交文选》，中央文献出版社，1990，第155～157页。根据原编译者注，这是周恩来同法国议会外交委员会主席麦耶率领的法国议员代表团的谈话记录。

② 日内瓦会议上周恩来同艾登的会谈，见《周恩来与艾登谈话纪要（节录）》（1954年6月1日），中华人民共和国外交部档案馆编《中华人民共和国外交档案选编（第一集）：1954年日内瓦会议》，世界知识出版社，2004，第417页。

合国如此，而且蒋介石在巴黎、布鲁塞尔都驻有"使节"。因此，中法、中比关系只能在人民中先发展起来。这种情况当然是不正常的，法、比政府承认蒋介石，而人民同新中国来往。但时机成熟了，法、比政府也会承认新中国的。我们只承认一个法国，法国人民选择哪一个政府我们就承认哪一个政府。无论是拉尼埃－皮杜尔政府、孟戴斯－弗朗斯政府、埃德加·富尔政府、也许将来是其他人的政府，只要是法国人民选择的，我们就没有理由不承认。现在法国政府却承认蒋介石，在联合国支持蒋介石。

为了将来建立完全的外交关系，中国承认一个法国，法国也应当承认一个中国。现在做准备工作，将来建立完全的外交关系。不能既承认这个，又承认那个，搞得很尴尬。中国政府和人民愿意法国走北欧国家的道路，同中国建立完全的外交关系，这对两国人民的友谊和世界和平都是有好处的。如果法国政府、法国议会有困难，现在可多进行人民之间的来往，多进行贸易和文化交流，造成气氛，然后水到渠成，承认新中国，同蒋介石割断关系。中国方面是可以等待的。

在过渡时期两国人民友好一定会加强，这在法国议会里有所反映，法国就可以采取北欧国家的办法而不经过第二种形式。经过第二种形式没有好处。这就是说，两国人民要多来往，特别是政治活动家要多来往，法国议会派代表团来中国，我们希望我国全国人民代表大会也能派代表团到法国去。此外，可以增加文化、科学方面的来往，贸易方面可增进民间的贸易来往，甚至可以签订半官方的贸易协定。来往频繁起来就好。世界在变化，这种变化有利于我们和平相处。大家努力，中法建立外交关系就不会太晚。说穿了，美国是阻挡不住的。具有光荣革命历史的法国会走在美国前面，而且会走在英国前面。

19631023，ZFD00083

周恩来与富尔谈话记录（节录）①

（1963年10月23日）

富尔（以下简称富）：法国元首戴高乐将军希望同中国领导人就两国关

---

① 资料来源：《周恩来外交文选》，第155~157页。外交部的原档，见中华人民共和国外交部档案，110-01982-08，第30~43页。根据笔者的比对，《周恩来外交文选》已收录了会谈的实质内容部分。

系问题进行会谈。他认为，像我们这样两个大国的领导人现在还不能进行会谈是不正常的。由于两国间没有外交关系，过去只是有一些来访的人带回去一些零星的消息，因此，戴高乐将军要我来中国，代表他同中国领导人会谈。他认为，我这次访华的使命不宜公开。这并不是想掩盖他对中国的感情，而是因为一旦公开出去，报界就会大做文章，那就不能安安静静地深入讨论问题。不过，此次访华还是正式的、官方性质的。戴高乐将军有一封亲笔信①给我，信中授权我代表他同中国领导人会谈。

（富尔念信，并将副本递交周总理）

我来中国的任务是进行接触，没有一个特定的问题作为会谈的中心。因为长期以来两国没有接触，现在应该恢复接触。正如戴高乐将军在信中所说，会谈将涉及各个方面。这就是说，不仅是经济、文化方面，而且涉及政治方面。因此，他选择了一个政治家来中国。我了解戴高乐将军在很多问题上的想法，在其他一些问题上，我也可以提出自己的看法，然后向戴高乐将军报告。

周恩来总理（以下简称周）：从戴高乐将军的信中可以看出，法国很注意如何增进中法两国的关系。我们一向有这种愿望，阁下上次来华时②，我已经谈过这个问题。但是，当时觉得时机尚未成熟，我们愿意等待，并做些推动工作。这几年，戴高乐将军当政，做了一些工作，特别是在维护国家独立和主权方面采取了勇敢的步骤。有些大国可能不高兴。我们觉得，一个国家应该如此，不受任何外来的干涉，因为一个国家的事务只能由这个国家自己解决。

法国多年来没有解决的阿尔及利亚问题，已经根据阿尔及利亚民族自决的意志得到解决，法国承认了阿尔及利亚的独立。想必你还记得，上次我们谈过这个问题，我也同孟戴斯-弗朗斯谈过，觉得法国和阿尔及利亚可以通过和平谈判求得有利于双方的解决。结果还是通过和平谈判解决了。法国解决了多年未能解决的问题，这是件好事。我们很重视法国在国际事

---

① 在这封信中，戴高乐写道："我再次重申我对你在下次旅行期间将和中国领导人进行接触的重视。由于我们最近的会谈，我能够向你清楚地指出，为什么我非常重视有关我们和这个伟大人民间各方面关系的问题，以及我是怎样重视这个问题的。请相信，我完全相信你将谈到和听到的一切。"《法国前总理富尔面交周恩来总理的法国总统戴高乐给他的亲笔信（译文及原件影印件）、富尔准备向戴高乐提出的报告及补充说明等》，1963年10月9日~10月28日，中华人民共和国外交部档案，110-01982-07。

② 1957年5~6月，富尔夫妇曾受中国人民外交学会之邀，以私人名义在华访问一个月。

务中的作用。

另外,阁下可能也有兴趣,那就是莫斯科三国部分禁止核试验条约①,你们没有签字,我们也反对。可能双方看法不尽一致,我们虽然并未交换过意见,但表现出来的行动是一样的。因此,世界舆论,特别是某些大国,把中法两国拉在一起。实际上我们两国事先没有进行任何商谈,也没有任何默契,而且两国社会制度完全不同。这件事证明了这样一个真理:任何社会制度不同的国家,只要彼此没有互相侵犯的意图,并且互相尊重主权和独立,是可以和平共处的。即使两国没有正式往来,即使你们还继续承认台湾蒋介石集团而尚未承认中国人民建立起来的中华人民共和国,但我们的行动可以得出同样的结论。为什么?因为我们有共同性,我们都要维护自己的独立和主权,不愿受任何外国的干涉和侵犯,我们都赞成在国际上应该维护世界和平,不允许几个大国垄断世界事务,因为这样不能维护世界和平,反而会增加战争危险。只有世界所有国家取得平等地位,大家都有权过问世界事务,才能真正达成协议,才能真正维护世界和平。

好,我就开这个头,请你谈谈,不受拘束。

富:我很注意地听了总理的谈话。首先你谈到法国的独立的政策。戴高乐将军对此很重视。你知道他一直很关心这个问题,即使在抵抗运动时期,法国很弱,戴高乐将军仍然要保持法国政策的独立性。现在法国的政策完全独立自主,我们同某些国家有防御性的联盟关系,但这只在遇到侵略的时候才起作用,因而是有限的。除此以外,法国在政治上是完全自由的,可以独立处理问题。戴高乐将军对此非常注意,来华前他在同我谈话时也提到,要我就这个问题向你们作一些说明。

第二点,总理提到阿尔及利亚问题,我还记得上次的谈话。先是孟戴斯—弗朗斯,接着是我自己,让摩洛哥、突尼斯独立。总理知道,阿尔及利亚问题比摩洛哥、突尼斯问题复杂得多。在这个问题上,戴高乐将军具有历史性的远见。这是一贯的。一九三九年戴高乐将军主张抗德,一九四四年他试图同苏联接近,一九五八年他开始实行全部非殖民化政策。现在法国已经不再有任何殖民关系,他不阻止过去法属国家走社会主义道路,阿尔及利亚就是一例。

---

① 指美、苏、英三国外长于1963年8月5日在莫斯科签订的《禁止在大气层、外层空间和水下进行核武器试验条约》(又被称作"部分禁止核试验条约")。该条约全文,见世界知识出版社编《国际条约集(1963~1965)》,商务印书馆,1976,第206~208页。

至于莫斯科三国部分禁止核试验条约，我们两国所处的地位相同，两国都有能力建立核力量。正如戴高乐将军比喻的那样，三国条约等于劝告一些疲惫不堪的人不要去游泳横渡英伦海峡。一些像微生物那样小的国家，根本不可能有原子弹，但是签了字，就说这是胜利，可笑之至。

周：勇敢的柬埔寨，国家虽小，但也没有签字。

富：是的，有些国家没有签字。正如总理所说，在这个问题上，我们有些不同的看法，但主要方面是一致的。在策略上我们都拒绝签字，但我们承认必须进行裁军以维护和平，而莫斯科三国部分禁止核试验条约则同裁军无关。有些意识形态和历史方面的问题，我不想详细谈。法国是第一个进行大革命的国家，法国所遇到的问题不同于中国。法国大革命时，还未达到工业化，马列主义也还没有。而你们革命时，需要打倒封建主义、资本主义、外国干涉三大敌人。如果你们保留资本主义制度，就不能避免外国重新干涉中国。这是我自己对历史的解释。两国情况不同，法国很早就推翻了封建主义，没有外国干涉，只有民族资本主义。此外，法国的经济和制度正在向温和的社会主义发展，很多部门国有化了，很多地方有农业合作社，国家能全部掌握财政、金融、货币。美国就不是这样，在美国，如果没有得到大银行的同意，政府不能采取任何措施。

现在谈另外一个问题。我们一开始就没有承认中华人民共和国，而保持同蒋介石的关系。我们一致认为这是不正常的，而且产生了很多问题。我不愿意像一个商人那样来谈这个问题。我们没有什么特别的要求要提出来，因为目前的局面对我们没有什么特别的坏处。但是这种局面是不正常的，是奇怪的，因此，我们愿意同你们交换意见。上次来中国时谈过这个问题，当时的结论是：时机尚未成熟，需要等待。同时，那时我也没有受法国最高当局的委托来谈这个问题。从那时以来，情况变了，现在可以根据各自的看法来研究这个问题。戴高乐将军的信中用了"各个方面"这个字眼，因此，我们可以全面研究两国关系。如果现在建立正式关系还有困难，可以研究如何发展现存的关系。我这次访华表明了加强两国关系的愿望。因为两国长期未接触，不能带来各方面的具体问题。总之，无论中国或是法国都没有迫切的利害问题要解决，但双方都愿意会谈。因此，根据戴高乐将军的指示，采取现在这种办法，对外是私人访问，准备在中国停留足够的时间，即两星期。希望总理考虑我刚才提到的问题。希望见毛主席、刘主席，请总理安排。会谈的方式也请总理决定。

周：我了解你的意思。可以不止谈一次，可以谈几次，自由交换各种意见。除了你要我考虑的问题外，今天还想问一个问题。中法建立正式关系，法国同台湾的关系是一个困难。我想了解一下，除了这个困难，还有什么困难？上次我说过，我们可以等待，要解决总要有个合理的办法。

富：坦白地回答你的问题。如果不考虑台湾问题，我们愿意建立正式关系。这是戴高乐将军授权我表示的态度。作一点个人的解释，作为你的朋友，我认为总统是以勇敢的精神、历史的眼光来考虑这个问题的。因为我们作出这个决定一定会受到苏、美的指责，只有像他这样的历史人物、政治人物才能作出这样的决定。我们没有自私的利益。要恢复关系，必须使这种做法不使中国为难。如果法国同中国建立正式关系，要避免过去复杂的办法，交换大使的做法是很正常的。这种事情应该使中国愉快，而不是使中国为难，应该是对中国表示友好，而不是使中国难堪。你们方面，在戴高乐将军采取这种具有历史意义的步骤时，也不要强加使他不愉快或丢脸的条件。在世界舆论面前，中法关系的恢复不能被看作是一项交易，而是友谊的表现。我个人认为，直到现在还不能利用这些条件是很可惜的。明确地说，我访华的直接目的不在此，我的任务是开始接触，讨论各种问题。但如你们有此愿望，我们愿意作有利的答复。

周：第一句是戴高乐将军的话，其余是你的解释。如果我记得不错，法国政府过去曾经表示，承认中国要经过国际协商，要西方一致。

富：总统授权我说，如果你们愿意讨论这个问题，我们愿意作有利的答复。这就是说，我们不从自己的利益提出问题，也不必管其他国家的意见，愿意考虑。我个人意见，我们能在这个问题上达成协议。戴高乐将军的想法是要迎合你们的意见。如果你们表示意愿，我有权表示法国的意愿。

周：可能我对你上面的谈话没有了解确切。你刚才谈要照顾两点，第一点是法国同新中国建交不能不考虑到苏、美的态度。

富：不，我只是说，如果总统这样做，势必引起苏、美指责，借此证明总统作出的决定是有历史意义的。

周：这也是客观事实。

富：法国奉行独立政策，不需要征求苏、美的意见，自己可以作出决定。我认为总统这种决定是勇敢的，因为要受到某些国家的指责。希望总统这种立场能使我们达成协议。协议不要包含使你们为难或不满的条件。

周：第二点是，也不要使法国为难或丢脸。对这两点，我说一说我们的意见。我们的态度很清楚。采取拖泥带水的办法，像英国、荷兰，双方都不大愉快。英、荷承认中国十三年，但同中国一直是半建交的关系，没有互换大使。因为英、荷一方面承认新中国，一方面又在联合国支持蒋介石集团，这使双方都不大愉快。与其如此，不如等待。这是第一点。第二，如果法国认为采取勇敢的行动，断绝同蒋帮的关系，同中国建交的时机已到，我们欢迎这种决心，也愿意同法国建交，直截了当交换大使。这是友谊的表现，而不是交易。我愿意说明，如果阁下、戴高乐将军觉得时机尚未成熟，还有困难，我们愿意等待。

富：你提了两个问题。第一个问题，不成问题，我们不会采取拖泥带水的办法，要么交换大使，要么维持现状。第二个是台湾问题，希望知道中国领导人的意见。如果承认中国，法国在联合国支持中国席位将是合乎逻辑的。台湾问题则是个微妙的问题。我们的想法不是迁就"两个中国"的主张，如果法国承认中国，那就是承认中华人民共和国，但这会涉及一些同台湾的关系的程序和措施问题。法国应该如何做，希望了解中国方面的意见。对法国来说，同台湾断绝一切关系有困难，因为岛上存在着一个事实上的政府，而且戴高乐将军没有忘记在战时他同蒋介石站在一边，不愿意突然切断关系。

周：这就困难了。蒋介石集团是被中国人民推翻和赶走的，这是中国人民的意志表现的结果。首都在北京的中华人民共和国政府是全国人民选择的，并且已经存在十四年了。没有台湾，就没有蒋帮，而蒋帮之所以能留在台湾，完全是由于美国的庇护和对我国内政的干涉。全世界人民都清楚。蒋帮之所以还留在联合国，还作为安理会成员，也是由于美国的操纵，这是现实的也将是历史的笑话。

说到法国过去在反法西斯时期同蒋介石的关系，这应该从国家关系来说，而不应该从个人关系来说。德国占领法国时，成立了贝当傀儡政权，法国抵抗运动受到了戴高乐将军的支持和领导，当时中国是蒋介石当权，同戴高乐将军站在一边是自然的，当时任何中国政府都会这样做。现在蒋介石被推翻了，新中国政府是中国人民选择的，所以世界上不少国家承认了新中国。英国、荷兰在承认新中国方面说是西欧国家中最早的，英、荷两国没有蒋介石的代表，因此本国没有出现"两个中国"。在反法西斯战争中，蒋介石代表中国同代表法国抵抗运动的戴高乐将军有关系，也同英国保守党政府有关系，这是历史上的问题，不能把个人关系掺杂到国家关系中来。反过来说，如果法国处在中国的地位，将如何考虑这个问题呢？现在法国是戴高乐将军领导的，如果外国势力在法国本土以外扶植一个反戴高乐将军的傀儡政权，说这是法国政府，法国对此采取什么态度呢？比方说，这个傀儡政权同中国有关系，那么中国要承认法国也只能承认戴高乐将军的政府，而不能承认傀儡政权。你们不存在这种情况，但你们可以设想一下。我可以举出一个不存在的甚至是可笑的设想。孟戴斯－弗朗斯领导过法国，日内瓦会议上我们合作得很好，据知他同戴高乐将军的关系是好的。假如说，他反对戴高乐将军，在外国势力的扶植下，成立反对派政权，我们不能因为一度同他合作得很好，而承认他这个外国势力扶植下的政权，不承认法国现政府。还可以举一个更可笑的设想。皮杜尔是反对戴高乐的，如果他在外国势力扶植下成立流亡政府，中国是否能因为一度与他有关系，就不承认法国现政府，而承认这个流亡政府或者两个都承认。你一定说这个设想很可笑。法国是一个有民族自尊心的和奉行独立政策的国家。中国也是这样一个国家。何况中国是受帝国主义势力侵略一百多年的国家，现在美国还占领着台湾，欺侮和干涉我们。

现在世界各国同中国的关系有三种类型，也许还会出现第四种类型。第一种类型，不仅在国家关系上承认中国，而且在联合国支持中国，可以交换大使，社会主义国家如此，不少亚非国家和拉美的古巴是如此，北欧四国和瑞士也是如此。第二种类型，英国、荷兰，同中国建立半外交关系。第三种类型，像法国同中国现在的关系，法国愿意促进同中国的关系，但由于在台湾问题上有困难，还未能建立正式关系。日本的情况类似，但不能说同法国一样，因为现在日本受美国控制，不像法国那样，是一个独立的、维护主权和拒绝外国干涉的国家。还可能产生第四种类型。刚才所说的第三种类型，与其长期等待，不如促进关系。台湾问题解决以前不能建立外交关系和交换大使，但可以建立非正式的关系，如先设立贸易代表机构，半官方的、民间的都可以。这个问题请阁下考虑。

富：回到开头谈的问题，如果能够找到建交的办法，要找前进的办法，不要先前进一步，又后退一步。如果其他问题都解决了，只剩下台湾问题不能解决，可以讨论贸易机构问题。总之，我的意思是：第一，先讨论建交、交换大使，台湾问题应如何处理。第二，如台湾问题不能解决，不能建交，可以考虑设立贸易机构。无论如何，这些问题都可以研究，我们可以研究各种方案。正因为如此，我们将采取秘密讨论的形式。因为如果消息传出去，说法国提出要求，中国拒绝了，或者是相反的情况，这都不好。可以考虑两种方案：第一，如何交换大使，也许在台湾问题上有困难，我不知道戴高乐将军在这个问题上最后会作出什么决定。

周：中国反对制造"两个中国"的立场是坚定不移的，不会改变的，即使不叫"中华民国"，叫台湾政府，也不能接受。蒋介石也反对"两个中国"。最近在日本召开的奥运会上，蒋介石要用中华民国的名义参加，国际奥委会只准他用台湾名义参加，蒋介石拒绝参加。蒋介石也说台湾同大陆的关系是内政问题。这就是说，他承认他所挑起的内战至今尚未结束，直到今天，他还是这样说。在这个问题上我们意见一致，只有美国不同意。现在我再举一个恰当的例子，美国南北战争的时候，有林肯政府，有南方政府，世界各国只能承认一个美国政府，不能承认两个。我们认为台湾同大陆的关系是内政问题，这一点不能动摇。上次已经谈过，你是了解的，希望不会有什么误解。

富：我的意愿不是推动中国同法国建立使中国不愉快的外交关系，如果没有台湾问题上的困难，我们准备建交。明确地说，我们有可能现在就在建交问题上取得协议，也许还要等待一个时期。戴高乐将军知道你们的全部看法以后，有可能作出完全符合你们意愿的决定，也许戴高乐认为要等待一个时期，再交换大使。但在这方面应该作出安排，时机成熟时就可以实行，因此要详细了解你们的意见。第二个方案，在建交前能做些什么，我可以把这方面的各种可能性报告戴高乐。今天有一点是一致的，就是排除英国式的解决办法。如果我们要采取行动，那就交换大使，如果要发展经济、文化关系，我们可以研究最好的办法，如派遣常驻机构，政府的或者民间的。

周：是贸易机构吗？

富：可以包括经济、文化、交换大学生等。你们如何考虑第一个方案？如果明天法国承认中国，可能台湾主动同法绝交，这是最简单的解决办法，困难的是我们不能肯定蒋介石会采取什么态度。

周：对，他不是一个人，背后有美国。

富：如果明天法国承认中国，法国需要通知台湾。如果台湾不作任何表示，照中国的想法，法国应该撤回驻台湾的人员。这样，你们会完全满意，但法国为难，因为这是突如其来的、不愉快的措施。戴高乐没有授权我表示这样的态度，但我想征求你们的意见，中法建交后，可否在台湾保留一个人,降低级别。

周:这不可能。英国承认中国政府为唯一的合法代表,在英国没有蒋介石的代表,但是英国在台湾有领事,在联合国支持蒋介石,所以造成目前的半建交状况。如果法国也采取同样的办法,对双方都不愉快。

富:困难的是这种情况已经延续了十三年,如果法国没有蒋介石的代表,可以承认新中国,不承认台湾。你们提出的理由都对,而十三年前同现在的情况一样。这就是说,法国在十三年前就犯了一次错误。我个人很愿意承认这次错误,但作为一个大国,很难承认这种错误。我愿意同你们共同找出一个办法,使法国不致对过去的错误表示忏悔。

周:第二个方案呢?

富:像你所建议的那样,在建立大使级外交关系之前,比较全面地发展两国关系,建立贸易机构。

周:今天就谈到这里,关于两国关系,我们初步交换了意见,以后还可以继续谈,也可以谈其他问题。

19631102,ZFD00090

周恩来总理同富尔达成的三点默契[①]

(1963年11月2日)

(一)富尔先生代表法国总统戴高乐将军表示了关于恢复中法正常外交关系的愿望。中国政府欣赏法国政府的这种积极态度,并且确认,中国政府对于建立和发展中法关系抱有同样的积极愿望。

(二)中国政府根据中法两国完全平等的地位,从改善中法两国关系的积极愿望出发,提出中法直接建交的方案。

1. 法兰西共和国政府向中国政府提出正式照会,承认中华人民共和国政府,并且建议中法两国立即建交,互换大使。

2. 中国政府复照表示,中华人民共和国政府作为代表中国人民的唯一合法政府,欢迎法兰西共和国政府的来照,愿意立即建立中法两国之间的

[①] 资料来源:刘星海、高风主编《中法建交四十年重要文献汇编》,世界知识出版社,2004,第91~92页。该件的法文,可见 Ministère des Affaires Etrangères, *Documents Diplomatiques Français* (*DDF*), *1963*, *Tome II*, Paris: Imprimerie Nationale, 2001, pp. 458–459;英译本,见 CWIHP e-Dossier, No. 53, Doc. 2。

外交关系,并且互换大使。

3. 中法双方相约同时发表上述往来照会,并且立即建馆,互派大使。

(三)中国政府之所以提出上述方案,是由于中法双方(周恩来总理和富尔先生)根据富尔先生所转达的法国总统戴高乐将军不支持制造"两个中国"的立场,对下列三点达成了默契:

1. 法兰西共和国政府只承认中华人民共和国政府为代表中国人民的唯一合法政府,这就自动地包含着这个资格不再属于在台湾的所谓"中华民国"政府。

2. 法国支持中华人民共和国在联合国的合法权利和地位,不再支持所谓"中华民国"在联合国的代表权。

3. 中法建立外交关系后,在台湾的所谓"中华民国"政府撤回它驻在法国的"外交代表"及其机构的情况下,法国也相应地撤回它驻在台湾的外交代表及其机构。

19640127,ZFD00091

中华人民共和国和法兰西共和国之间建立外交关系的联合公报①

(1964年1月27日)

中华人民共和国政府和法兰西共和国政府一致决定建立外交关系。

两国政府为此商定在三个月内任命大使。

19640128,ZFD00092

中华人民共和国外交部发言人声明②

(1964年1月28日)

中华人民共和国外交部发言人,今天就中华人民共和国同法兰西共和国建立外交关系事,奉命发表声明如下:

中华人民共和国政府是作为代表全中国人民的唯一合法政府同法兰西

---

① 资料来源:《人民日报》1964年1月28日,第1版。
② 资料来源:《人民日报》1964年1月29日,第1版。

共和国政府谈判并且达成两国建交协议的。按照国际惯例，承认一个国家的新政府，不言而喻地意味着不再承认被这个国家的人民所推翻的旧的统治集团。因此，这个国家的旧的统治集团的代表不能继续被看作是这个国家的代表，同这个国家的新政府的代表同时存在于同一个国家里，或者同一个国际组织中。中华人民共和国政府是根据这样的理解，同法兰西共和国政府达成中法建交和互换大使的协议的。中国政府认为有必要重申，台湾是中国的领土，任何把台湾从中国的版图割裂出去或者其他制造"两个中国"的企图，都是中国政府和中国人民绝对不能同意的。

19640130，ZFD00020

毛泽东同法国议员代表团的谈话①

（1964年1月30日）

欢迎你们。我们做个朋友，做个好朋友。你们不是共产党，我也不是你们的党；我们反对资本主义，你们也许反对共产主义。但是，还是可以合作。在我们之间有两个根本的共同点：第一，反对大国欺侮我们。就是说，不许世界上有哪个大国在我们头上拉屎拉尿。我讲得很粗。不管资本主义大国也好，社会主义大国也好，谁要控制我们，反对我们，我们是不允许的。你们国家的本钱比我们的大，你们的原子弹都已经制造出来了，可能已经成批地生产了吧？我不反对你们生产原子弹。大批大批的原子弹在美国、在苏联，它们经常拿在手上晃着吓唬人。第二，使两国间在商业上、在文化上互相往来。希望你们把什么禁运战略物资也反掉。现在卖给我们的只是些民用物资，战略物资还不卖，美国不让卖。我说，总有一天会突破这个缺口。如石油，因为是战略物资，现在还不许你们拿此做生意。粮食，生意我们已经做成了，因为它不是战略物资。英国卖给我们一些飞机，你们也可以做这生意。有些普通军火为什么不可以做点生意呢？

---

① 资料来源：中华人民共和国外交部、中共中央文献研究室编《毛泽东外交文选》，中央文献出版社、世界知识出版社，1994，第520~525页。原编本未注明毛泽东谈话的具体对象是谁，根据《毛泽东年谱》记载，应为弗朗索瓦-贝尔纳为首的法国议员代表团。参见中共中央文献研究室编《毛泽东年谱（1949~1976）》（第5卷），中央文献出版社，2013，第309~310页。在此前一天，国务院代总理邓小平也接见了该代表团，谈话记录见中共中央文献研究室编《邓小平文集（1949~1974）》（下卷），人民出版社，2014，第189~191页。

美国吓唬一些国家，不让它们跟我们做生意。美国是只纸老虎，你们不要相信它，一戳就穿了的。苏联也是纸老虎，我们不信它那一套，我不迷信。也许你们是有神论者，我是无神论者，啥也不怕。大国来控制我们国家，那不行。法国是小国，中国是小国，只有美国和苏联才是大国，难道一切事都要照它们办，要到它们那里朝圣？从前我们也照办过，那是在斯大林的时候。一九五七年，我还去过一次莫斯科。那时，苏联还不是公开反对我们。现在不去了，因为它撕毁了大批合同，不讲信用，公开反对我们，同美国配合起来搞。这很好，我很赞同。美国、苏联这些大国来反对我们，总有个什么道理，我们也一定有一点东西值得它们反。现在，西哈努克不吃美国这一套了。柬埔寨这个国家只有五百万人，但敢于跟美国斗争。

你们可以在亚洲和我们合作，同美国顶一顶。美国到处不得人心。本月二十六日，日本一百多万人示威游行反美。我曾经同你们前总理富尔先生谈过，希望你们把欧洲的工作做好，例如，使英国、西德、比利时、意大利等等国家同美国隔开一些，同你们靠拢一些。你们不是说要建立"第三世界"吗？"第三世界"只有一个法国，那不行，太少了，要把整个欧洲团结起来。英国，我看总有一天要起变化。美国人对英国人也不那么客气。在东方，你们可以做日本的工作。如果把英国拉过来，从欧洲的伦敦、巴黎到中国、日本，就可以把"第三世界"扩大起来。

你们不要学英国在台湾问题上的态度。英国同我们只有一个分歧，就是它对台湾的地位不肯定。第一，英国承认中华人民共和国，不承认台湾，这是好的；第二，英国现在在联合国投我们的票，这也是好的；第三，英国同美国都搞"两个中国"，这点上表明它是美国的代理人。我们同英国已有十五年的外交关系，它也像你们那样，要我们派个大使去，它派个大使来。我们说不行，再搞十五年，甚至几十年也可以，我们不派大使去。联合国进不了，那也不要紧。十五年没有进联合国，我们也活下来了，再让蒋介石大元帅在联合国待上十五年、三十年、一百年，我们照样活下去。要我们承认"两个中国"或者是"一个半中国"，那都不行。你们要派就派个大使来，不要学英国那样，搞了十几年，还是个代办，不要钻进美国的圈套。这一点不搞清楚，我们不接纳你们的大使，我们也不派大使到你们那里去，事先讲个清楚。我见富尔先生时，也同他讲清楚了这个问题。我们外交部发表过声明，也在瑞士和你们打过招呼，取得了协议。你们同国内有什么密码通讯吗？在外国跑，没有个密码通讯可不方便。

你们要同英国区别开来，要痛痛快快地把话讲个清楚。我是个军人，打过二十二年仗，戴高乐将军也是个军人，讲话不要弯弯曲曲，不要搞外交手腕。

法国已经不是希特勒的法国，我们中国也不是日本的中国了。过去，从北京到南京，大半个中国都被日本强占。日本人被赶走后，美国人又来了，我们把美国人、蒋介石都赶走了。那时，我们啥东西也没有，也没有飞机，也没有坦克，更没有原子弹。我们就是有些步枪、手榴弹、轻炮。感谢美国人给我们运来一批重炮，当运输大队长的是蒋介石。我们没有兵工厂，也没有任何外国援助。你们没有到我们那个小地方——延安去过吗？那里很落后，只有农业，一点点手工业。那时，我们说美国和蒋介石是纸老虎。我们也说，希特勒是纸老虎，他最后倒了嘛，死了嘛。现在我们说有两个大纸老虎，就是美国和苏联。我说得灵不灵将来瞧。请你们记住，我同法国议员代表团说过，它们是大纸老虎，但是不包括广大的苏联人民、广大的苏联党员和干部，他们对我们是友好的；美国人民有一部分人受了欺骗，总有一天他们要同我们友好的。所谓纸老虎，就是说美国、苏联脱离了群众。当年希特勒占领了几乎整个欧洲，多大的势力！这你们都经历过。

什么全面、彻底裁军，你们相信不相信？没有那回事，现在是全面彻底扩军。减少一些步兵是可能的，把省下来的钱用来制造原子弹。你们法国已经能爆炸原子弹了。我们比你们落后了一步，现在原子弹还没有爆炸，但是总有一天要爆炸的。

还有一条我们跟你们是共同的，什么三国条约，我们不参加。那是一种欺骗、讹诈，是压我们的，只许它们有，不许我们有。事先我们两国并没有交换过意见，你们不参加，我们也没有参加。

有些亚洲国家的人，反对你们到亚洲来支持西哈努克；对南越，只许美国占领它，不让你们来帮助。美国国务卿腊斯克在东京说，戴高乐将军想拿着橄榄枝打进亚洲，但是没有打进来。美国一手拿橄榄枝，一手拿剑，在越南南方打了几年，越打人民的斗争就越发展。它的剑在那里杀死了两个人，一个叫吴庭艳，一个叫吴庭儒，做法很恶劣。我看你们也不高兴吧？做这样的事干什么！现在扶植起来的所谓新政府照样不行，美国的政策太错了。我们中国四川省有一句俗话，叫做十个手指按十个跳蚤，一个也捉不到。

我们双方还可以对日本做工作。日本总有一天要把美国赶跑的。我说的不光是指日本共产党,还指日本的大资本家,现在日本有些大资本家对美国很不舒服。英国问题麻烦一点,哪一天它不当美国的代理人就好了。

我们不反对你们同美国好,对你们说来,也是又团结又斗争。我们同美国在台湾问题解决了以后,要恢复外交关系。即使恢复了外交关系,美国如果还像今天这样到处干涉、控制,我们还是要反对。我们要求美帝国主义从亚洲滚出去,从非洲滚出去,从拉丁美洲滚出去,从欧洲滚出去。欧洲是欧洲人的欧洲,美国人去干什么?英国有个上议院议员,就是蒙哥马利元帅,他就反对北大西洋条约中美国人来称霸。他反对加拿大同美国关系太密切。我那次同他说你去找戴高乐将军。那是在一九六一年他第二次访华时,大概他没有去,他是保守党。我问他,持你这种意见的只有你一个人吗?他说,不,还有人。他坚决反对美国在欧洲称霸,他并不是共产党员。

19640218,ZFD00099

中法贸易①

(1964年2月18日)

(一)中法两国发生贸易关系时间很早

1660年(清顺治末年)法国有一艘商船驶抵广东,经营印度和中国间的贸易。1698年,在广州有法国公司(Compagnie de Chine)的设立。1728年,法国商馆正式成立。然而,在鸦片战争前,中法贸易没有什么大的发展。当时法国严禁华丝入口,也不鼓励货物输华。以1792年为例,据英国东印度公司对华贸易史所载,该年广东进出口总值中,法国货仅占4%,数量极微,大大落后于英、美、荷等国。

鸦片战争一过,1844年五口通商以后,中法贸易始渐增加。该年,中法正式有了外交关系,并缔约了第一次中法条约,其后又续订几次新约。法国利用侵略中国签订的不平等条约,取得了许多特权,如领事裁判、开

---

① 资料来源:刘国光主编《中华人民共和国经济档案资料选编:1958~1965对外贸易卷》,中国财政经济出版社,2011,第486~490页。

辟商港、内河航行、片面最惠国待遇、中国开放对安南（越南）的边境贸易便利等。所以当时中法贸易完全是不平等的贸易。

中法贸易数值在双方对外贸易总值中的比例一向不大。第二次世界大战以前，中法贸易在中国对外贸易总值中所占比例，一般升降于2%～5%之间。第二次世界大战后减退为1%上下。新中国成立以后，直到1952年，中法贸易占中国对资本主义国家贸易的比重不及1%。1953年以后始有上升。1962年中法贸易值在中国对资贸易中（不包括古巴）占5.3%，1963年上升至5.52%。

至于中法贸易在法国对外贸易总值中所占比例更小。在1930年以前，一般在1%～2%左右，此后则都在1%以下，新中国成立后，中法贸易在法国对外贸易中所占比例仍未超过1%。

从新中国成立以前的中法贸易数字看，中法贸易较为发展的年份是第一次世界大战后的1924年到1929年这段时期。这一时期中法贸易总值每年达到8000万～11000万美元的水平，其中中国出口最高曾达9397万美元，为中法贸易历史上（包括新中国成立以后）中国出口最高水平。由于当时中国商品在法国畅销，中国对法贸易出超甚多，1925年对法国贸易出超达7600万美元。1930年以后，资本主义世界爆发经济大危机，国内购买力下降，生产遭受空前破坏，政府又采取各种方法限制进口，中法贸易逐年下降，至1938年进出口总值下降90%，不及1000万美元。1941年以后，更陷于停顿。第二次世界大战以后，中法贸易虽又恢复，但进出口合计始终未超过1000万美元。

新中国成立以后，中法贸易逐渐发展。1949～1952年期间，我对法国出口平均每年107万美元，进口平均每年为153万美元，到我国第二个五年计划（1958～1962年）我对法国出口平均每年已达1635万美元，进口平均每年达3344万美元。而1963年对法国出口又升至1900万美元，进口增至7401万美元，有了大幅度的增加。

（二）中法贸易的主要商品

我国对法国出口的商品，解放以前主要的品种是生丝、油籽、油料、蛋品、茶叶、绸缎、草帽辫、猪鬃、桐油、麻类及矿产品（钨砂、炼锑等）。解放初期，除矿产品对资停止出口外，其他对法出口商品同解放以前大致相同，但数量上较前大为减少。如生丝，1929年我对法出口2400多吨，解放后最多才200余吨。这一方面是由于人造纤维发展，法国本身进口已剧减（近年法国每年进口生丝数量在 900~1100 吨上下），另一方面别国产品也乘虚进入法国市场。如茶叶，近年由于我同前法属非洲国家建立直接贸易者逐渐增加，通过法商出口到非洲的茶叶，数量大大减缩。

最近几年，我对法国矿产品出口又恢复，其他出口商品也在增加，以 1963 年为例，我出口数值最大的商品为：锡、生丝、工艺品、茶叶、香料及香料油、猪鬃、毛皮、绸缎、锑、棉布。

我国从法国进口的商品，解放以前主要是钢铁、化工产品、染料、机械工具、交通工具、酒类、纺织品、香水脂粉等。解放以后，酒类、香水脂粉已不进口，其他进口货物和解放前大致相同。1961 年以后，为了满足国内市场需要，支援农业生产，我自法国进口的粮谷和肥田料剧增。其他五金机电产品减少。1963 年进口的粮食和肥田料占进口额的 90%。

（三）新中国成立以后的中法贸易活动

新中国成立以后，由于法国政府不承认我国，两国无外交关系，贸易在民间范围内进行。中法间直接接触以 1952 年 4 月的莫斯科国际经济会议为开端。在会议上我同以加德罗斯为首的法国工商代表团签订了第一个民间贸易协议，规定各出口 400 万英镑的货物。这个协议由于法国当局一度在 1953 年放宽禁运，执行结果尚属良好。

1953 年 6 月，以法国国际贸易促进会主席德普拉为首的工商界代表团访问北京。同我中国进出口公司签订了一项各出口 1000 万英镑的贸易协定。根据这项协定，双方签订了一批进出口公司，但由于法国政府重又顽固执行禁运政策，因而绝大部分合同不能执行。整个协定规定的金额，只执行了约 10%。

1954 年 4~7 月解决印度支那问题的日内瓦会议期间，法国许多重要厂商，包括许奈特集团，和法国无线电讯公司，雇主协会远东经济研究协会及许多新老手贸易商，对我们表示了发展中法贸易的愿望，并邀我派技术专家赴法国参观。当时虽未做交易，但为以后两国贸易发展提供了便利条件。

1955 年，中法两国间的接触更频繁，3~5 月，中国进出口公司派遣了以张先成为首的技术参观团应许奈特集团和法国无线电总公司的邀请访问了法国。同年 4 月，我国际贸易促进会又派遣了以杨浩庐为首的展览工作团赴法国参加里昂博览会展出。我展览会举行期间，同包括温台尔钢铁集团、西特洛钢铁集团、雷诺汽车厂、贝西奈炼铝厂等进行了广泛的接触。

1956年1月，以法国参议院经济事务委员会主席罗希洛为首的法国工商界代表团，访问了中国。代表团全团28人，包括法国财政部官员、各全国制造业公会的代表，以及银行、航运、公共工程公司、商界的代表，在经济界有一定的影响作用。代表团在京期间，广泛地同我国各方面交换了发展贸易的意见。并同我国际贸易促进会签订了支付问题议定书、支付方式议定书、发表了联合声明。

同年4月，以冀朝鼎为首的中国［贸易］促进会展览团，参加了巴黎博览会展出。

1957年9月，以罗希洛为首的法国工商界代表团第二次访问中国，代表团包括国民议员、法兰西银行代表、财政经济部官员、雇主协会代表及法国国营企业的专家和负责人。较之第一次罗希洛代表团身份更高。代表团同我外贸部、国家计委、国家技术委员会、中国银行等广泛交换了意见，参观了我国东北和西北的建设，了解我国经济建设情况和发展需要。

1958年2月，以余光生为首的中国技术访问团赴法国访问，考察了法国铁道、化工、电力工业，该团参观后，我运机公司同法国许奈特集团达成了购买16台电机车的大易货合同。同年6月，法国驻香港商务专员格利莫以私人身份访北京。

1959年7月，法国苏里士公司（法共企业）代表法国无线电讯公司来北京举办无线电及仪器展览。

1960年8月，法国财政部远东财政参事瓦尔斯来我国参观访问。

1961年6月，法国驻香港商务专员孟苏毕斯以私人身份来北京访问，探讨中法贸易发展的可能性。同年5月以顾功叙、米国钧为首的中国机械公司参观团赴法国参观航空展览会。

（四）1962年以来的中法贸易活动

1962年以来，中法贸易活动更趋活跃。原因有两方面，在政治上，阿尔及利亚战争停火和阿法达成协议，使得中法两国在国际政治上的矛盾情况有了变化；在经济上，1958年以后，中法贸易的增长引起了法国舆论、法国工商界和法国政府的重视，认为中国市场是法国出口的一个最有希望的市场。根据1958～1962年法国海关统计，法国对我国出口每年都超过3600万美元，其中1960年曾达到5200万美元，为中法建立贸易关系以来的最高纪录。

这一时期中法贸易活动特点是官方半官方接触往来增多，民间贸易活

动活跃,1963年下半年出现了贸易活动的高潮。这一时期主要活动有以下几方面:

1. 官方接触增多。法国驻瑞士商务官员和驻香港商务专员经常主动同我接触,驻香港商务专员孟苏毕斯参加我每届交易会,并在1963年5月下半月再次访问北京。半官方组织全国对外贸易中心的主席杜哈迈参加了广州交易会。财政经济部副司长伊希吉林也在1963年5月底来北京访问。法国方面并邀请了我商务专员黄庆棠在1962年12月到巴黎访问。1963年邀请我驻瑞士商务参赞随时访问法国。

其次,法国政府组织厂商要求同我签订民间贸易协议或半官方贸易协议,并由驻瑞士商务参赞明确向我表示态度,说要求签协议得到政府批准,签协议后,可对我出口货给予更多配额许可。多次主动催促,希望我能同意签贸易协议。

再有,在贸易条款上政府直接出面表示可以给我延期付款的便利,可以向我国出口成套设备和专利。放宽我国出口货的配额限制等。并越来越多地参与联系具体业务。

2. 半官方组织代表政府组织对我国的贸易活动。法国全国雇主协会和全国对外贸易中心在1961年底相继同我恢复和建立了联系。他们代表官方出面邀请和组织接待我赴法技术小组的参观访问工作。组织厂商购买我国出口货。要求同我签订贸易协议,并且组织了以乔治-皮科为首的代表团于1963年9月访问中国,使中法贸易活动达到了一个高潮。①

3. 民间贸易活动空前活跃。这一时期,法国的大垄断集团和贸易商来中国访问的日益增多。1963年访华的法国贸易界人士为1962年访华人数的两倍。许多最大的垄断集团都派主要代表来中国,直接了解发展贸易的可能性。1963年来访的有许奈特集团的出口负责人,南方航空公司的总经理顾问,圣戈宾玻璃化学集团的副总经理,法国镍公司的总经理,法国阿基

---

① 纪尧姆·乔治-皮科,曾为职业外交官,屡任法国驻莫斯科及北平一等秘书,驻委内瑞拉、阿根廷、墨西哥等国全权大使,驻联合国常任代表及联合国副秘书长等职,于1959年6月退休,旋即转入企业,积极推动法国与远东国家贸易,任法国全国雇主协会远东研究小组主席。1963年9月18日,他率领法工业家代表团一行五人访华,10月3日,他与另一名团员离开大陆抵达香港,其余三名团员停留在中国大陆继续会谈。参见《驻法国大使馆致外交部代电(第939号)》(1963年9月23日),附件《乔治-皮科简历(法文)》,近史所外档,305.22/0002,第23~28、30页;《央秘参(52)第1343号:法经济代表团皮可由匪区抵港》(1963年10月3日),近史所外档,305.22/0002,第31页。

坦石油公司的工程师等。此外，在卢副部长访问瑞士期间，同卢副部长有接触的还有雷诺汽车厂，法国福格森拖拉机厂，贝利埃重型卡车厂的代表等八十余人。要求来访的还有法国石油研究院院长纳瓦耳等重要人物。来访的还有经营我出口货的主要客户如永兴洋行、勃朗比拉公司、宝多洋行的代表。

来访的大垄断集团的代表，都建议我们购买他们的成套设备和技术。如许奈特集团的代表说，许奈特集团可以向中国出口除了原子能设备以外的任何技术和工厂。南方航空公司愿出售航空器材，圣戈宾玻璃化学集团要卖各种玻璃工厂设备。雷诺汽车厂和福格森拖拉机厂都要供我拖拉机厂设备。贝利埃汽车厂要供应我卡车发动机专利及卡车厂设备。法国造船协会和机械工业联合会也要供应我们船舶和机床。对于供应这些设备，他们都表示愿意分期付款，给予我优惠条件。此外，还有不少法国工业研究机构，要求同我们进行技术合作，帮我搞技术，如法国石油研究院、南锡高等地质学校、阿基坦石油公司等。

4. 1964年1月份的一些活动。从1963年9月以乔治－皮科为首的雇主协会代表团访华后，法国工商界访华人士增加。特别是中法建交的消息传出以后，法国工商界对同中国贸易更表现出迫不及待的情绪。1964年1月初，我们接待了法国驻香港商务专员，并同法国许奈特集团的斯贝西姆公司及贝希奈集团的麦尔公司签订了成套设备合同。现在正同法国石油公司谈石油产品交易。目前正在安排的来华访问活动还有：法国建筑代表团、煤炭代表团、工作母机小组、船舶小组、贝利埃汽车厂访华小组等。此外，还拟接待法国石油专家和炼铝专家来访。

我们自去年年底以来，派出了丁辛醇设备谈判小组、计量小组和石油小组访问法国，最近科委又将派出炼铝小组和电子元件小组访问法国。

今年2月份，法国勃朗比拉公司将在巴黎及外省各大城市举办中国工艺品展览会。我国际贸易促进会也安排了法国厂商在9月份来北京举办仪器展览。

（五）法国政府和工商界对发展同中国贸易抱有巨大希望

1963年以来，到中国调查研究贸易可能性的有法国两任驻香港商务专员和法国财政经济部副司长，法国经济代表团和法国议员代表团。已经来访的和将要来访的垄断集团和工业界代表，都不仅要求现在做买卖，更重要的是看到将来的长期交易。法国费加罗报不久前曾刊载传说戴高乐对别人讲,承认中国可以给法国带来 20 年的繁荣。这充分反映了在当前资本主义国家市场斗争日趋激烈时,法国工商界对中国市场抱着巨大希望。

中法贸易存在的问题:

当前中法贸易存在的问题,是我对法国逆差扩大。在 1949~1952 年期间我对法国进口为我出口的一倍半。1953~1957 年,我自法国进口和对法国出口都有增加,进口为出口的一倍半略多。1958~1962 年间,进出口又有增加,但进口已为出口的 2 倍。而且由各年份看来,进出口数值的距离随贸易发展越来越扩大。1958 年以来,我出口基本上无多大增加,而进口上升很多,1963 年进口已为出口的 3.7 倍。造成逆差的原因,一方面是法国对我出口商品的若干品种,实施配额限制,以致影响我出口的增长。另一方面,这几年我出口货源较紧,在安排上也有变化。1962 年以来,法国政府对我某些出口商品配额已有放宽。随着我货源的好转,预计我出口可有稳步增长。

关于我银行存款及股权被冻结问题:

解放前,法国最大的殖民地金融集团东方汇理银行在我上海、天津、北京、广州、汉口设有分行,我在这些分行共有美金存款 1134 万余美元。1950 年美国发动侵朝战争后,东方汇理银行也将我美金存款非法冻结,迄未归还。在 1954 年东方汇理在华分行歇业前,我中国银行在各地曾多次交涉追索,对方均以"由于美国冻结措施"而不肯解冻。据了解东方汇理银行总行曾指示其在华清理人,着其对我镇静应付,拖延到底。至 1960 年该行在华清理人病死,我即未再交涉。我伦敦中国银行也曾向东方汇理在伦敦分行交涉,该行也以美国联邦银行不同意解冻,而未归还。直到现在。

此外,解放以前 1922 年,中法两国共同组成了中法工商银行。该行系由我中国银行、交通银行及中国建设银行为一方的"中国银团"同以东方汇理银行、巴黎与荷兰银行及拉萨尔兄弟银行为一方组成的"法国银团"共同投资建成。中国方面投资 1000 万旧法郎,共计 20000 股,占该行资金的 20%。

中法工商银行总行设在巴黎,在北京、天津、上海设有分行。1948 年底,在华三分行由于业务不振停止。

解放后 1951 年,中国银行总管理处向中法工商银行巴黎总行声明我在该行的权益。1954 年指派新董事代替过去"中国银团"指定的伪董事。但均遭该行拒绝,对我股权,该行以目前中法政治状态,不便答复而不承认我权益。我指派的董事该行也借口以前董事任期未满而不接受。但据了解，法行也未允许蒋帮提取我股金。

中法工商银行已于 1960 年将法方股权（中国方面所持股份除外）全部并入东方汇理银行，而为东方汇理银行接管。有消息说，法国沃姆斯银行代表曾表示，中法建交后，中国方面可以股东身份过问东方汇理银行 – 巴黎与荷兰银行的资产负债情况。

以上两个问题，实际上关系一个对象，即我与东方汇理银行的关系。

东方汇理银行 – 巴黎与荷兰银行是法国占第一位的最大金融财团，仅次于洛希尔银行，过去控制着整个印度支那的经济命脉。它所控制的许多工业企业都同我国有着密切的贸易往来，如贝西奈炼铝托拉斯、法国无线电总公司阿尔萨斯机器制造公司、法国五金公司等。法国对华老手贸易组织永兴洋行曾反映，在法国政府对华政策上，东方汇理的态度起着很大作用，永兴洋行曾"劝"我同东方汇理银行搞好关系。

第二部分　法国档案

一　目录

19630419，ZFD00137，备忘录：与国民党中国的关系（1963年4月19日）

19630422，ZFD00139，陈雄飞致德姆维尔的信（1963年4月22日）
　附件：戴高乐与陈雄飞的谈话备忘录（1963年4月19日）

19630502，ZFD00140，戴国栋致德姆维尔电（第155-AS号）（1963年5月2日）

19630513，ZFD00141，备忘录：高士铭访问外交部（1963年5月13日）

19630618，ZFD00142，萨莱德致德姆维尔电（第211-AS号）（1963年6月18日）

19630809，ZFD00143，致部长办公室的备忘录：沈昌焕访问法国（1963年8月9日）

19630829，ZFD00022，戴高乐就越南问题发表的声明（1963年8月29日）

19630902，ZFD00145，戴高乐与沈昌焕谈话备忘录（1963年9月2日）

19630926，ZFD00001，戴高乐就与中华人民共和国初步接触给富尔的指示（1963年9月26日）

19631009，ZFD00002，致部长办公室的备忘录：乔治-皮科访问外交部（1963年10月9日）

19631017，ZFD00003，马纳克致圣穆勒的信（1963年10月17日）

19631018，ZFD00146，致部长办公室的备忘录：高士铭访问外交部（1963年10月18日）

19631022，ZFD00147，"驻中华民国大使馆"致外交部电（第34-35

号）（1963 年 10 月 22 日）

19631029，ZFD00149，"驻中华民国大使馆"致外交部电（第 38－40 号）（1963 年 10 月 29 日）

19631030，ZFD00148，萨莱德致德姆维尔电（第 339－AS 号）（1963 年 10 月 30 日）

19631031，ZFD00004，外交部致"驻中华民国大使馆"电（第 98－99 号）（1963 年 10 月 31 日）

19631107，ZFD00006，富尔就其中国之行给戴高乐的报告（1963 年 11 月 7 日）

19631115，ZFD00152，法国对中国的立场（1963 年 11 月 15 日）

19631204，ZFD00153，萨莱德致德姆维尔电（第 368－AS 号）（1963 年 12 月 4 日）

19631210，ZFD00093，外交部给鲍德的指示（1963 年 12 月 10 日）

19631211，ZFD00007，德姆维尔就中法建交谈判给德波马歇的指示（1963 年 12 月 11 日）

19631211，ZFD00008，致部长办公室的备忘录：高士铭的来访（1963 年 12 月 11 日）

19631212，ZFD00156，"驻中华民国大使馆"致外交部电（第 52 号）（1963 年 12 月 12 日）

19631213，ZFD00094，德波马歇的记录（1963 年 12 月 13 日）

19631218，ZFD00155，萨莱德致德姆维尔电（第 381－AS 号）（1963 年 12 月 18 日）

19640103，ZFD00095，德波马歇的记录（1964 年 1 月 3 日）

19640110，ZFD00096，德波马歇的记录（1964 年 1 月 10 日）

19640113，ZFD00097，德波马歇的记录（1964 年 1 月 13 日）

19640115，ZFD00010，阿尔方致德姆维尔电（第 362－370 号）（节译）（1964 年 1 月 15 日）

19640115，ZFD00011，阿尔方致德姆维尔电（第 371－374 号）（1964 年 1 月 15 日）

19640115，ZFD00009，戴高乐致蒋介石的信（1964 年 1 月 15 日）

19640118，ZFD00012，阿尔方致德姆维尔电（第 486－501 号）（1964 年 1 月 18 日）

19640118，ZFD00024，德让致德姆维尔电（第312－316号）（1964年1月18日）

19640119，ZFD00157，"驻中华民国大使馆"致外交部电（第6－14号）（1964年1月19日）

19640121，ZFD00158，"驻中华民国大使馆"致外交部电（第15－17号）（1964年1月21日）

19640122，ZFD00159，"驻中华民国大使馆"致外交部电（第22号）（1964年1月22日）

19640124，ZFD00098，德波马歇的记录（1964年1月24日）

19640124，ZFD00161，"驻中华民国大使馆"致外交部电（第23－27号）（1964年1月24日）

19640125，ZFD00013，米勒致德姆维尔电（第149－150号）（1964年1月25日）

19640125，ZFD00162，备忘录：贝志高与纪业马的台北之行（1964年1月25日）

19640126，ZFD00025，德姆维尔致佩吕什电（第91－97号）（1964年1月26日）

19640127，ZFD00163，备忘录：接见高士铭（1964年1月27日）
　　附件：高士铭致德姆维尔的信（1964年1月27日）

19640128，ZFD00026，佩吕什致德姆维尔电（第139－141号）（1964年1月28日）

19640128，ZFD00165，"驻中华民国大使馆"致外交部电（第31号）（1964年1月28日）

19640128，ZFD00164，备忘录：高士铭来访（1964年1月28日）

19640131，ZFD00027，西旺致德姆维尔电（第36号）（1964年1月31日）

19640131，ZFD00021，戴高乐在记者招待会上的讲话（节录）（1964年1月31日）

19640202，ZFD00166，"驻中华民国大使馆"致外交部电（第34－37号）（1964年2月2日）

19640204，ZFD00167，萨莱德致德姆维尔电（第39－AS号）（1964年2月4日）

19640206，ZFD00014，戴高乐给蓬皮杜和德姆维尔的指示（1964年2

月 6 日）

19640206，ZFD00015，备忘录：德国对法国承认北京政府的反应（1964 年 2 月 6 日）

19640206，ZFD00168，备忘录：高士铭来访（1964 年 2 月 6 日）

19640207，ZFD00169，外交部致"驻中华民国大使馆"电（第 36 - 39 号）（1964 年 2 月 7 日）

19640210，ZFD00172，"驻中华民国大使馆"致外交部电（第 39 - 41 号）（1964 年 2 月 10 日）

19640211，ZFD00173，"驻中华民国大使馆"致外交部电（第 43 - 45 号）（1964 年 2 月 11 日）

19640211，ZFD00174，备忘录：高士铭访问外交部（1964 年 2 月 11 日）

附件一：沈昌焕致萨莱德照会（摘要）（1964 年 2 月 10 日）

附件二："中华民国驻法国大使馆"致外交部的照会（1964 年 2 月 10 日）

附件三："中华民国驻法国大使馆"致外交部的备忘录（1964 年 2 月 10 日）

19640211，ZFD00175，外交部致"驻中华民国大使馆"电（第 40 - 43 号）（1964 年 2 月 11 日）

二 正文

19630419，ZFD00137

备忘录：与国民党中国的关系[1]

（1963 年 4 月 19 日）

自 1941 年 8 月起，中国与法兰西民族解放委员会建立关系。中国与英美同时表示承认该委员会，但都有所保留。1950 年以来，台北政府多次表示，希望与法国互换大使。

显然，我国与蒋介石元帅的政府之关系变得比较暧昧不清。一方面，由于共产主义集团国家与西方国家存在敌对关系而引起的多种原因，法国与美国一样，都主张认为总体上代表中国的是台北政府，台北政府在安理会拥有合法席位。另一方面，中国共产党在中国大陆——我国出口钢铁及其他技术的重要市场——实行有效统治已十余载，世人越来越赞成承认北京政府之统治，而我依然不予承认之唯一原因即如今的北京政府具有较强侵略性、不妥协、不让步，这阻碍了其国际关系的正常化。

蒋介石政府很清楚。我国拒绝派大使赴台北，使中国的银行资产处于冻结状态（是为了等待弄清这些资产将会属于哪个政府），都充分表明了我国迟疑之态度。

蒋介石认为，台北政府对我如同对其他自由世界重要国家一样，态度极为友好。可当我向其寻求给予某些政治方面的支持时，台北政府总是小心翼翼，极为谨慎——尤其是在阿尔及利亚战争上——害怕亚非集团国家指控彼对我国阿谀奉承。

（李晓姣译，姚百慧校）

---

[1] 资料来源：MAE, ASIE 1944 – 1967, FORMOSE 1956 – 1967, Vol. 61。

19630422，ZFD00139

陈雄飞致德姆维尔的信①

（1963年4月22日）

部长阁下：

参照法国总统戴高乐将军4月19日接见在下时的谈话。此次会晤本人向戴高乐总统呈转了蒋介石总统之殷切垂询与诚挚问候，并转述蒋及其代表之中国政府希望在本人结束在法差任时续派新任大使驻法。

在下随函附备忘录一则，概述与戴高乐总统谈话之主要内容。

在戴高乐总统此次接见期间，在下有机会再次体会到两位国家领导人之深情厚谊、互为赏识、至深感篆。本人欣喜万分，切盼法国政府速予有利回应，诚心上陈。

在下借此良机向部长阁下表达最崇高之敬意。

陈雄飞

全权公使

代办

附件：戴高乐与陈雄飞的谈话备忘录

（1963年4月19日）

陈雄飞，全权公使，中国驻巴黎临时代办、驻布鲁塞尔大使，受中华民国总统蒋介石先生之委托，求见戴高乐总统以向其拜别，并替蒋向法国总统致以最诚挚之问候。

借此机会，陈先生向戴高乐总统再次表达了蒋总统对戴之盛情厚谊，并祝尊体康健长寿。蒋介石总统感谢法国总统曾多次托陈雄飞垂询其近况至详，盛情难忘。蒋也深切感谢戴高乐总统昔日对其面临困难给予之公开支持与书信鼓励。称深信戴高乐将军之决定性地位，会再次应法国人民和世界自由力量之召唤，承担起复国致兴之重任。

在陈述法国之地位及对法总统之崇高敬候、表达中法两国关系之友好精神之后，中国政府方面提出希望继陈离任后允蒋总统向法国委派一名大

---

① 资料来源：MAE, ASIE 1944–1967, FORMOSE 1956–1967, Vol. 61。

使承职，晋谒崇阶，这在事实上并不改变中法两国外交使团现在的地位，因为它们已经是大使级的。

1958年4月，在将蒋介石总统有关中苏关系史之书寄出后，陈雄飞曾收到博内瓦尔上校的信件，告知将军将予以接见。但随后因各种事务导致一直未能见面。陈雄飞在法国曾通过广播收听1940年6月18日戴高乐之号召，也曾见证法兰西新共和国之成立。在这次使命结束离开法国前，陈雄飞为能得到戴高乐将军之亲自接见深感至高荣耀。

巴黎，1963年4月19日
（李晓姣译，姚百慧校）

19630502，ZFD00140

戴国栋致德姆维尔电（第155－AS号）[①]

（1963年5月2日）

主题：离台前蒋介石总统的接见

4月5日在总统士林官邸举办的一年一度之园游会上，蒋介石总统对我说，希望在我离开台湾前能会见我，我在最终离台的日期两周之前请求接见。

蒋介石总统夫妇邀请我们夫妇于4月23进行茶聊。此次谈话相当客套，因为他同时接见了即将就职拉巴特的土耳其大使。

总统以中国人的方式，请我们对中国提出批评。我们没什么批评意见，而这位土耳其大使只一味称赞自由中国，他称中国是好客富裕之邦、亚洲民主之模范。

接着，总统先生垂询法土两国总统年事如何及康健状况，托我俩转达他对两国曾给予中华民国精神物质支持之感谢。他还习惯性地强调了亚洲在自由世界和共产主义世界冲突中的重要性，他认为欧洲受共党之威胁已明显降低，甚至已消失，"法国自从在这位杰出政治家的英明领导下，不仅能临难而上、复国致兴，而且与德结盟，使欧洲反共产主义前线毫无裂隙，齐头并进"。

---

① 资料来源：MAE, ASIE 1944－1967, FORMOSE 1956－1967, Vol. 61。

在总统与我俩谈话的同时，蒋夫人则向我的夫人展示她最新的几幅画作，并赠我们两幅精彩画卷。此两卷出版于日本，整个作品逼真形象，绘画技艺极其完美。

这次正式会面进行了 40 分钟，整个会谈融洽友善。当我们辞别总统夫妇时，总统还应允给我们寄送其亲笔题名照片。

另外，陪同这次接见的还有一位外交部副部长及其夫人，和外交部礼宾司的一些年轻的口译人员。

而数日之后总统夫妇再次邀请我们见面，这次是临时安排的，与上次全然不同。事情是这样的：4 月 28 日夜晚，当我们从中华民国副总统兼行政院长陈诚家用完晚餐出来之时，礼宾司司长告诉我们他取消了我们第二天的所有约会（包括将与外交部部长的约会），因为总统想邀请我们去他位于大溪的"晚年居所"用午餐。

这处简陋的北京式宅邸，是退休隐居和静思的好去处。它隐蔽在云雾氤氲、若隐若现的巨大山脉脚下小山谷的凹槽之中，一袭瀑布从山顶跌落入一个毫无遮掩的、光秃秃的人工小湖。蒋夫人告诉我们说，"农民种水稻需要这水，我们不能仅为几日的娱乐而从农民手中剥夺了它"。

事实上，总统夫妇每年只为庆祝总统生日和结婚纪念日去大溪居住些许日子，且从未允许外国人过来以公事打扰总统这些时日的私人生活。

蒋总统和夫人之盛情接待具有典型的中国特色，是打破传统的家庭式接待。外交部部长曾私下强调此次见面极为特殊。

我们在小客厅稍息片刻后——客厅虽小但足够宽敞，可供男士们在这边交谈而不至于打扰女士们在那边聊天——他们用当时镶有"千万花束"的瓷器招待了一顿美味晚宴；中式餐桌上摆满法式餐具；中法套餐。饭桌上谈点轻松的无关紧要的家长里短，蒋夫人在丈夫的鼓励下"羞涩地"操着法语交谈，她说得很好，只是因多年未用稍显生疏，直到近年来中非友好关系的发展她才重拾法语。蒋总统则对王季征（布鲁塞尔长大，曾任中华民国驻黎巴嫩大使 7 年）比较生动形象之口译极为感兴趣。

午餐毕后，夫人们去公园赏花游玩；总统戴一顶传奇式柔软帽子，挂一根坚固却无用的拐杖，陪我散了会儿步；不远处则有一小队警卫保护着。之后是新一轮会谈，仍由王大使做翻译，这能帮助总统进行思考。而此时蒋夫人则完全沉浸在欣赏我的夫人赠予其的一本美丽画册之中，此画册专为纪念我们第二次中国之行。

尽管蒋介石总统的表达比较含糊，但他的想法却再明确不过了。而且我也可以通过和外交部部长的其他谈话内容中判断出，我已经很清楚地领会了蒋总统想要转达给戴高乐总统的意思。

蒋总统首先对亚洲形势做了比较完整的分析。这个分析有点悲观：在老挝发生的一切只能证实西方世界本该早就明白的——共产主义在适当时机接受协商和妥协，只表明了他们伺机巩固力量以谋新发展；他们所赞同的临时休战只是暂时的，西方国家总认为可以通过双方协商制定理想方案，共产主义者则只从自己的地位出发、在有利时机寻求继续前进以取得在亚洲的完全胜利。

这段历史数年来不断重复上演，致使中国大陆最终沦陷。但中国的经验没能被美国人汲取和学习。美国人继续他们自己"幼稚"的政策，也就注定其在或早或晚的期限内必将走向失败。

这一期限已接近，"如果我们无动于衷"。这一意思总统重复了好几次："如果我们无动于衷"，亚洲将不可挽回地被共产主义化……

然而，蒋介石总统接下来主要谈及戴高乐总统的政策。蒋认为，法国总统在解决了法国（非洲和法国本土）的问题后，能够在欧洲政治上表现出完全清醒的头脑。尤其是，美国出卖其武装力量不强之友邦国家，使其友邦国去进攻其不敢攻打之敌人，而戴高乐总统有足够的智谋来强烈反对美国之政策。蒋殷切希望戴高乐将军也对亚洲问题感兴趣，积极帮助仍在抵抗共产主义潮流之亚洲国家。

这种帮助——对于国民党中国而言——在联合国和前法属非洲国家都有过（蒋总统对此表示感谢，并盼中法在非洲能实行更紧密之合作），但需要做得更多……

蒋总统没有明确指出"更多"的具体意思，其外交部部长向我指出，蒋总统无法想象自己的要求可能会遭到一个外交代表的拒绝，所以无法继续说明。但明确地表示，法国若"完全承认"台北政府，应当具体表现为中法两国相互交换大使。

这次谈话还涉及很多话题：古巴、比属刚果、法德协议。但总统均未提出特别见解，不值再提。

但我不得不再次强调他每次一提到美国政策言辞表达就极为激烈，义愤填膺。蒋夫人在一旁也夫唱妇随，我偶尔能听到她对抽象艺术的摈弃，她对我的夫人说这种政策有点"幼稚"甚至"愚昧"。总统夫人同样也择词表达对戴高乐将军的喜爱,她将1940年之自由法国与20年后之自由中国的情况进行对比,总结道:"当时我们毫不犹豫地向你们提供道义上的支持;现在我们也很想得到你们的支持。"

最后我们向主人告辞时,蒋介石总统夫妇还恳切地说将来再邀请我们去中国大陆。我没有像我国一位著名政治家1961年访台之后那样嚷道:"我们到时候都变得很老了!"因为这对夫妇的勇气和尊严自此将成为历史,虽然听众越来越少,但他们仍继续一丝不苟并坚忍不拔,这让人油然而生敬意,并因其不能再起作用而产生同情。

显而易见,在蒋介石总统夫妇家的这次打破常规的接待,正是对戴高乐总统4月19日在巴黎宴请中国驻法代办午餐的回应。有关戴这次午餐会的详细汇报已被刊登在中国新闻社所创办的一份英文日报《快讯》上。而当地媒体却未报道此事,估计是在如何解读此事上存在分歧。另外,我在中国外交部的某些搭档认为这"走出了正确的一步",而其他人却认为,从根本上来说这是更确切表明法国政府立场将保持不变的一个举动。

无论如何,中国国民党的外交负责人仍茫然不知所措,对是否任命新代办赴巴黎仍迟疑不决,因为他们害怕再次任命新代办会被解释为对法国的一种顺从,而且他们认为有可能存在某种希望,即事情能按国民党领导人的愿望演变。

在最后几周里,我经过细心观察发现这种希望是存在的,至少他们中的某些人抱有这种希望。外交部部长在最后一次长谈中向我倾吐其不安之情,并再次说明使他抱有中法两国外交关系得到改善之希望的原因。

我不想让他失望,再次向他表示会将中国政府的观点转达给外交部。但是,我并不想对我的前任就该问题撰写的报告增加任何内容,因为该报告已对这个问题有很好的论述。我先将该报告一并通过外交邮袋呈递给阁下。[①]

戴国栋
(李晓姣译,姚百慧校)

---

① 原档后并无附件。

19630513, ZFD00141

备忘录：高士铭访问外交部①

（1963 年 5 月 13 日）

高士铭先生，中国大使馆顾问，现任代办，受亚大司②司长邀请来外交部会晤。

4 月 22 日，原代办陈雄飞在离任前曾致信外交部长，马纳克先生请高士铭先生向陈转达部长之谢意。外交部对陈代办能有幸与国家总统进行会谈，并在会谈中称赞我国对中华民国的友好情谊，感到甚为欣慰。同样，对我驻台代办戴国栋能在离职前有幸得到蒋介石总统的接见，余等亦深表感激。

外交部高度称赞陈先生在巴黎长久任职期间为加强法国和中华民国之友好关系做出的杰出贡献。

当谈到陈博士在信件所附的备忘录中所提及的有关中华民国政府希望派大使赴巴黎的问题时，马纳克先生明确回复称，法方认为目前并未出现任何新的因素，致使需要改变长年形成且运行良好的状态。

高士铭先生进入马纳克先生的办公室时，还表示希望"听到一个好消息"，而现在只能未做其他表示记下会谈内容。之后高只问了自己是否能代表中华民国政府，马纳克给予了肯定答复。

马纳克

（李晓姣译，姚百慧校）

19630618, ZFD00142

萨莱德致德姆维尔电（第 211 – AS 号）③

（1963 年 6 月 18 日）

近一个月来，在台北的各种场合（如外交使团宴请总统之晚宴，泰国

---

① 资料来源：MAE，ASIE 1944 – 1967，FORMOSE 1956 – 1967，Vol. 61。
② 亚洲 – 大洋洲司（la direction d'Asie-Océanie），法国档案中经常也写作"亚洲司"（la direction d'Asie）。
③ 资料来源：MAE，ASIE 1944 – 1967，FORMOSE 1956 – 1967，Vol. 61。

王室的正式访问，以及与舰队护卫舰"指挥官里维埃尔"号一同抵达台湾的法国太平洋舰队司令的访问）使本人能有幸多次见到中华民国总统，并曾两次与其对话。

外交晚宴之礼仪中安排了各位使馆团团长与总统交谈片刻。因我前一夜才赶到台北，与出席顺序一致，所以是最后一个与总统进行谈话的。所有的会谈都在精心安排下极为简单，但感觉我与总统的会面更为简短。总统先生在接见本人时，显得礼貌有加，面带微笑，言辞友善，表示知晓本人以前对中国有过访问，却只字未提两国关系。

法国太平洋舰队司令请求会见了许多中国官员，但认为自己请中华民国总统接见的要求未必会得到批准。然而，在"指挥官里维埃尔"号到达台北的第二天，却是总统本人嘱咐告知德西蒂沃·德格雷希上将和我，希望我们一行人能一起去见他。

此次接见从早上11时开始，持续了20来分钟。接待极为热情；谈话主要是关于南太平洋地区，那是蒋总统渴望知道的信息。他对法国海军军舰来访感到非常欣慰，并对我的到来再次盛表友好，但此时他对中法两国关系还是只字未提。

根据初步接触，本人得出以下结论：

蒋总统深感气恼，因为他已了解到，与陈雄飞给他带来的希望相反，法国政府并不赞同中方以大使级别的代表团团长替代陈雄飞驻节巴黎。蒋的这股怨气还未消失。

不过，蒋总统对本人在其他方面尊重中华民国的行为表示感激，还高度赞赏了菲利普·德西蒂沃·德格雷希上将。

最后，至少在此刻，还不能判定总统先生会把未消的怨气宣泄在我等身上。但至少可以肯定的是，这定将成为我在台顺利完成使命的阻碍。

作为总结，本人觉得很重要的一点是，蒋介石总统给本人之总体印象是，从年龄来看，蒋身体健康，精力旺盛，能力胜常。至于接班继任，并不是当前最重要的问题。

萨莱德
（李晓姣译，姚百慧校）

19630809，ZFD00143

致部长办公室的备忘录：沈昌焕访问法国①
（1963年8月9日）

据1963年7月6日第62/CM号备忘录悉，亚大司向部长办公室报告，中华民国外交部部长沈昌焕先生希望在结束其在非洲的漫长之行后，能过境巴黎与顾夫·德姆维尔先生、戴高乐将军会晤。

昨日，中华民国驻法代办向亚大司提交了一份照会，并附有复印件，该照会阐述了沈昌焕先生将于8月30日抵达巴黎，证实了沈先生确有见顾夫·德姆维尔的愿望，"就当今国际总体形势以及中法感兴趣的若干特殊问题交换意见"，并殷切希望能获得法国总统的接见，以向其转达蒋介石总统之问候与祝福。

亚大司请示部长办公室授权其就台北外交部部长的会晤请求给中国大使馆以回复。

（李晓姣译，姚百慧校）

19630829，ZFD00022

戴高乐就越南问题发表的声明②
（1963年8月29日）

巴黎方面正在密切注意越南所发生的严重事件，并为此感到激动。

法国不久前在交趾支那、安南和东京③完成的工作，它在整个这个国家中所保有的联系，它对于这个国家的发展的关怀，使它特别清楚地了解并且真诚地分担越南人民的苦难。

此外，法国对于越南人民的才能的认识，使法国能够看出，一旦越南人民能够在对外独立、国内和平和统一、同邻国和好的情况下发挥他们的活动能力，他们就能在亚洲当前的局势中，为他们本身的进步并为国际谅

---

① 资料来源：MAE, ASIE 1944–1967, FORMOSE 1956–1967, Vol. 61。
② 资料来源：国际关系研究所编译《戴高乐言论集（1958年5月~1964年1月）》，世界知识出版社，1964，第457页。
③ 法国殖民时代将越南分成三个地区进行统治，"东京"即越南北部地区，越南称之为"北圻"。

解的利益起很大的作用。

这是法国今天对整个越南的希望，今天这个希望比任何时候更恳切。当然，应该由越南人民，而且仅仅由越南人民来选择达到这个目的的手段。但是，越南为此目的而进行任何全国性的努力时，都将发现法国准备在力所能及的范围内同这个国家进行真诚的合作。

19630902，ZFD00145

戴高乐与沈昌焕谈话备忘录①
（1963年9月2日）

巴黎，1963年9月2日

<u>戴高乐总统</u>②对沈昌焕先生的来访表示欢迎。随行的还有中华民国驻巴黎前任代办、现驻布鲁塞尔大使陈雄飞先生。

<u>沈昌焕部长</u>将蒋介石总统的亲笔信转交给戴高乐总统，并解释说，其受蒋总统嘱托，向戴高乐总统转达蒋对戴的亲切问候及崇高敬意，蒋之亲笔信中亦有说明。③

<u>戴高乐将军</u>称已阅此信之法语译文，会立即给予书信回复。戴表示对信中所抒情感极为欣赏，也深有同感；并称在蒋介石总统身上看到了其顽强不屈犹如一块"狂风暴雨下仍坚定不移的磐石"，称赞蒋是一位现世罕见的坚毅异常之领袖。

<u>沈昌焕先生</u>将话题转向莫斯科之英美苏三国条约及其对世界的影响。沈强调指出，台北深入研究了戴高乐对该条约的表态，经深思熟虑后，自由中国政府最后决定签署该条约。他解释说，这是为了防止"北平政权"④签署此条约，因为台北方面认为，美国试图借助其驻华沙的代表与共产党中国大使的周期性会谈，让中共签署。

---

① 资料来源：MAE, ASIE 1944–1967, FORMOSE 1956–1967, Vol. 61。台湾档案对这次会谈的记载，见近史所外档，311.1/0003，第41~43页。
② 下划线为原档所有，下同。
③ 蒋介石致戴高乐的这封信日期为7月26日，见近史所外档，312/0004，第10~11页；已刊本，见《中法建交多国档案选编》（四）。
④ 鉴于外交档案的时代特殊性，此处及下文中的"北平政权"（"北平"）均按原文直译。在当时中法尚未建交，法国与台湾尚保持"外交"关系的情况下，法国政府为避免与台湾的摩擦，在与台湾有关的档案文献中，常以"北平"来称呼"北京"。——编者注

应沈昌焕先生的请求，戴高乐总统重申了法国对 7 月 25 日签订的莫斯科条约的立场，称这个条约根本不能保证防止战争和核破坏。戴认为，美苏均同意禁止核试验是从其双方各自的利益出发；这个条约不会影响那些不拥有核武器的和未签署此条约的国家。至于法方之立场，她基本不赞同条约，因为我们的国家正致力于创建一个大国所必不可少的核力量，其他方面都要为之做出贡献。当这种打击力量建成时，也只有在那时，法国才会重新考虑其在核试验问题上的立场。

另外，戴高乐总统接着说，莫斯科协议让人实为担心，美苏在进行这次的第一步合作之后，将习惯于不再考虑其他国家和整个世界的命运，仅以各自意志和利益为主，视他国而不顾。法国对莫斯科协议表明的反对立场表明法国反对世界一分为二的状态，即分别为美苏控制的两大排他性的势力范围。

沈昌焕先生表示，自由中国支持法国的独立立场。尽管自由中国与美国之间有友好同盟条约，按理说应当支持美国，但是自由中国并不听命于美国之政策，更何况她对华盛顿和北平的接触已感到不满和害怕。法国政府对日益增强的由美苏两国掌控世界命运的走势深感担忧，沈部长表示中华民国政府也同样担忧。

随后，戴高乐将军询问沈部长中华民国政府对于中共政府与苏联关系日益分裂之看法。

沈昌焕先生回答说，就其个人和蒋介石总统个人的观点来看，政党之间理论的分歧已经发展成国家关系的分歧，便不再是双方理论分歧的问题了，而反映的是赫鲁晓夫和毛泽东两人私人的深仇大恨与反感对立。沈认为，只要赫毛两人都各自执掌本国政权，其中一方希望另一方尽早垮台，也就意味着两国的矛盾不可能会减少。

戴高乐总统询问中国大陆人民对毛赫分歧有何反应。沈昌焕先生答称，大陆同胞太专注于其自己的问题了，首当其冲地是要解决生计问题，以至于他们对这一争端并不怎么感兴趣，在大陆人民看来，毛赫纠纷毫无益处，与日常生活现实并无直接联系。他强调有许多具体证据说明北平政权逐渐失去民心，称甚至在共产党"干部"（这些人只占中国人口比例的极少数）内部乃至中共最高领导层都出现了反毛现象，1959 年彭德怀元帅的罢黜尤为明证。他认为，毛泽东个人的地位受到严重威胁，原因之一为中国人民大众对毛日益不满，原因之二为苏联领导人对毛充满敌意，他们发誓要毁掉那些试图同其竞争共产主义阵营领导权的人。

戴高乐总统随后表示想了解沈昌焕部长在非洲之行中产生的印象。沈先生这次非洲之行共访问了 16 个国家，主要是非洲及马达加斯加联盟国家。

沈先生在这次对非访问中，除当时正在访法的科特迪瓦总统乌弗埃-博瓦尼之外，还会见了其他所有非洲及马达加斯加联盟国家的领导人。沈部长说，每次在谈及法国之时，非洲各国领导人都表现出对戴高乐本人的崇敬景仰和深切感激之情，以及对法国的无比信仰，沈对此印象非常深刻并激动万分。最突出的表现是在马达加斯加，沈再次荣幸地见到齐拉纳纳总统，上次见面是去年齐拉纳纳访台之时。沈先生高度称赞马达加斯加之国富民安；然而，齐拉纳纳总统对马达加斯加岛上共产党势力渗入中国移民区内部极为忧虑，害怕共党分子危及国家之安全。

作为总结，戴高乐总统声称其对目前中华民国与法国存在之友好关系感到欣慰，并再次托沈转达对蒋介石总统的真挚友谊和崇高敬意。

沈昌焕先生回复，中华民国政府对法友情极深，切盼发展两国间之技术合作和文化交流，尤其是有关在台发展法语之教育。

戴高乐总统表示很赞同法国与自由中国发展经济文化交流。

在会谈结束时，沈昌焕先生非常真诚地感谢戴高乐总统给予的这次见面机会，这次会谈将载入中国外交部备忘录，成为沈外交官事业的高峰。作为总结，他称，蒋介石总统被政务缠身，对不能亲自前来问候戴高乐将军深表歉意。

（李晓姣译，姚百慧校）

19630926，ZFD00001

戴高乐就与中华人民共和国初步接触给富尔的指示[①]

（1963 年 9 月 26 日）

戴高乐致汝拉省参议员埃德加·富尔
1963 年 9 月 26 日

您是在法国最高领导人的授意下访华的。这一点，中国当局已经知悉，

[①] 资料来源：Charles de Gaulle, *Lettres, Notes et Carnets, janvier 1961-décember 1963*, Paris: Plon, 1986, pp. 374–375。

您也完全有资格提及。访华期间，您务必与中国主要领导人多加接触。

在会谈过程中，不论是中方还是您，肯定会主动提到中法关系问题。您必须和中国当局一起谈谈如何才能促进两国关系。这不仅仅是要发展目前已有的各方面关系，更要建立两国官方关系。根据过去中方的态度，尤其是在1961年和1962年解决老挝问题的日内瓦会议上的表现，中国方面可能认为建立这种官方关系是可以考虑的。

您在会谈中若确定人民中国的确希望与法国建立官方关系，请务必告知中方，法国事实上也有同样的意愿。鉴于中国情况的变化，对于我们来说，北京政府希望中法关系正常化的可能性越来越大。尽管如此，严格说来，在这一点上，我们无求于人，我们没有任何迫切理由要改变目前两国关系的现状。

北京政府或多或少已经承认了想与巴黎建立外交关系。考虑到这一意愿，如果可能，您要设法弄清楚在什么条件下法中关系能够正常化，尤其是关于以下两个问题：

1. 法国在中华人民共和国进入联合国以及未来北京政府可能取代目前的中国代表进入安理会问题上的立场。

2. 法国与台湾的中华民国的关系。我们认为，保持同台湾的这种关系，是合乎我们的意愿的，更确切地说，是适宜的，即使必要时可以适当降格。中华人民共和国对此的立场是什么样的？假设，法国在北京派驻一名大使的同时，仍在台湾保留一名代办，哪怕是更低级别的官员，北京政府是否能够接受？这是一个无法回避的问题，也是一个不容低估其重要性的问题。

总之，您在会谈中要指出我们对中国目前各方面现状的评价：她的人民和疆域潜力令人刮目相看。最后请告知中方：无论出于常理、传统还是对未来的考虑，法国准备发展法中双边关系。

（麻侠敏译，王燕平校）

19631009，ZFD00002

致部长办公室的备忘录：乔治-皮科访问外交部[①]

（1963年10月9日）

纪尧姆·乔治-皮科于昨日，即10月8日会见了亚洲事务负责人，汇

---

① 资料来源：*DDF*，1963，*Tome II*，pp. 384-386。

报了其经济考察团在中华人民共和国的主要成果（见 1963 年 10 月 4 日香港第 722 号电报）。

1. 在北京会见了中国对外经贸副部长卢绪章先生，就如所期待的一样，相互之间交流频繁，达到了一个新的高度，乔治 - 皮科先生受到副总理兼外交部部长陈毅元帅的接见，并且在十一国庆宴会前与周恩来总理交谈了片刻。

2. 法国雇主委员会代表团的另外两名成员埃万先生和德克鲁伊 - 沙内尔先生正把访华时考察团的报告整理成文。报告的复本将供我们使用。

3. 从现在的情况看，中国人的兴趣集中在法国的机械工业、造船业以及石油提炼业的建设上。

4. 乔治 - 皮科认为，根据以往的经验，预计法国在 1964 年的展销只被看成一次经验（这个展销没有涉及奥利维耶公司和布朗比利亚公司），在这种情况下，我们可以设想一个更广泛、更能代表法国工业活动的展销，例如在 1965 年的时候。

5. 关于法中关系，北京政府对于经济和技术考察团的交流很感兴趣。双方希望在两国政治关系"正常化"以前，北京和巴黎之间建立稳定的商业和文化往来。乔治 - 皮科认为这种革新非常适时，但他并不打算在适当的时候与顾夫·德姆维尔谈论这个问题。

6. 在政治方面，中国并没有对乔治·皮科先生隐藏有意同法国建立更直接的关系的愿望。然而对于台湾问题，中国没有让步之意。关于人民中国加入联合国问题，北京认为这不是人民中国要恳请加入的问题，而是联合国应该邀请她重归其创始国成员的位置。

7. 中国询问了莫斯科和华盛顿之间的趋同问题，似乎并没有对此可能产生的危险表示担忧。由于两国政治体制的差异及相互政治的禁忌，中国认为这种结合并不会走得很远。相反的是，面对这两个国家（苏联和美国）尚欠成熟的结合，与这两个国家一样拥有古老文化的中国和法国应该受到重视，并应该做些什么使它们的关系具体化。

8. 中国对于非洲法语国家的发展很感兴趣，台湾似乎已经为这些国家的发展做了一些明智的工作。在北京的人们或许认为，与法国改善关系将会进一步加强中国与非洲的关系。

9. 乔治 - 皮科在见顾夫·德姆维尔先生之前，应该会很快见到比兰·

德罗齐耶①（皮科不知道戴高乐将军是否想要听取他的汇报）。

10. 亚洲事务负责人建议乔治－皮科，在埃德加·富尔先生出发前往柬埔寨和中国之前（10月11日）应该见见后者。乔治－皮科提出要在此期间尽快见到前议会主席。

注：在乔治－皮科的同意下，我们驻香港的总领事制作了一份副本。②

（车雪莹译，龚天蕙校）

19631017，ZFD00003

马纳克致圣穆勒的信③
（1963年10月17日）

我已收到您10月5日的来信，感谢您向我提供的有关乔治－皮科访华结果的资料。

我早已见过乔治－皮科，当然顾夫·德姆维尔先生和比兰·德罗齐耶也已见过他。显而易见，中国问题受到来自法国国内以及国际社会尤其是美国的压力。本周美国大使馆询问了法国在这一点上的态度。中华民国代办也提及了台北的忧虑。

但是现在一切都没有明确。关于预备1964年秋季在北京举办私人性质的科技展览一事，外交部处于一个有利的位置（这一点已让驻伯尔尼使馆以及其他感兴趣的部委和组织知晓）。我猜想雅克·迪阿梅尔④会接受担任此次展览的负责人的任命，这几天将与中国人在伯尔尼进行接触。

我会随时告之您事情的进展。我们期望获知乔治－皮科的报告全文，后者正等待埃万先生和德克鲁伊－沙内尔先生的归来从而编写这份报告。⑤

祝好。

（车雪莹译，王燕平校）

---

① 比兰·德罗齐耶，总统府秘书长。
② 原文件后并无附件。
③ 资料来源：*DDF*, 1963, Tome Ⅱ, p.409。安德烈·圣穆勒，法国驻香港总领事。
④ 雅克·迪阿梅尔（1924～1977），内阁成员之一，1963年成为法国国民议会议员；1969～1973年期间数次担任部长职务，尤其是文化部部长。——原编译者注
⑤ 埃万和德克鲁伊－沙内尔是皮科访华团的两名成员，在皮科返回后，他们继续在中国逗留了一段时间。

19631018，ZFD00146

致部长办公室的备忘录：高士铭访问外交部[①]
（1963 年 10 月 18 日）

亚大司向部长办公室报告，亚大司专门负责中国问题的外交官特拉韦尔先生于 10 月 17 日受到中华民国驻巴黎代办高士铭先生的访问。[②]

高先生提及彼国政府对乔治－皮科访问中国之意图感到极为忧虑，尤其担心乔治－皮科中国之行对法国与共产党中国之间文化关系的影响。

代办还提及美国新闻报刊近日登载数文称我可能承认北京政府之话题。他强调，10 月 17 日《纽约时报》的"承认北京"一文（此文断言"戴高乐主张美法两国同时与北京政府建立外交关系"），[③] 让台北政府极为担心焦虑。

高先生表示他的政府希望法政府能正式或非正式地明确否认这种传言。

特拉韦尔以个人名义，请高代办对美报所传不必重视，不过特拉韦尔认为新闻报刊拥有以自己的方式诠释事件的自由，并保证会将此事向外交部转告，但对新闻报刊的纯粹臆测进行否认则为不必要之举。

另外，高先生探问我方对在台北设文化专员一职之意愿，称其政府受戴高乐将军对沈昌焕部长的发言鼓舞，非常希望此事能付诸实践。

E. 马纳克
（李晓姣译，姚百慧校）

19631022，ZFD00147

"驻中华民国大使馆"致外交部电（第 34－35 号）[④]
（1963 年 10 月 22 日）

媒体纷纷讨论《纽约时报》所载法国可能承认北京之事。三份社论中，

[①] 资料来源：MAE, ASIE 1944－1967, FORMOSE 1956－1967, Vol. 61。
[②] 高士铭对这次会晤的描述，见《高士铭致外交部电（第 7 号）》（1963 年 10 月 18 日），近史所外档，305.22/0002，第 86~88 页；已刊本，见《中法建交多国档案选编》（四）。
[③] 高士铭提及的这篇文章题为"Recognition of Peking"，载于《纽约时报》1963 年 10 月 17 日，第 34 页。本书台湾档案部分有这篇文章的中译本两份，分见近史所外档，305.22/0002，第 129~131 页；近史所外档，305.22/0003，第 14~15 页。
[④] 资料来源：MAE, ASIE 1944－1967, FORMOSE 1956－1967, Vol. 61。

有一份似乎得到授意，明确要求澄清事实。台北外交部无任何行动，亦无放大此事的迹象。毫无疑问，当局为确定立场进行了协商，要求公众舆论不要对上述文章过于惊慌。不过，考虑到反日运动仍在进行的背景，它也不太可能采取过激行动。

萨莱德
（姚百慧译校）

19631029，ZFD00149

"驻中华民国大使馆"致外交部电（第 38–40 号）①
（1963 年 10 月 29 日）

继我的第 34 号电。②

昨日在一次接待会中我见到外交部长，彼表示对报刊所载法国可能承认北京政府之事感到强烈不安。

沈昌焕先生向我提及曾派中国代办于 10 月 17 日寻访法外交部亚洲司试探态度，另称亦收到华盛顿方面的确认，法外长顾夫·德姆维尔与美总统肯尼迪谈话并未涉及承认中共问题。

沈先生表明愿意相信承认北京之传言毫无依据，并非真实，更何况蒋介石总统刚收到戴高乐将军之亲笔函。③ 沈称，尽管如此，美报所传扰乱国际视听，法国若保持沉默则更使民心不定，即希望法国政府能作一非正式或正式之声明，"澄清"对此事的态度。

职将亚洲司向高代办表明过的观点再次向沈部长详细陈述了一遍。但他一再坚持请职将其话传达给我外交部，职允诺。

应该可以事先料到沈部长会见我并对我提出以上要求，我甚至可以猜想到他会更早这样做。

萨莱德
（李晓姣译，姚百慧校）

---

① 资料来源：MAE, ASIE 1944–1967, FORMOSE 1956–1967, Vol. 61.
② 19631022，ZFD00147。
③ 1963 年 10 月 9 日戴高乐致蒋介石的信，见近史所外档，312/0004，第 12 页；已刊本，见《中法建交多国档案选编》（四）。

19631030，ZFD00148

萨莱德致德姆维尔电（第 339 – AS 号）[1]
（1963 年 10 月 30 日）

主题：关于法国的文章

上次电陈所谓法国对承认中国问题态度转变之事，源于 23 日及 27 日报纸所载二文。前一篇出自中央社《中国新闻》英文版晚报，现附上相关剪报。第二篇出于省级的日报；文章陈述致使法国承认北京的三个因素：商业利益、原子能以及法美关系不和；文中对这三个原因逐一进行反驳，得出法国不会承认北京政府之结论。

台北目前无任何报刊或评论阐述埃德加·富尔之访华。北京亦如此，新闻机构只登载前两日消息，简述埃德加·富尔的到来和游览情况。

（李晓姣译，姚百慧校）

19631031，ZFD00004

外交部致"驻中华民国大使馆"电（第 98 – 99 号）[2]
（1963 年 10 月 31 日）

第 38 – 40 号电文悉。[3]

请向沈昌焕部长说明，法外长顾夫·德姆维尔在近日对华盛顿之访问中并未涉及承认中共之问题。因此不宜误信国际新闻报刊尤其是美报所传之事。

然而，法国政府并未否认法国全国雇主协会访共之行，称其仅具私人商业特点，以探究发展两国商贸关系之可能。

我机密地指示您，我们并不反对先行研究可同时与北京发展文化交流的方式。

吕赛

（姚百慧译，李晓姣校）

---

[1] 资料来源：MAE，ASIE 1944 – 1967，FORMOSE 1956 – 1967，Vol. 61。

[2] 资料来源：MAE，ASIE 1944 – 1967，FORMOSE 1956 – 1967，Vol. 61；又见 *DDF*，*1963*，*Tome II*，pp. 449 – 450。

[3] 19631029，ZFD00149。

19631107, ZFD00006

富尔就其中国之行给戴高乐的报告①

（1963 年 11 月 7 日）

Ⅰ. 日程

我十分荣幸地向您简要报告我从 10 月 18 日到 11 月 5 日的中国之行。②

我在中华人民共和国停留期间，中国官方在各方面都对您委托的来访者表现出高度关切和信任。而由于他们也坚持既定的谨慎原则，所以各项考虑又彼此限制，并通过细微的行为差别表现出来。

我 10 月 19 日晚到达北京，20 日周三上午受到周恩来总理的接见。当天晚上，中国人民外交学会举行宴会，副总理、外交部部长陈毅出席了宴会，张奚若致祝酒词。③ 次日，我与陈毅副总理进行了一次长时间的会谈。周五再与两位总理会谈，他们并邀我共进晚餐。至此，第一轮会谈结束。

10 月 22 日至 23 日，中国政府组织游览了内蒙古和山西。这可能是为了让我们消遣娱乐和了解情况，也可能是为了让他们有时间研讨局势，提出解决方案。

回到北京后，10 月 26 日和 27 日，我被安排与两位总理一起或分别展开新的会谈。我们在我的住所会面，我并在那里招待陈毅晚餐，但这些会面未被媒体报道。10 月 27 日周四，我偕同夫人出席了在人民大会堂举行的告别晚宴，总理和副总理出席，我和周恩来先后致了祝酒词。之后在他们的陪同下，我们受到了共和国主席刘少奇的正式接见。

由于计划突然改变，我在可自由支配的最后两天前往了上海。我们乘专机于 10 月 28 日到达这座城市，于当晚再次见到周恩来和陈毅两位总理。周六上午的会议结束后，我们在下午受到了毛泽东主席的正式接见，我的

---

① 资料来源：DDF, 1963, Tome Ⅱ, pp. 469 – 478。英译本，见 CWIHP e-Dossier, No. 53, Doc. 3。本件档案主要根据英译本翻译，并参考法文原文进行了修订。

② 富尔所列行程的时间与中方档案有出入。根据中国外交部解密档案，富尔应是 10 月 22 抵达北京，23 日受到周恩来接见。一般来说，富尔所列的时间比中方档案所展示的时间晚 2~3 天。参见《接待法国前总理富尔访华情况简报（第一期至第九期）》（1963 年 10 月 21 日~11 月 8 日），中华人民共和国外交部档案，110 – 01167 – 02。详见本资料集附录一"中法建交大事年表"。

③ 知识分子不是中国共产党的成员，中华人民共和国成立后，知识分子开始接近共产党。在埃德加·富尔访问中国期间，张奚若是外交学会会长，该学会负责与中国未建交的国家展开对话，张也是国务院对外文化联络委员会的主任。——原编译者注

两位谈判对象也一齐出席。当晚,两位总理又再次特别会见我,阐述了他们对中印冲突的看法。

我想补充说明的是,如上述日程所展示的,这些漫长并不断重复的会谈是必要的。这些会谈总计持续 15 个小时。中国领导人不断展示给我的印象是思想清晰、诚挚和友善,并无任何"吹毛求疵"的迹象。

我们于 11 月 3 日乘专机离开上海前往昆明,之后于 11 月 5 日从昆明乘中缅直航班机抵达仰光。

Ⅱ. 触及问题

中国领导人视我的来访为极为重要的政治事件,他们预见到了这一事件的直接的和决定性的影响,对此,我在与中国政府层面首次接触后就没有怀疑过。另外,在边境迎接我的周恩来的代表,仅仅在见到我 15 分钟后就谈及政治关系问题,当时我们甚至还没有离开候车室。此外,广州市市长亲自宴请我们——这是引人注目的,因为照例应由副市长来接待。在祝酒词中,他明确提及两国的政治、经济以及文化关系。如果没有来自高层的指示,他不可能这样做。

我想,当时中国领导人对我此行的确切意图表示困惑,直到看到您的信后才弄清楚。① 这封信让他们震惊。我可以激动地说,他们后来强调,您信中对他们的态度以及信的内容,让他们觉得受到尊重。他们并未忘记表达对您的敬意,这一点您应该已经了解。

读过您的信件后,他们发现外交关系是我们关注的焦点,而这个问题也几乎成为我们讨论的唯一问题。周恩来总理很容易地抓住了"各方面"这个词。他问,他是否应该将之理解为包括两国的政治关系。我回答说,法语的严谨性表达在此问题上是毫无疑义的。随后的问题就是我们该如何改善上述的政治关系。我回答说,我们希望在保留互惠的前提下建立正式的外交关系。我回忆了我们一方和他们一方都有这种要求的迹象。② 按照您的指示,我明确指出我们不是请求者,我们并没有迫切的理由去改变现状,只是对明显的异常表示遗憾。

周恩来总理确认了中国的建交意愿,但用了小心谨慎的表法方式,这与我之前的谨慎表达相似。我毫不怀疑这只是简单的外交策略(我的谈判

---

① 戴高乐这份致富尔的信的译文,见 19630926,ZFD00001。
② 它们是毫无异议的:陈毅副总理是其执行者,他自己常常不由自主地想起以往的事情。——原编译者注

对象对我可能做出同样的评估）。事实上，北京政府有很强烈的意愿与巴黎关系正常化，并想尽可能快地实现，这在整个会谈中都表现出来，并在他们的结论中有明确体现。

然而，（中国的）这种态度并不能只归结为它要打破自己的外交孤立，因为这样人们就理解不了中华人民共和国对英国的态度。是法国的外交独立，才让中国在各方面对我们特殊对待。当我根据您的指示开始讨论这一主题时，我发现我面对的是已经准备接受我们的听众。

目前，中华人民共和国认为，世界上三个同中国没有正常外交关系的非社会主义大国，即法国、英国和日本，[①] 对中国都有一定的好感。在这三个国家中，独有法国不属于美国的附属国。因此，我们成为这些国家中促使与中国关系正常化最可能也最可取的国家。中国认为，中法建交将对英国和日本产生积极影响，[②] 促使它们逐渐摆脱美国的势力范围，至少在涉及亚洲问题时摆脱美国的控制。中国希望可以从我们这里得到支持和建议。在经历了白天一整天艰难的谈判后，周恩来总理和陈毅副总理整晚都跟我讲述其在印度的困境，以便让我知道此事的重要性。

从另一方面来看，这些考虑不仅说明了中国领导人把政治问题放在绝对优先的地位，也确认了他们跟我们持有相似的观点。

从阿拉伯联合共和国[③]和古巴的先前经验来看，他们对建立或发展经济和文化关系不感兴趣，除非只是作为过渡阶段，更确切地说是作为一种施压手段，比如在上述两国设立商贸代表团或新闻社以"挤走"福摩萨的代表。对于我们，中国暗示各种关系都会得到适当的欢迎。于是，这个话题也就自然被提及，中方甚至向我明确提出，如果中法双方互派经济代表团，就应当允许它们使用国旗和密码，以赋予它们比较官方的性质。但是很明显，重点并不在此。我们的谈判对象并不认为戴高乐会对增加中法间商业交流有强烈的兴趣，对于古巴和阿拉伯联合共和国的先例，中国领导人认为，或者倾向于认为，法国是一个大国，戴高乐是一个大国的伟人，法国不会使用此种权宜之计。

总之，他们强烈希望与我们重新建立关系，他们也相信，总统派一个

[①] 共和国主席刘少奇，还提到了联邦德国。——原编译者注
[②] 毛泽东提到了建立伦敦-巴黎-北京-东京轴心的设想。——原编译者注
[③] 阿拉伯联合共和国，1958年由埃及和叙利亚合并而成，后北也门加入，改名为"阿拉伯合众国"。1961年叙利亚和北也门相继退出，不过埃及在1972年前一直保留此国号。

政要来到他们身边这样一个积极的举动，意味着我们同样打算如此。因此，在我们交流期间，他们尝试提出了一些敏感的程序，以便把他们不能让步的要求和我们的观点协调起来，他们非常理解我们的观点，知道哪些可以被接受，哪些不能被接受。从我个人来说，我也采取了类似的办法处理问题。

Ⅲ. 讨论分析

从双方注意到彼此都有意愿建立正式关系时开始，如果发生这一结果，中国主要担心以下四点：

1. 两个中国的问题，对此我不必赘述；
2. 福摩萨的地位，以及在这片领土上可能建立一个共和国的问题；
3. 恢复中华人民共和国在联合国的权利和地位；
4. 福摩萨驻巴黎代表和巴黎驻福摩萨代表的存在及将来的处理。

在这之前，我曾多次向我的谈判对象表达了如下观点：

——事实上，就算我们希望双方建立（或者重建）正常的外交关系，我们也并不是请求者；

——因此，关系正常化并非讨价还价的结果，而只是相互交换情况、澄清观点，这也正是我此行的目的；

——将要做出的决定不应当包含任何前提条件，那将侵犯我们的自尊，与我们非请求者的身份不符；

——如果协商成功，同时拟定公报文本；

——公报应简单、清楚；

——公报中不应阐述中华人民共和国方面提出的问题或条件，即便因此无法达成公报；

——说得更明白些，我们不能冒险将自己置于一种不确定的可笑境地，就像中英关系那样；顺便说一下，中国人主动提及了这一点，他们一直向我保证，他们完全不能接受同样的经历再次发生。

这就是说，我声称，根据给我的委托，我愿意与他们一道，研究他们所关心的建立正常外交关系这一问题所带来的正常后果。

我强调，我们应当以一种规范和一种法律环境去考虑我们关系的这种革新，此种规范和法律环境只能取决于国际法。

我们将充分地意识到，如果我们决定承认北京政府，这一决定将使我们在法律和惯例上负有一定的责任。我们事先没有企图也不打算事后逃避这些责任。

重要的是推行此种原则是否能充分得到谈判方的理解。我认为这是问题的关键。

1. 关于两个中国的问题，在与我们有关的措施中以及可以预见的范畴内，我表示不能理解北京政府所担心的危险。

从事实来说，没有人能明确定义什么是两个中国。[①] 从意图上讲，现在也并不是向北京表态的时候，因为那样会让北京认为我们有不轨的图谋，并让我们承担义务，但实际上，到目前为止，我们并无此种图谋，而将来一旦出现两个中国的局面，我们也不想承担义务。最后，就法律方面而言，局面是清楚的、没有疑义的，我的谈判对象不断提及此点，以及蒋介石将军与他们绝对近似的观点，从而为这种局面提供额外的保证。不可能有两个合法政权管辖同一片领土和同样的民众。主权不可分割是国际法的基本观念之一。

我们承认中华人民共和国，理所当然地，我们就不能承认任何其他政权对新承认国家管辖的领土和民众拥有同样的主权。

这种承认的结果是使所谓的中华民国（福摩萨[②]）丧失全权，但没有必要制定与此对应的措施（最后一点下文再讨论）。

2. "福摩萨地位"问题是完全不同的。我们的对话方曾多次向我们证明为什么该岛是中华民族领土这个整体的一部分。我向他们指出，在这一点上我们不反对他们，但问题已经超出我们的能力范围，我们不认为我们可以解决。事实上，注意到目前并不存在福摩萨地位的问题就足够了，因为在否定"福摩萨国"的存在上，台北当局与北京当局的意见是一致的。

目前来看，并没有我们承认"福摩萨共和国"的问题，因为这个共和国还没有自己的确切定义。

中国领导人可能害怕美国将来在这个问题上耍诡计，但把这些目前不确定的复杂因素引入我们目前已经很难处理的决定中是不合适的。

所有这一切能说明的是，北京和巴黎关系正常化在任何必要的情况下只能更加有利于我们早已不再忽略的国家地位和国家利益。

这一结论被默认了，所以在会谈的最后阶段未再涉及这一问题。

---

① 福摩萨国的问题有分歧，下文做出研究。——原编译者注
② 冷战环境下，西方国家档案文献中常以"福摩萨"指代台湾，为尊重档案原文，本书中对此类用语均采用直译，下不另注。——编者注

3. 至于联合国问题，其解决办法可以由第 1 条演绎出来。承认中华人民共和国作为中国的合法政府，就理所当然地要考虑它恢复联合国合法权利和地位的要求，中国作为联合国创始国之一，应当同其他创始会员国一样，在联合国中具有同等声誉和地位。而且，在最近关于恢复中国联合国地位的投票中，那些尚未与中华人民共和国建立完全官方关系的国家都投了赞成票，如果与中国实现关系全面正常化并互派大使的法国在这个问题上还采取退缩回避的态度，那是不可想象的。如果我们比英国收获的多，那怎么能比它做得少呢？因此，我认为，无论在法律上还是政治上，我都不能采取含糊的立场。

4. 就如之前预见的一样，最困难的讨论是关于巴黎和福摩萨互派的代表问题。

根据您的指示，在这个议题上我没有做出任何承诺。这个议题包括以下内容：

——通告福摩萨当局不承认其作为中华民国；

——撤回福摩萨驻巴黎的代表；

——撤回我们在台湾的代表。

根据您的指示，我向大家说明，在这个议题上我们的态度是基于礼仪和程序，背后没有隐藏政治阴谋。

不可否认的是，承认中国人民共和国将会影响到以上关系的性质，但我指出了我们可以让事态自然发展。他们偶尔有礼貌地责备我在此问题上缺乏明确性，我回应说，聪明的办法是有时创造些模糊区域。最后，他们详细地询问了我关于是否可能保持领事关系的问题，我明确说明在此问题上我们会保留自由行动的权利。我还举出了我们在北越派有代表团的例子。

我本以为我们会很快结束这个问题。英国就是因在福摩萨维持了一个无关紧要的领事，让中国拒绝外交关系完全正常化。经过再三思考，我的谈判对象决定改变对策，采取迂回路线越过这一问题，毫无疑问，这一对策是符合他们的意愿及设想的。

如果台北当局主动召回或减少其在巴黎的代表，法国是不是也会相应地召回或减少其在台北的代表呢？

我认为我能够毫不犹豫地给出积极答复。在设想的这种情况下，根据纯粹的事实或至少是国际惯例，按一般逻辑，我们要表现出另一种态度是难以想象的。

在北京接下来的两天里，我们继续进行分析讨论。10月31日，直到我离开北京的前一个夜晚，讨论才最终结束。双方的解释说明了我们在以下三点是一致的：

——中国的唯一性；

——中国在联合国的合法席位；

——在台北政府自动断交的情况下，我们与福摩萨的相互关系。

至于其他方面（福摩萨的未来地位、代表团的维持），双方不能达成一致，继续讨论和争论下去是没用的。

周恩来和陈毅两位总理后来向我表示他们会继续考虑这些问题，到时候去上海再向我阐述他们的看法。虽然并无任何迹象，但我猜想，他们已经决定了其立场，并想把这一立场向毛泽东主席汇报。

Ⅳ. 中国政府的建议

在上海再次会谈期间，中方的两位总理告诉我，考虑到我所有的意见，中国政府为我准备了一个具体建议。

这一建议最先是口头表述的，后来被周恩来记录在一份备忘录中，并邀请我审读后进行修改。这份机密文件是单边的、半官方的，现附在本报告后作为附件。① 我认为有必要在此总结下会谈中我们是如何讨论的。

中方建议的第一部分内容是有关程序的。北京政府的观点与我之前表述的观点一致，具体如下：

1. 这一程序应当简化为双方互换照会；

2. 这些照会应被同时公开；

3. 这些照会公布后立即互换大使，排除英国式的拖泥带水的办法。

如果我们决定接受中方的建议，我们就应当通过正式渠道（驻伯尔尼大使馆）进行交流。北京政府的这个回应不包含条件、问题和评论，只提及了它的资格"作为代表中国人民的唯一合法政府"，这一表述我不仅能接受，而且感觉很欣慰，因为它强调了人民，而没有涉及有争议的领土问题。

中方建议的第二部分内容是关于默契协议的问题，这种默契假定双方解释正常化后果时存在。北京的领导人对法国政府给予了最充分的信任，他们没有要求法国政府提供任何文本或者书信。他们自己的解释将不会公开。唯一的事实就是，上述预先定下来的建交程序本身就说明了在如下三

---

① 即1963年11月2日的《周恩来总理同富尔达成的三点默契》，全文见本书中国档案部分，19631102，ZFD00090。

点上双方没有任何误解。如果存在误解，我们就没有必要再开始官方的谈判了。

我列的这三点默契同我提及的我们会谈结论有关：唯一的代表性，恢复联合国席位，一旦台湾断交法台相互关系。

我认为，试图修订整个文本并无益处，更可取的是对一些不触及本质问题的段落措辞发表意见。

1. 在序言中，最初的草拟版本指出我代表您建议双方建立外交关系。我并没有接受这样一个不符合事实的表述，所以改成了"表示愿望"这一用语。另外，在紧接着的下一句话中，最初写的是中国政府"表示它抱有同样的积极愿望"，我让他们改成"确认"，这样就比较确切地符合双方的意图。

2. 在第Ⅲ条下面的小节Ⅰ，在第一句话的前半部分之后是这样措辞的："法兰西共和国政府只承认中华人民共和国政府为代表中国人民的唯一合法政府"，我删掉了最初后面的表述："且不再承认所谓……"因为这一表述会暗示出我方的自愿性，更合适的办法是只提及法律和自动的后果。

此外，文本中采用的表达方式并不都符合我的意愿，但我认为，鉴于这个文本的性质，以及一些用词不当的地方也没有造成真正的不便，文本的错误叙述的责任就留给其编纂者。比较典型的地方是在第3段的开头，提到周恩来总理和埃德加·富尔先生之间达成一项"默契"。这一表达当然是错的，因为它是明文的规定……但是我认为，重新讨论到底什么是默契这样一个细微问题并无多大意义。

当然，此时我向中方会谈代表表示，对于中国政府的正式建议，有待戴高乐将军做出决定，我不知道他会做出何种答复。

在我看来，中华人民共和国的领导人采用一种相当随和的方式，我甚至都不知道如何要求他们在某些确定条款上做出让步。

除了把他们看作代表中国人民的唯一合法政府，我们还能怎么看待他们呢？当某些并未受到像我们待遇的国家，对他们加入联合国持毫无保留的态度时，他们为什么不能设想对他们国家的承认会导致对他们恢复联合国合法席位的支持呢？最后，如果福摩萨政府主动与我们绝交，我们与它维持关系还能给我们带来什么好处？现在和将来质疑"默契"的这些要点都是无益的。

至于形式，强调他们在考虑我们的建议时所表现的无比谨慎无疑是多余的。

总的来说，中国给法国建交的建议与中英维持的法律关系相比较，两者以后的发展路线是不一样的。

毋庸置疑，这种举动也可以解释成中国人想要与我们恢复关系，其心情也许比我们更加急切。我们可以大胆推断，既然中国有此种愿望和急切心情，加之受到您主动精神的激发，那么无论什么他们都会接受，或者说无论何时他们都会接受他们自己今天给我们的提议。

您的政治独立对他们很有吸引力，他们认为我们对他们最怀疑的政治阴谋采取不干涉的立场，不会把他们推入任何关于"两个中国"的"陷阱"。除了对大家已熟悉的道义上的确认，他们没有要求我们别的，我们甚至没法区别什么是磋商的目标，什么是拒绝的逻辑。当重开磋商前，我们对谈判对象的意图和反应做出了客观的描述。

您之前的料想是完全对的，从今之后您可以收获到这种长久考虑的果实，在这一刻您选择了，并且被证实很顺利。"您及时地到达了"，毛泽东主席在上海迎接我时对我说。

我真诚地希望，我提供的、只能依靠您自己判断的复杂信息，能让您做出一个实现历史善举的决定。

新德里，1963 年 11 月 7 日
（姚百慧、龚天蕙译，姚百慧校）

19631115，ZFD00152

法国对中国的立场[①]
（1963 年 11 月 15 日）

尽管不能想象中国现行的亲近西方政策有何深远意图，但亦不能阻止北京之新政策，总的来说，我们看不到插手中国反苏联或是苏联反中国而分裂共产党世界这一纠纷对我们有何益处。不管我们支持中国反对苏联，还是支持苏联反对中国，任何形式的干涉都更有可能导致中苏双方联合起来（对抗我们资本主义世界），若万一使双方关系裂隙更大，于西方而言也

---

① 资料来源：MAE, ASIE 1944 – 1967, FORMOSE 1956 – 1967, Vol. 61。

并不能肯定就有益。

由乔治-皮科率领的法国全国雇主协会考察之行虽纯属私人商业性质，却证明法国对增进与中共商贸交换没有任何反对情绪。皮科之访共也有利于促进发展两国在文化领域之关系，通过进行教师、学生、科学技术考察团和艺术团体等之间的交换，以促互惠互利，并非只有中国受益。

至于外交上承认中国的问题，若不顾对埃德加·富尔访华之行可能产生的所有猜想，现在就提承认中共显得不成熟。中国人对法国到访者虽极为殷勤友善，却并不见得要把承认作为发展两国经济文化关系的必要条件。概括来讲，法国对中国采取的态度主要有以下两种考虑：一方面，中国大陆由一个强大而稳固的政权统治着，自由世界不能无限期地无视其存在；另一方面，出于道德和政治上的考虑，尤其是对民众自由意志的尊重，法国亦不能完全放弃台湾。要设法综合两种建议实为困难，我们只有隐藏这种困难。中国如今之情况已持续14年之久，很有可能会持续更长时间。台湾虚构的法律地位，并不能阻止我们根据实际情况与中共进行某些接触。

（李晓姣译，姚百慧校）

19631204，ZFD00153

萨莱德致德姆维尔电（第368-AS号）[①]

（1963年12月4日）

主题：承认北京的传闻

台北继续盛传法国将承认北京。通常为新闻报刊快讯，以较敏感标题出现，有时则为头版大标题。传闻引发了关注和讨论。

有多名官员和私人向我确认消息的真实性。有少量报纸值得注意。11月10日的文章涉及埃德加·富尔离开中国的情况；12月2日的另一篇文章报道了年初承认中国的谣言；今晨的第三篇文章，提到西欧国家幻想向人民共和国寻求市场。11月10日的文章值得研究，它似乎反映了外交部的观点，虽然有点过时，却明确地突出了问题："若任由现今形势一直发展下去，将来我们就会陷入如去年在老挝之局面；若北京政府无条件接受承认，

---

① 资料来源：MAE, ASIE 1944-1967, FORMOSE 1956-1967, Vol. 61。

我们应该像1962年在万象一样，主动撤回我们的代表。"此报向友邦大肆宣扬，以便让它们说服法国做出有利于中华民国的决策。

12月4日的文章集中讨论经济问题；12月2日的文章提出，肯尼迪总统的去世为巴黎和华盛顿关系的改善提供了一个新机会。

（姚百慧译校）

19631210，ZFD00093

外交部给鲍德的指示①
（1963年12月10日）

尊敬的大使先生，

外交部派雅克·德波马歇来伯尔尼与中国驻瑞士大使进行会谈。您可以告诉中国驻瑞士大使，德波马歇先生作为外交部的全权代表，将与他取得联系。

德波马歇或于12日周四早上，或于16日周一早上抵达伯尔尼。他想当天就离开伯尔尼。请您尽早告诉我，哪天最合适。

对于这次访问的高度机密性，我无须强调。

请相信我最友好的感情！

（李晓娇译校）

19631211，ZFD00007

德姆维尔就中法建交谈判给德波马歇的指示②
（1963年12月11日）

请您尽早前往伯尔尼与中国驻瑞士大使接洽。在如此重要的情况下，

---

① 资料来源：MAE, ASIE – OCEANIE 1944 – , CHINE 1956 – 1967, Vol.525, folio 28。菲利普·鲍德，法国驻瑞士大使。

② 资料来源：DDF, 1963, Tome Ⅱ , pp. 607 – 608。此件档案，在 De Gaulle, *Lettres, Notes et Carnets, janvier 1964-juin 1966*（Plon, 1986, pp. 29 – 31）也有收录，但时间写作1964年1月底。根据中国外交部档案，中法瑞士建交谈判是在1963年12月举行，因此该份档案的生成时间，以1963年12月11日为准。

大使馆将着手接下来的安排。

您应向对方指出，您受政府委派与其就中法建交问题进行谈判。1962年我在日内瓦关于老挝问题的会议上与陈毅元帅谈话时就已涉及该问题。不久前，埃德加·富尔先生受北京政府邀请访问中国的时候再次谈到此问题，事前，总统召见了富尔先生并向他明确了法国的立场。

时机如今已经成熟。巴黎和北京都表示，一旦情况允许，就建立官方关系并互派大使。

此外，对于现在的情况不应再提出质疑。现在应该确定具体的安排：最简单的就是最好的。只需发表一份两国政府达成一致的公报就够了。可以是一份联合公报，或者在两国首都同时分别发布内容相同的公报。公报中只需简单提及建立外交关系以及近期互派大使的决定。

我们根据埃德加·富尔的报告得知，中国政府最担心的就是法国与蒋介石政府的关系以及中华人民共和国加入联合国的问题。如果到时对方向您谈及这些问题，您应当向对方重申此次会谈的出发点：应该达成一个不带任何条件的协议，不能有任何谈判的先决条件。

对于第一点，法国同北京政府建交后，如果中华民国同法国断交，法国也将采取相应的决定。我们所希望的是，至少在台湾保留一个领事馆以维护我们的利益。

对于第二点，毫无疑问，北京和巴黎建立外交关系本身自然包含着新的本质性的因素，法国政府将根据形势发展在适当的时候确定其立场。

总之，您要向对方说明，当他接到中国政府的指示时您就准备重回伯尔尼。

（车雪莹译，王燕平校）

19631211，ZFD00008

致部长办公室的备忘录：高士铭的来访[①]

（1963年12月11日）

中国代办受其政府指示，于12月10日赴亚洲司，询问外界尤其是媒体

---

① 资料来源：*DDF*，1963，*Tome* II，pp. 608 – 609；又见 MAE，ASIE 1944 – 1967，FORMOSE 1956 – 1967，Vol. 61。

关于法国将与人民中国建交的谣言。①

高士铭先生希望，或由外交部出面，或授权萨莱德先生在台北否认这些谣言。

马纳克向代办解释，很难阻止媒体的传言；据其所知，巴黎目前关注的是法国和人民中国之间的经济关系。

高士铭询问，法国是否打算在互惠的基础上在中国设立常驻经济－文化代表团？亚洲司司长回复说，就其所知，法国尚未就此做出决定。

随后，高先生表示，其政府对法国这样一个大国会持何种立场表示不安。

他询问，是否有机会邀请新的法国议会代表团或经济代表团，或者同时邀请两者，访问台湾。

另外，他再次表示，希望我国向台湾派驻文化专员。马纳克先生回复说，我们打算尽早派遣一名教师赴台。

（姚百慧译校）

19631212，ZFD00156

"驻中华民国大使馆"致外交部电（第52号）②

（1963年12月12日）

继我的第51号电。

我在此概述沈昌焕先生递交备忘录时的评论③：

由《纽约时报》刊载的一篇文章引发的第一波谣传，并未引起过度的担心。因为经美方和我方证实，顾夫·德姆维尔先生和肯尼迪总统在上次谈话中并未涉及承认共产党中国问题。

然而，源自巴黎的新谣传持续不断，最近东京也传出相关谣言（参见12月4日《世界报》第22页），台北现在开始严重不安。

---

① 台湾当局对此次晤谈的记录，见《高士铭致外交部电（第22号）》，近史所外档，305.22/0005，第83~85页。
② 资料来源：MAE, ASIE 1944－1967, FORMOSE 1956－1967, Vol. 61。
③ 12月10日，沈昌焕就中法建交的传闻向萨莱德递交备忘录，希望法国能发表声明予以否认。关于该备忘录和沈昌焕递交备忘录同萨莱德的谈话，分别见《沈昌焕与萨莱德谈话记录》（1963年12月10日），《外交部致法国驻华大使馆照会》（1963年12月10日），"国史馆"外档，172－4/0811。

中华民国立法院极为触动，曾多次向外交部询问此事。应政府要求，此事目前只限秘密会议时讨论。

此问题亦困扰甚多非洲国家，它们向中国的外交代表探询此事。某些反共坚定的国家感到不安，另一些反共立场欠稳的国家则犹豫不决。非洲所有国家均密切关注法国动向。

非洲各国的动向甚为重要，特别是在周恩来和陈毅访问非洲前夕。此外，法国的意图模糊不定，也没有一个明确的声明，这只能更有利于北京政权两个代表的工作。若法国承认北京，非洲及马达加斯加联盟国家必予效尤，从而让这些国家陷入共产主义更为恶毒、剧烈的渗透之中。对这些，不应视而不见。

迄今为止，中华民国对法国与中国大陆工商界私人性质的交流表示理解，并不太担忧。

然而，中国政府既不能接受巴黎与北京之间建立任何官方关系，也不能接受法国政府给予共产党中国即便是事实上的承认。

中华民国政府曾对英国、荷兰、斯堪的纳维亚半岛国家、老挝表明其反对"两个中国"的立场。中华民国政府既不能也永远不会接受破坏其"生存之本"的"两个中国"的概念。

法国是大国，鉴于其在国际舞台的影响、在非洲的政治地位以及戴高乐将军的个人声望，巴黎若承认北京政权将会产生极严重之后果，影响之大将不局限于福摩萨本身。

鉴于非洲及马达加斯加联盟国家甚至其他国家都会效仿法国，中华民国在非洲、在世界其他地方及在联合国之地位均将崩溃。

台北政府陷入绝境走投无路时，完全有可能采取光复大陆的行动，"一场新的战争可能由此爆发"。

我根据外交部训令，竭力劝慰沈先生道：

法国政府未对所传谣言予以否认，是不想赋予那些并不重要的谣言重要性。

过去亦有法国工商界和私人团体前往中国大陆考察，北京技术人员代表团也曾赴法考察，且两国政治人物互有往访。无论是乔治-皮科考察团还是埃德加·富尔先生之行，亦或是中国技术人员赴法，都不是什么新情况。

我之前就跟沈先生做过这种解释。现在，我们不能期待这种解释能让我们的对话者感到满意。沈先生暗示中华民国将独自进攻大陆，这可能是一个极为幼稚的要挟。而当这位外交部长提及事实真相时，他就不再装腔作势。他预见到，法国承认北京政权，将给中华民国带来灾难性的影响。可以肯定的是，一旦承认北京，哪怕是事实上的承认，都会导致台北政府立即与我们断交。另一方面，即便我们不打算承认北京，我们也拒绝做出其要求澄清疑问的明确声明。因此，可以预见中华民国政府（对我们）会采取不信任甚至有点敌意的态度，尽管其手段比较有限。

萨莱德

（姚百慧译校）

19631213，ZFD00094

德波马歇的记录①

（1963年12月13日）

12月12日我在伯尔尼受到了中国驻瑞士大使的接见。②

首先，我向他介绍说，我是受法国政府委托，将与他共同商讨中法建立外交关系的问题。

我跟他提起法国外长德姆维尔与陈毅元帅在讨论老挝问题的日内瓦会议期间谈过这个问题，最近埃德加·富尔受北京政府之邀访华，其间也重谈了这个问题。戴高乐在富尔访华前也曾予以接见，并从法国立场方面做出了相关指示。

我指出，目前中法建立外交关系的时机已经成熟，巴黎政府和北京政府都表示了共同的愿望，即中法两国政府正式建立外交关系，互换大使。

至于这个问题的解决办法，我已声明法国政府坚持不附加任何先决条

---

① 资料来源：MAE, ASIE - OCEANIE 1944 - , CHINE 1956 - 1967, Vol. 525, folios 25 - 27。
② 中国外交部对这次晤谈的记录，见《关于同法国谈判中法建交问题的请示和补充请示及中央有关指示（我驻瑞士大使李清泉与法国欧洲司司长德波马歇会谈情况）》（1963年12月11~20日），中华人民共和国外交部档案，110 - 01997 - 06。

件的原则。最主要的就是共同确定一个公布这一决定的程序,从这个角度来看,程序越简单越好。在这种精神的指导下,只需要通过发表公报来宣布两国政府共同达成的决定。或者发表联合公报,或者分别在巴黎和北京同时发表内容相同的两个公报,内容简单提到两国已经决定建立外交关系,并在近期互换大使。

我总结时表态说,一旦我的对话者李清泉大使接到其政府的指示,我将立即再来伯尔尼与之会面。

李清泉先生问我是否可以就如何撰写公报的正式文本提出建议。

我回答他说,法国方面未曾撰写正式文本,考虑到我之前所提及的,我觉得这个公报应当指明:法兰西共和国政府和中华人民共和国政府已经一致决定建立外交关系,为此,两国互派大使,比如说,在三个月后。

李清泉先生说,关于中国与西方各国建立外交关系,毛泽东主席曾经陈述了普遍原则。至于中法建立外交关系的问题,陈毅元帅和法国外长德姆维尔在讨论老挝问题的日内瓦会议期间就谈过。埃德加·富尔访华期间,曾与中国政府讨论了有关建立两国外交关系的原则。"今天",李清泉先生总结说,"您来到伯尔尼阐明法国政府的观点,我一定会如实向我的政府转达"。

中国大使在我们会谈的最后说,他一收到其政府的答复就告诉我。

(李晓娇译校)

19631218, ZFD00155

萨莱德致德姆维尔电(第 381 – AS 号)[①]

(1963 年 12 月 18 日)

主题:法国承认北京政府的可能性

12 月 10 日我与外交部长会晤后,外交部欧洲司司长及副司长多次向我表示,中国政府迫切希望尽早收到对沈昌焕先生所提问题的回复。

各报几乎每天都发表关于这个问题的消息,这一周来我的对话者都在希望与失望混杂交加中度过。

[①] 资料来源:MAE,ASIE 1944 – 1967,FORMOSE 1956 – 1967,Vol. 61。

先是媒体报道的顾夫·德姆维尔先生在外交委员会上的发言，继而是迪安·腊斯克先生于 12 月 16 日收到的戴高乐总统之保证，这些让他们减少了一些疑虑。

然而，今早各报登载了一则巴黎快讯（中国新闻社－合众国际社），报道说：根据"可靠"信息来源，法国将比预期更早地承认北京政权。这则快讯提醒注意，法国唯一所保证的事实，是不会在相当接近之将来承认北京政权，形容词"相当接近"必然是极重要的措辞。

如果我们不能对 12 月 10 日的备忘录给予他们要求的"明确"回复，台湾当局的不安及对我们意图的怀疑当然还会在相当程度上存在。

萨莱德

（姚百慧、李晓姣译，姚百慧校）

19640103，ZFD00095

德波马歇的记录①

（1964 年 1 月 3 日）

我于 1 月 2 日与中国驻瑞士大使进行了第二次会谈。②

首先，李清泉先生提到我在 12 月 12 日的会谈时回顾了埃德加·富尔访华期间在北京与中国领导人的谈话。由于双方协议对这些谈话保密，中国政府只在我们 12 月 12 日第一次会谈后才告诉李先生。

随后，李清泉先生说，埃德加·富尔先生向中国政府转达了戴高乐将军不支持制造"两个中国"的立场。另外，双方就建交事宜达成三点默契。

考虑到中法之间的完全平等，从改善中法两国关系的积极愿望出发，中国政府与埃德加·富尔一致同意通过以下方式建立两国外交关系：

（a）法兰西共和国政府向中国政府提出正式照会，法兰西共和国政府将承认中华人民共和国政府，并建议中法立即建立外交关系，为此，互换

---

① 资料来源：MAE，ASIE－OCEANIE 1944－，CHINE 1956－1967，Vol. 525，folios 29－33。

② 中国外交部对这次晤谈的记录，见《我驻瑞士大使李清泉与法国外交部欧洲司司长德波马歇就中法建交问题第二次谈判情况（有关请示、谈判记录、约谈时间）》（1964 年 1 月 2～13 日），中华人民共和国外交部档案，110－01997－04。

大使。

（b）中国政府复照宣称，中华人民共和国作为代表中国人民的唯一合法政府，欢迎法国政府的来照，并准备好立即建立中法两国之间的外交关系，互换大使。

（c）中国和法国同时公开发布上述照会，并立即建立各自的使馆，互换大使。

这一声明几乎逐字逐句地展现了周恩来总理谈话要点的第二点内容，也是富尔报告的补充，此后，李清泉大使提到，我曾于12月12日向他提议实行一项不同的程序。这项程序就是，双方政府一致同意公布建交的共同决定，或者以联合公报的形式公布，或者同时在巴黎和北京分别发布内容相同的两个公报。

他问我如何看待上述互换照会的形式，这些形式已被埃德加·富尔接受，对他的政府来说，上述互换照会的方案完全符合双方平等的原则，没有任何先决条件。他根据政府的指示，在此向我提出这些方案，希望我能够接受。

我回答他说，我之前向他建议的程序简明合理，并且是我认为最好的解决方式。

随后，李清泉先生又重新提到埃德加·富尔在北京的谈话。他确信，法国政府，尤其是戴高乐将军存有一份关于这些谈话的详细报告。法国政府认为有关两国建立外交关系的问题如今只是程序问题，并希望采取最简单的方式，或者中法双方发表联合公报，或者各自在北京和巴黎同时发表内容相同的公报。

联合公报的文本措辞应当如下：

"中华人民共和国政府作为代表中国人民的唯一合法政府和法兰西共和国政府一致决定，中法两国建立外交关系，两国政府将在未来三个月内互换大使。"

如果两国政府决定分别公开发布两个公报，公报内容中只是两国政府的前后顺序不同，其他都相同。

中国政府的公报文本措辞为：

"中华人民共和国政府作为代表中国人民的唯一合法政府，同法兰西共和国政府商定，中法两国建立外交关系。两国政府将在未来三个月内互换大使。"

法国政府的公报文本措辞为：

"法兰西共和国政府，同作为代表中国人民的唯一合法政府中华人民共和国政府商定，中法两国建立外交关系。两国政府将在未来三个月内互换大使。"

这时我提起，我于12月12日根据个人初步意见建议的方案如下：

"法兰西共和国政府和中华人民共和国政府一致决定，中法两国建立外交关系。

为此两国政府商定将在三个月内任命大使。"

我的对话者李大使准备接受这种措辞，但是前提条件是在"中华人民共和国政府"后加上"作为代表中国人民的唯一合法政府"字样。

我回答说，我理解这句话的表达对于中华人民共和国政府的重要性，但是我并不认为这句话一定要在宣布两国建立外交关系的公报中写明。

李清泉大使说，只要法国政府不支持制造"两个中国"的立场，且只关系到确定公报的措辞，中国政府准允他可以不坚持在联合公报的文本中插入那句话。然而，中国政府将单方面对外发表自己的立场，宣称同法国建交的决定是由中华人民共和国政府作为代表中国人民的唯一合法政府做出的。

在之前谈话内容的基础上，李清泉大使曾三次对我重复说，他已经准备好完全接受我建议的公报文本，不做任何修改。

在会谈的最后时刻，他向我表示希望尽早再次与我会面，并建议说1月4日再会。我回答他说，要在下周之前再次赶回伯尔尼，对我来说有点困难。他就对我说："下周一我等您。"

在会谈期间，我的对话者向我指明，他上次有机会观赏了奥利机场，并停留了几个小时以便转机。他有可能已经去过阿尔及尔或拉巴特并接受了周恩来总理的召见。[①]

（李晓娇译校）

[①] 1963年12月26日，李清泉赶往阿尔及利亚，向正在那里访问的周恩来汇报中法建交谈判情况。此事经过，可参考：李清泉《中法建交谈判回顾》，黄舍骄主编《春华秋实四十年——中法建交回忆录》，第56页；李清泉《在瑞士亲历中法建交谈判》，《世界知识》2004年第4期，第52~53页；陈金沙《在周总理领导下参与中法建交谈判——访中国原驻瑞士大使李清泉》，《江淮文史》1994年第1期，第65~67页；童小鹏《风雨四十年》（第二部），中央文献出版社，1996，第110页。

19640110，ZFD00096

德波马歇的记录①

（1964年1月10日）

1月9日我与中国驻瑞士大使进行了第三次会谈。②

首先，我重点阐述了1月2日会谈所进行到的地方。我们就公报的文本措辞达成了一致意见，具体如下：

"法兰西共和国政府和中华人民共和国政府一致决定，中法两国建立外交关系。

为此两国政府商定将在三个月内任命大使。"

我的对话者提出，在发表公报时，其政府会公开宣布，与法国建立外交关系的决定是由中华人民共和国作为代表中国人民的唯一合法政府做出的。

我补充说，我个人认为，如果我的提议被接受，接下来我们要做的就是确定公报发表的日期，我建议要么于1月27日，要么于1月28日中午12时（巴黎时间）发布。

李清泉先生重新详细地阐述了1月2日双方表达的观点。

中国政府已经准备好接受法国政府提出的程序，公布两国政府的共同决定，或通过发表联合公报，或在两国首都同时发布两个内容相同的公报。另一方面，中国政府也准备好接受法国政府建议的公报文本措辞，但是要求在"中华人民共和国政府"一词的后面加上"作为代表中国人民的唯一合法政府"的字样。如果法国政府认为不能接受添加这句话，中国政府可以接受法国政府建议的措辞，同时中国政府会在公报发布之际，对外宣布与法国建立外交关系的决定是由中华人民共和国作为代表中国人民的唯一合法政府做出的。

这时，我的对话者承认在这些情况下，唯一悬而未决的问题就是发表公报的日期。他接到政府的指示，对于时间问题，可以接受法方的建议，即发表公报的时间为格林尼治时间1月27日11时，也就是巴黎当地时间

---

① 资料来源：MAE, ASIE – OCEANIE 1944 – , CHINE 1956 – 1967, Vol. 525, folios 34 – 36。
② 中国外交部对这次晤谈的记录，见《我驻瑞士大使李清泉与法国外交部欧洲司长德波马歇就中法建交问题第三次谈判达成发表建交公报协议（谈判记录）》（1964年1月9日），中华人民共和国外交部档案，110 – 01997 – 09。

12时。

随后我指出，法国政府打算将此事特别秘密地通知某些国家的政府，如英、日、美、德。

李清泉先生表态，中法两国可以将中法决定建交之事通知各自认为必要的有关政府。中国政府将根据自己的考虑率先采取措施。

最后我指出，在法国方面，我们打算在公报发布后3~4个星期内派五名先遣人员赴北京，筹备大使的到来。这五名先遣人员包括一名代办、两名助手、一名女秘书和一名译电员。

李清泉对我说他记录了这些指示，并表示如果中国政府有派先遣人员去巴黎的意图，就会通知我驻伯尔尼使馆。

在我们会谈的最后，李清泉先生意识到我们在很多地方都达成了一致。然而他认为有必要向政府报告以得到政府的最后批准。只要在此精神指导下，最多2~3天经过简单程序就可以得到政府的回答。不久他将会把政府的意见通知我驻伯尔尼使馆，只简单表明政府给出的积极答复，即协议得到了政府的批准。

我从个人角度指出，我的使命使我有权代表我的政府承担义务，不过我会将双方达成联合公报文本的依据，以及公报发表的日期和时间报告我的政府。

（李晓娇译校）

19640113，ZFD00097

德波马歇的记录[①]
（1964年1月13日）

1月13日11时40分，我们驻伯尔尼的代办打电话给我转达了中国驻瑞士大使的话，"协议已被批准了"。

（李晓娇译校）

---

① 资料来源：MAE，ASIE - OCEANIE 1944 -，CHINE 1956 - 1967，Vol. 525，folio 37。

19640115, ZFD00010

阿尔方致德姆维尔电（第 362 – 370 号）（节译）[1]

（1964 年 1 月 15 日）

我于 1 月 14 日会见了麦乔治·邦迪[2]，他向我阐述了对我们两国共同关心的各种国际问题的看法。

中国

总统顾问表明了对于我们的对华政策的担忧。他称："我们知道改变不了法国政府的决定，那么是否能请您解释是什么促使法国重建与中共的外交关系。"

我回答他说，北京存在一个政府已经达 14 年之久。当初之所以没有像英国、荷兰、斯堪的纳维亚国家、奥地利等其他欧洲国家那样承认中国，是因为那时候我们正同中国交战，随之而来的朝鲜的冲突，也延迟了我们的决定。现在应当重新考虑这个问题，更加需要考虑到，几个月以来，种种迹象表明，中国已经重新获得独立，不再与苏联一起构成一个顽固不化的政治集团，不久以前福斯特·杜勒斯先生[3]曾跟我们说到这个政治集团。总之，一些西方国家与中国建立联系，对整个自由世界来说难道不是有益的吗？即使我们知道，其他国家因为某些原因反对承认中华人民共和国。这种接触表明，我们希望有一天我们将在世界各地保持这种政策，尤其是在东南亚。

但是，邦迪说，这个推理是英国人得出的，然而英国与中国建交没有产生任何成果。您知道，美国不希望看到法国承认中国。当然，我们并不担心你们会对中国做出有损西方利益的让步。我们不相信任何有关你们将与中国交换石油、战略物资甚至是原子武器的传闻。相反我们所担忧的是，你们这个先例会不会在众多国家重演，尤其是在非洲。另外你们将如何处理同台湾的关系？

我回答说，法国承认中国并无任何附加条件，其中当然包括和蒋介石政府的关系。我在回答他的问题时，附带说明了一句，目前我未被告知法

---

[1] 资料来源：Ministère des Affaires Etrangères, *DDF*, 1964, Tome I, Paris: Imprimerie Nationale, 2002, pp. 44 – 47。埃尔韦·阿尔方，法国驻美大使。

[2] 麦乔治·邦迪，美国总统国家安全事务助理。

[3] 约翰·福斯特·杜勒斯，1953~1959 年任美国国务卿。

国代表和中国（编者按：此处应指台湾当局）代表的相关接触情况。

当天晚上，麦科恩①与我就同一主题进行了谈话。他所担心的是如何向公众解释我们的决定。这就是为什么他建议我们到时候应充分解释这样做的动机。

东南亚

邦迪向我询问了法国在东南亚的政策，美国十分关心越南局势的演变，希望制止越共分子的渗入。

我重申，法国的政策肯定不会助长越南或其他地区共产主义的发展，法国在越南统一、老挝独立、柬埔寨中立这些问题上与大国意见一致。

"中国在这一点上也会赞同吗？中国的利益是什么？"邦迪又问道。

我认为，中国虽然持扩张政策，但其军事力量不能与西方抗衡，北越等一些老牌印度支那国家也不想并入中国。如果中国承诺实行不干涉政策，那么执行这个政策就对她有好处。

这些理由无疑并没有消除我们谈判对象的怀疑态度。他们担心我们的亚洲政策并不会被美国舆论所理解，且会遭到非议。我向他说明，一旦时机成熟我们将重新进行谈话。

……②

（车雪莹译，李晓娇校）

19640115，ZFD00011

阿尔方致德姆维尔电（第371－374号）③

（1964年1月15日）

仅供部长。参见您的第1102/05号电报。④

腊斯克先生今明两天都要留在这里与塞尼先生⑤进行会谈，我已依照您

---

① 约翰·麦科恩，美国中央情报局局长。——原编译者注
② 以下与本书主题无关，未译。
③ 资料来源：DDF，1964，Tome I，pp. 47－48。
④ 1月15日的这份电报，命令大使通知美国政府，法国政府将与和人民中国建立外交关系。——原编译者注
⑤ 安东尼奥·塞尼，意大利总统，1964年1月13～18日访问华盛顿。FRUS，1964－1968，Vol. 12，Western Europe，p. 171 source note.

的指示于 1 月 15 日与哈里曼先生进行了晤谈。①

美国副国务卿的反应是最强烈的。在向我指出他现在仅以个人名义谈话、不久就会有官方的文件递交给我们的同时，他向我肯定地表示，美国政府和美国大多数人民都会对法国政府的决策感到不满。在他看来，法国的决策只是为了显示法国的独立，我们能从承认这样一个被美国宣称为敌人的北京政府中得到什么好处呢？

我们会以实际行动支援中国，资助中国在世界各地尤其是在亚洲的进行的对抗西方的所有事业。而在亚洲，美国独自承担了保护自由世界利益的责任。此时由于其国内不太巩固，中国的确需要这种性质的外交援助。在中国看来，美法关系明显是影响其发展的巨大障碍。

我的回答让哈里曼异乎寻常的激动。我说，共产党中国早在 14 年前就已被美国的许多西方盟友所承认。我们并没有打算与新中国建立特别的关系。我们将承认一个事实，将北京和莫斯科置于同等地位。我们的决定不是为了引起美国的不安，而是出于以下一种必要性：不能把这个毫无争议地统治超过六亿人的国家永久排斥在外。为了保护我们联盟的共同利益，我们绝不反对采取相同的手段以达到共同的目标。虽然我们对华盛顿与莫斯科谈判感到不满，但与它们的意见并不相左。为什么我们的美国盟友对于我们与北京政府交换大使的决定以及为了重建外交关系而接受的所有条件而感到不安呢？

哈里曼再次表示，我们的主要目的是向美国显示我们的独立性，我们的这一举动妨碍了美国总统和他的亚洲政策，尤其是在这个选举年。

（车雪莹译，李晓娇校）

19640115，ZFD00009

戴高乐致蒋介石的信②
（1964 年 1 月 15 日）

总统阁下：

去年 12 月 24 日来电奉悉：您在信中询及外传法国政府拟改变其与中国

---

① 美国档案的记载，见本书美国档案部分，19640115，ZFD00038。
② 资料来源：De Gaulle, *Lettres, Notes et Carnets, 1964–1966*, pp. 22–23。台湾档案对此信的译本，见近史所外档，305.22/0007，第 77~78 页。

现行关系是否属实。本着我们之间一直存在且我热切希望保持的坦诚和信赖精神，谨如实奉告：法国政府会在相当接近之将来与北京政府建立外交关系。

我无意掩饰，我向您宣布的消息无疑会使您失望。但是，中国大陆出现的形势已不再符合人们原先的估计。法国不能再无视这种既存的事实。许多其他西方国家过去已先于法国走上这条道路。何况，最近共产主义世界的事态演变，促使法国采取一项归根结底符合它自己及其盟友的利益的决定。

十年来，现实力量已经促使我们同北京领导人建立了关系。由于1954年召开的日内瓦会议，印度支那半岛的战争才得以结束。1962年，关于老挝的新的日内瓦会议促使我的政府再度同北京的谈判代表接触，并且与之同其他西方国家一起，签署了对缓和东南亚的严重危机必不可少的协议。

经深思熟虑，我认为，采取向您通报的这个决定，已刻不容缓。这一决定将如何影响中国还很难预测。我希望，将来的中国与现在相比能有所不同。请相信，我自己和大部分法国人民将继续对您怀有崇高的敬意，这种长久以来形成的崇敬将永不改变。

总统先生，请接受我崇高而诚挚的敬意。

(姚百慧译，王燕平校)

19640118，ZFD00012

阿尔方致德姆维尔电（第486—501号）[①]

（1964年1月18日）

仅供部长。

按照阁下您的指示，我于昨日，即1月17日向国务院递交了政府对1月16日美国有关法国承认中华人民共和国问题照会的复照。

腊斯克前两天没有接见我，而是在今天下午稍晚的时候接见了我。[②] 他

[①] 资料来源：*DDF*, 1964, Tome I, pp. 84–87.
[②] 美国档案对这次会谈的记录，见本书美国档案部分，19640118, ZFD00043。

是德语语言学家，对法语知之甚少，看了我呈交给他的文件后，他带着一丝窘迫的微笑对我说，"我嘛，还是能理解这意思的"。

国务卿之后对我说，法国的决定让美国大为不安。他的谈话冷静而有条理，与哈里曼前两天的激动反应形成对比。

他对我说，法国承认新中国，能大大提高北京的声望。自朝鲜战争以来与中国建交的 42 个国家中，没有一个能与法国的重要性相比。然而，究竟是何种动机（让法国）要为远东共产主义帮忙呢？

中国一直在违反其在 1954 年和 1962 年郑重签署的条约。① 中国不断地进行着危害邻国安全的军事行动：她时时刻刻都在进行反对自由世界的颠覆活动，每周都造成了在这些地区保卫所有人利益安全的美国维和人员的死亡。

我们几乎是唯一抵制北京霸权的国家。戴高乐将军 1961 年对肯尼迪说过，他绝不会调兵供东南亚条约组织支配。我们明白之前由你们决定这一态度，你们也应该理解西方应该一如往昔地帮助印度、巴基斯坦、老挝和越南反抗它们邻国粗暴和阴险的攻击；另外越南控制不了来自自己领土上的危险。它也在寻求扩大其在非洲的影响；如今我们可以在桑给巴尔和南美事件中得到毋庸置疑的证据。你们很了解古巴所遭受的压力。你们有没有想过你们的决定会影响那些曾经构成你们这些老牌殖民帝国的国家对此事的看法？对这些看法的形成产生不可预料的影响？你们有没有预防措施来限制你们（承认中共可能带来）的影响？

我们知道欧洲在东南亚的利益和我们的不一样，我们把注意力同时分布在太平洋地区和大西洋地区。但我们有权利期待欧洲至少不能阻碍我们在远东的行动，一旦欧洲开始阻止，我们就不得不从大西洋地区转移一部分军事力量到太平洋地区。

现在你们理解我们为什么会对你们的决定表示遗憾了吧？之后你可能会想象到你们做出这样的决定对本国舆论带来的损害性后果。

在回应国务卿口吻较重的报告的时候，我向国务卿解释了我们做此决定的理由。

与美国媒体甚至是某些更官方的发言所持观点往往不同的是，法国承认中华人民共和国，但并不想以任何方式使美国政府难堪，也不想增加其

---

① 指 1954 年和 1963 年在日内瓦签署的有关印度支那各国的协议。——原编译者注

负担。然而，法国认为北京政府已经存在14年了，北京政府在中国大陆的权威是不容争辩的，它代表着中国6.5亿人口，这些人口现在、过去和未来的作用构成一个政治事实，即不得不重视北京政府。

法国没有像英国、斯堪的纳维亚国家和瑞士那样1950年就和中国建交，是因为当时法国正卷入印度支那为一方、法国为另一方的战斗中，而介入其中的就是如今我们要承认其地位的中国。我突然想起，当时我们没有反对我们盟友的决定，那一决定跟我们今天的决定具有同样的性质，我们今天的决定也是为了保护盟友和朋友的利益，却受到指责。然而，朝鲜战争后我们花了12年来弄清中国政治的影响，我们决定不惜一切代价、不违背我们的初衷。

最近发生的一些事件促使我们做出了决定：直到去年，世界共产主义还是铁板一块，只要与唯一的一个国家建立关系就可以决定共产主义各国的命运。如今，中国与苏联分裂，就有必要同北京直接对话，对其态度应当像对苏联一样，也要像承认苏联那样承认中国。我们不打算以一个对付另一个，即以"好苏联"对抗"坏中国"。共产主义的威胁是随处可见的，我们应当对每一处威胁都同样重视。

与你们想的相反，我们希望有一天我们可以为西方世界和自由民族提供帮助，通过影响中国政府使其更理智地考虑问题，并逐渐促使其和我们联合一致共同研讨以解决南亚①问题，如柬埔寨问题，没有任何人能设想只靠军事救助而没有来自中国方面的援助就可以解决这些问题。这样一来，我们在这件事情上的态度与你们对苏联的态度就没有什么不同的了。你们觉得最好与赫鲁晓夫进行交谈，虽然在柏林、古巴、老挝和巴拿马，他处处与你们为敌。而对于我们来说，我们想，最好等克里姆林宫的主人有进一步指示之后才进行谈话。这点我们已经说过了，但是与你们不同的是，我们没有反对你们的意图，而你们的发言人在上周的发言中却反对我们法国承认中国。

法国政府在没有任何先决条件的情况下承认中国的主权，我们将不会同台湾断交，除非台湾选择跟我们断交，法国同其的关系将保持不变。我们承认中国大陆的政治事实，不代表我们不承认台湾岛的政治地位。

腊斯克打断了我，他对我说，他很惊讶我们没有考虑这个举动可能带

---

① 原文用"Sud asiatique"，根据语境，此处应指"东南亚"。

来的相应的代价。你们没有接受北京所提的条件，但本应该是你们向北京提条件。你们本应根据北京政府是否尊重他们的义务和是否执行他们曾签订的条约（编者按：指国民党政府与西方国家签订的不平等条约）为前提来承认他们。如果你们在远东只以自己的国家利益为标准去判定其性质和重要性的话，那么，在我们看来，这些利益将很难弥补你们给整个大西洋联盟和美国所带来的沉重负担。您也不要幻想你们可以扩大对北京的影响。您讲到柬埔寨，实不相瞒，你们承认中国只会脱离那次会议的宗旨，中国在那次会议上做出了承诺，但不会遵守承诺。

我被告知，人们或许会怀疑对柬埔寨会议这样一个结果的解释，但人们不会质疑的是，美苏对话将会继续进行，甚至进一步发展，尽管大家都知道苏联在德国有权利也有义务。

国务卿说，我们希望在东南亚建立秩序，尊重自由。问题在于，我们难道宁愿限定一些条件让敌人撤退，而不是履行义务在这个冬天对河内发动攻击吗？但是你们承认北京政府的举动难道不会恶化这个地区人们的反应吗？

关于大西洋联盟，国务卿说，你们的决定太令人惋惜：事实上，西方世界的统一在近几个月以来因为一些成员国的欲望而被动摇，不仅表现在与古巴进行经济贸易往来，也表现为与中国拉近关系。无论如何，他们把经济利益置于政治信仰之上的做法是不可思议的。

我反驳国务卿的话说，有关古巴问题，我觉得其他国家和法国一样都要接受这种指责。至于北京，正如人们所知道的，并不是商业利益让我们做出这个决定的。我们不明白，在莫斯科甚至华沙所进行的接触和对话是有益的，而在北京却有如此大的危险。

总之，腊斯克指出，如果中国能遵守义务和协议，美国的反应就不会如此强烈。我通过记录这一评论来强调它给了我们宝贵的提示。

另外，国务卿注意到法国的决定是无法撤销的，必须尽力控制其影响，避免在其他领域造成不好的影响。我非常自然地与他商定：美国政府将对本国新闻媒体采取一些有效措施，以免一些过分的报道损害我们两国的关系。

（车雪莹译，李晓娇校）

19640118, ZFD00024

德让致德姆维尔电（第 312–316 号）[1]

(1964 年 1 月 18 日)

参见您的 686 号电报。[2]

1. 1 月 18 日，也就是今天，葛罗米柯先生[3]正在休假，我按照库兹涅佐夫先生[4]的指示实行原定计划。

我坚决保持这次交流的高度机密，突出强调法国政府的决策将遵循苏联政府长期以来所提倡的路线。

法国政府将这个刚做出的重大决定及其为此所做准备——在公示天下之前——通知了苏联政府，苏联外交部副部长接到此消息表示很感动。法国的这一举动表明了法国政府对苏联政府的尊重。葛罗米柯先生的代理人委托我向法国政府表达他的感激之情。他还补充说，他会立即转告苏联部长会议主席。

2. 随后，库兹涅佐夫先生对此表达了自己的"个人见解"。他认为，总的来说，法国的这个决定既现实又合理，是真正从法国的国家利益出发的。这也表明我们的政府从主观上比较喜欢当前的形势。这个决定既符合不同社会制度的国家之间实行和平共处及合作的政策，也符合各国人民的利益。和平共处及合作的政策包括为加强和平团结而发展所有国家之间的经济和外交关系。库兹涅佐夫先生补充道，赫鲁晓夫先生在 12 月 31 日的讲话中也有所暗示，这一决定表现了在所有争议下最终采取了和平的解决方式。[5] 另外，他还强调，苏联政府一直坚决支持中国加入联合国，中国在联合国的缺席不利于联合国充分履行任务和职责。一个像联合国这样的世界性组织，如果不考虑到占据全球 1/4 人口的中国的存在，是极其荒谬的。他认为，苏

---

[1] 资料来源：*DDF*, 1964, Tome I, pp. 78–79. 莫里斯·德让，法国驻苏联大使。亦可参见 1 月 28 日发自莫斯科的第 436–444 电报，其中提及了苏联的公开反应。——原编译者注

[2] 1964 年 1 月 15 日"仅供大使"这封电报，指示大使通知葛罗米柯先生法国承认中华人民共和国政府的决定。——原编译者注

[3] 安德烈·葛罗米柯，苏联外交部长。

[4] 瓦西里·库兹涅佐夫，苏联外交部第一副部长。

[5] 可参见 *DDF*, 1964, Tome I, p. 36。

联政府一直在帮助中国恢复其权利方向发挥作用。

我注意到,法国政府做出这个决定之时是非常了解苏联及其他国家的地位的。

库兹涅佐夫先生接着提起了苏联在福摩萨(台湾)问题上的态度。这点大家都很清楚,我对此也绝口不提。最后,这次会谈以比较愉快的对话而结束了。

3. 整个会面中,我的感触是,法国政府决定与北京政府建立外交关系以及在时机成熟时互派使者,不仅不会引来苏联领导人的批判,而且还将提升了法国的国家威望,意味着我国在亚洲大陆政治地位的回归。

(李晓娇译校)

19640119,ZFD00157

"驻中华民国大使馆"致外交部电(第6-14号)[①]

(1964年1月19日)

由贝志高将军致共和国总统和外交部长,仅供二人参阅。

1月19日午后4时,蒋介石总统接见了我。[②]

列席见面会的有法国驻台代办萨莱德、纪业马上校;中国方面有外交部长沈昌焕先生,驻布鲁塞尔大使陈雄飞先生,以及作为翻译的王季征先生。谈话持续了1小时40分。

元帅精神抖擞,说话铿锵有力,激情饱满,深表友好之态度。

---

① 资料来源:MAE,ASIE 1944-1967,FORMOSE 1956-1967,Vol. 61。
② 贝志高(台湾档案中亦作"裴奇柯甫"),二战时期任自由法国驻重庆大使,此次携戴高乐的亲笔信秘密访台,同行者有中国通纪业马教授。贝一行19日抵台北,21日离台,19~20日分别与蒋介石晤谈两次,晤谈记录除本件外,另见19640121,ZFD00158。纪业马的汇报,见19640125,ZFD00162。纪业马的回忆,见 Jacques Guillermaz, *Une Vie pour la Chine, Mémoires (1937-1989)*, Paris: Editions Robert, 1989。台湾档案对蒋介石和贝志高谈话的记录,见《蒋介石与贝志高谈话记录》(1964年1月19日),近史所外档,305.22/0008,第30~34页;《蒋介石与贝志高谈话记录》(1964年1月20日),"国史馆"外档,172-4/0811。在台湾档案开放前,陈三井曾依据对陈雄飞的采访和纪业马的回忆录,对贝志高此行做出考证,见陈三井《中法断交前的一段外交秘辛——法国专使团的艰困访华行》,陈三井:《近代中法关系史论》,台北:三民书局,1994,第263~274页。

在蒋介石总统问及戴高乐将军的近况后，我向其简要说明了此行的意图，蒋迅速了解共和国总统来函内容后，转向了信中主题。他忍不住询问，14年来两国关系一向友好，为何此时要突然改变而与北京政府建立关系？蒋介石总统诉苦说，二战时期为中国盟友的国家已背弃中国，导致其陷于空前困境。英国的所作所为尤其损害中国的国际地位，导致中国政府"放弃大陆"（原文如此）。英国率先承认北京政权后，其他若干国家相继随附（元帅数次强调，并冠之以"背叛"）。与英国不同，时至今日，法国一直维护中国的国际地位，世人皆知戴高乐总统重道德、重原则。

诚然，蒋介石总统深知，戴高乐将军或许认为，其计划更符合当今之现实，但其计划采取的决定对中国、对其政府以及对蒋本人都是一个巨大灾难。鉴于法国和戴高乐将军的声威，这将导致很多非洲与欧洲国家改变政策。此一后果，对刚出现"希望曙光"的中国来说实为"致命"打击。

自此刻起，元帅的声音提升，悲怆感人。他恳请戴高乐将军推迟，先说推迟"三五年或两年"，而后说"一年或半载"，再做决定。他三番五次地主张延迟，且言辞愈加激烈。蒋明确指出，法国可在这段时间内客观地重新评估局势，根据它自己的利益而采取不对共产党中国有所帮助的行动。在这些充满焦虑的呼吁后，元帅回到一些日常话题上：国际共产主义的宣传能力、大陆经济形势日益恶劣、其同胞对自由之热爱、西方商人的固执幻想，他要求我们去考察福摩萨的进步，将当今形势与抗日战争时进行对比，等等。接下来谈了些一般问题。最后，在尝试了探询究竟在哪天会承认北京政府后，蒋介石总统安排第二日再次晤谈。新一次会晤将于周一正午进行，在元帅邀我们用午宴之前。

在两次会谈之间，台湾方面会深入研究戴高乐将军亲函之内容。新的可能也是最后一次会谈或许比前次更为详尽充实，或许会询问巴黎与台北的关系最终将何去何从。我们或许都明白，要么台北政府完全保持其反对双重承认的传统立场，要么它已打算采取灵活态度，以便在数国仿效法国承认之时，为其国际地位保存足够的基础。

萨莱德
（姚百慧译校）

19640121，ZFD00158

"驻中华民国大使馆"致外交部电（第15－17号）[①]

（1964年1月21日）

由贝志高将军致共和国总统和外交部长，仅供二人参阅。

继我的第6/14号电。[②]

今日正午我得蒋介石总统接见，萨莱德先生和纪业马上校陪同，在场者亦有前夜参与会晤之数人。谈话在午餐前进行了大约一个小时，餐后又继续了20来分钟。会晤伊始，蒋介石总统进行了长长的独白。

蒋根据自己与共产党斗争"40年来所积累之经验成果"，以及与戴高乐将军的友好关系，提请戴极为注意承认北京将带来的危险，尤其是在非洲和东南亚地区。

至于非洲，蒋长期以来一直认为，经我们引导后独立的年轻国家，其法国文化的根基非常脆弱。正是这些文化，将首先遭遇共产主义渗透的威胁。在东南亚，要实行缓和政策更是痴心妄想，"共产党只注重武力"，而害怕战争恰为西方人的弱点。

午宴过后，蒋介石总统举杯祝愿戴高乐将军健康，并称他们会仔细研究法兰西共和国总统的来信。在我离开台北前，他将予以回信并请我亲自转交戴高乐将军。

随后蒋介石总统回顾了两国元首之间的关系。

二人虽素未谋面，但友情长存已久。两人年事相近，都引领各自国家饱经忧患，历经困危。二人在最严峻考验下均保持尊严。蒋介石总统表示，永远不会忘记在困境之中予其帮助的人。两国关系的发展不可预测，当前世局也复杂多变，唯两国总统之友情将永远"不会变化，令人难以忘怀"。

蒋介石总统称自己要负历史之重责，因为领导人的生命虽属有限，但历经千万变迁的"国族精神则永川流不息"。他还说，他的整个谈话均属真情流露，犹如面陈戴高乐将军本人。

他将在给戴高乐将军之回函中综述谈话重点内容，并烦职亲自转交。他明确说，信中不会过多提及彼此肩负的重任，而会表达一些个人意见，

[①] 资料来源：MAE, ASIE 1944－1967, FORMOSE 1956－1967, Vol. 61。
[②] 19640119, ZFD00157。

以及在相互尊重两国尊严的情况下对中国的看法。

在我台北行结束之时，不管蒋托我转达之回函内容如何，尽管在我承担任务期间遇到严肃的谈话，但我仍想强调，蒋介石先生对我的接待极为谦恭尊重。

我打算乘法航班机于 21 日午前离台，途经香港，于 24 日星期五 8 时 20 分抵达巴黎。

萨莱德
（姚百慧、李晓姣译，姚百慧校）

19640122，ZFD00159

"驻中华民国大使馆"致外交部电（第 22 号）[①]

（1964 年 1 月 22 日）

昨日从日本大使处获悉，美国政府强烈建议台北政府不要在法国承认北京政府后与法国断绝外交关系。

萨莱德
（李晓姣译，姚百慧校）

19640124，ZFD00098

德波马歇的记录[②]

（1964 年 1 月 24 日）

1 月 23 日，我与中国驻瑞士大使进行了第四次会谈。[③]

在复述了我们 1 月 9 日会谈内容之后，我对李先生转达了我政府批准了 1 月 9 日会谈商定的公报文本措辞，并确定了公报发表的日期和时间。

[①] 资料来源：MAE, ASIE 1944 - 1967, FORMOSE 1956 - 1967, Vol. 61。

[②] 资料来源：MAE, ASIE - OCEANIE 1944 - , CHINE 1956 - 1967, Vol. 525, folio 38 - 39。

[③] 中国外交部对这次晤谈的记录，见《我驻瑞士大使李清泉与法国外交部欧洲司司长德波马歇就中法建交问题第四次谈判情况（谈判记录）》(1964 年 1 月 22 ~ 24 日)，中华人民共和国外交部档案，110 - 01997 - 07。

随后我提醒他，1月9日我对他说过，公报发表之后3~4个星期内，我国政府将派一组先遣人员赴北京，筹备大使的到来。我要求从此开始应当做好准备来欢迎5名先遣人员——1名代办、2名助手、1名女秘书和1名译电员——在2月15日之后到北京，很有可能需要先安排他们入住宾馆。

李清泉先生重新确认政府批准的协议，他已于1月13日通知我驻伯尔尼使馆，使馆也将此消息转达给了我：

(1) 关于发表建立外交关系的联合公报文本内容以及指派大使；

(2) 发布日期：1964年1月27日，发布时间：格林尼治时间11时，同时在巴黎和北京发表两个内容相同的公报。

另外，他还提起，在公报发表之时，中国政府将对外宣布关于与法国建立外交关系的决定是由中华人民共和国作为代表中国人民的唯一合法政府而做出的。

李清泉大使还补充说，关于法国向北京派先遣人员的问题，北京政府会热烈欢迎，并做好相应的迎接准备工作，同时，中国方面也将准备派遣一位大使赴法国。

在会谈的最后，李清泉大使表示，我们将1月27日发表公报的决定告知的几个国家政府并没有做到保密，因为这些国家通过世界各大媒体刊出了对中法建交五花八门的报道和评论。

另外，他利用了1月21日沃尔特·李普曼的文章，对美国政策进行猛烈攻击，断然谴责"两个中国"的言论。

(李晓娇译校)

19640124，ZFD00161

"驻中华民国大使馆"致外交部电（第23－27号）[①]
（1964年1月24日）

外交部长今晨约见了我。[②]

[①] 资料来源：MAE, ASIE 1944－1967, FORMOSE 1956－1967, Vol.61.
[②] 台湾档案对这次会谈的记载见《沈昌焕与萨莱德谈话记录》（1964年1月24日），"国史馆"外档，172－4/0811。台湾当局的照会，见《外交部致法国驻华大使馆照会》（1964年1月24日），近史所外档，305.22/0017，第25页。

他向我表示，法国承认北京政权的决定损害中华民国之利益，不仅会给中法友谊带来致命打击，且对法国本身亦无裨益，此举破坏自由世界之团结，亦将对整个世界产生严重后果。其影响，尤其是对亚洲和非洲之影响，将难以估量，亚非各国将备受极度恐惧之折磨。

因此，中华民国政府对法国的决定提出"强烈抗议"。沈昌焕先生要我以最快速度将此抗议转达给阁下。当日会将照会送达大使馆。

外交部长随后还是搬出那套极端的陈词滥调，指责共党所采取的渗透与颠覆破坏之方式。他说，在桑给巴尔和坦噶尼喀可以看到这种方式。他补充道，相信与共党合作交往而能不受危害是一种错觉。

在形容法国的承认为惊人之举后，沈昌焕先生向本人声称，法国所采取的所有行动都"有欠妥当"，法国作为一个主权国家，若是想承认共产党中国，尽可声明公开，不必像它现在用的各种手段，尤其是事先利用媒体"散布谣言"数星期。

我向我的对话者解释，共和国总统的特使贝志高将军在同蒋介石总统的谈话中，曾略谈及此事；我本人有幸参与了谈话。我仅限于接收照会并传递照会，但也不能不对最后一个问题做出回应。我反问部长，是否宁愿我们承认北京而不通知台湾？考虑到戴高乐将军已派遣特使团赴台向蒋介石解释此事的事实，他是否还能指责我们的行为有欠妥当？

他并没有回复本人提出的第一个问题，至于第二个问题，他只是说更早明确态度才更合理。

萨莱德
（姚百慧、李晓姣译，姚百慧校）

19640125，ZFD00013

米勒致德姆维尔电（第 149-150 号）①

（1964 年 1 月 25 日）

老挝政界对中法建交的前景表示乐观，无论从何种政治意义上说，都

---

① 资料来源：*DDF*，1964，Tome I，p.106。皮埃尔·米勒，法国驻老挝大使。

使如此。况且，自1962年日内瓦协议①签订以来，老挝同人民中国继续保持着同样的关系。

上周二，国王②在琅勃拉邦接见我时，主动谈到了这一话题，他赞同目前法国政府的通知中所提到的计划。

正如我已经指出的，梭发那亲王③持有同样观点，并认为法国转向北京将有助于他的任务。

（姚百慧译，王燕平校）

19640125，ZFD00162

备忘录：贝志高与纪业马的台北之行④
（1964年1月25日）

贝志高将军已于1月24日周五晨从台湾返回法国，下午去向戴高乐总统进行汇报。

纪业马上校就此次任务向艾蒂安·马纳克先生做出以下汇报：

在蒋介石元帅第一次接见两个来访者伊始，贝志高将军就明确其此行目的为转交戴高乐将军有关中法未来关系的信函。由于戴高乐将军对元帅极度尊敬，特派与中国及蒋介石关系密切之人从中斡旋。

接着，贝志高将军将戴高乐将军的信交给元帅。

（在知道共和国总统信函之中文解释后）元帅并未感到惊讶。蒋试图完全从个人关系的角度分析戴高乐将军做此决定之原因。谈话主题于是变成诸如：戴高乐将军怎么能这么对我呢？您难道看不到这么做对我们会造成巨大伤害吗？贵我两国已有14年友好关系。时至今日，除了法国，我们所有友邦都背叛于我。英国人对我们太不友好了（蒋介石严厉批判了英国人），现在法国人也要给我们带来更可怕的打击。贵国能否重新考虑这项拟议中的决定？或者至少推迟个五年、三年、一年，甚或是半载？蒋元帅言语失态，场面激动人心。

---

① 1962年7月23日关于老挝中立的日内瓦协议。——原编译者注
② 萨旺·瓦达那，老挝国王。——原编译者注
③ 梭发那·富马，老挝民族联合政府首相和国防部长。——原编译者注
④ 资料来源：MAE, ASIE 1944-1967, FORMOSE 1956-1967, Vol. 61。

接着蒋简单提到了共产党中国之经济危机。接见会结束之前还有一段简短谈话。其中，外交部长通过陈雄飞先生询问，戴高乐信函中的表述"在相当接近之将来"具体是什么意思。这位外长还想提另一个问题："中法两国之关系将会怎样？"但元帅示意其打住。蒋不想提实质性问题，他向其来访者告别，表明会仔细研读共和国总统之信函，并请贝志高将军和纪业马上校次日与其晤谈。

次日中午，谈话继续进行。然后贝志高将军由主人宴请午餐。饭后，在元帅举杯祝戴高乐将军身体健康之后，新一轮谈话开始了。

事实上，谈话只是元帅的长篇独白。蒋称其与共产党战斗了40年，对共产党非常了解。蒋建议我不能相信共产党，称其曾一时信任共产党却招致不幸。蒋介石还讲述了共产党是如何夺取其国家的，希望法国人不要上当受骗。共产主义的威胁已经渗入黑非洲。"你们，法国人，难道不会受到中国共产党的威胁？"人们不可能让中共满足……

元帅再次提到其友邦之背叛。美国人出卖了我们的满洲，[①] 英国人致使我们放弃大陆。法国将要采取的行动将给我们带来"可怕的打击"（蒋介石多次用到这个词）。法国对亚洲实行安抚政策是错误的。

最后，元帅表示已获悉戴高乐将军信函之内容，明日会写好回函。次日贝志高将军收到密件一封。我们这两个使者被告知，密件中有一封中文信和一份法文译文，但我们并不知道文本内容。

纪业马上校觉得，从这些谈话中可见，蒋介石元帅的态度并不明确。1月22日召开的政府会议或会确定立场。台北方面也许想观察法国此决定的国际反响，也许是想看看法国会选择怎样的程序来承认北京。

萨莱德先生估计，某种"两个中国"之论调正在台湾蔓延，台北见自己的国家代表性地位被削弱，在是否断交问题上会犹豫不决。

纪业马上校最后强调，元帅的接待谦恭有礼。整个谈话过程既严肃可敬，又激动人心。

备注：两份密电都由使团从台北带回外交部。

E. M. 马纳克

（姚百慧、李晓姣译，姚百慧校）

[①] 档案原文如此，此处为直译。——编者注

19640126，ZFD00025

德姆维尔致佩吕什电（第91－97号）①

（1964年1月26日）

许多国家都没有得到我们与人民中国建立外交关系意图的通知，包括西贡政府。当建交公报在巴黎和北京同时发布之时，将有必要向西贡政府说明我们做出这个决定的原因，并附带解释某些相关信息。建交公报将于巴黎时间1月27日中午12时发布。您届时可以参考如下建议：

——法越两国政府对中国问题的看法存在明显的差异。我们认为，对我们做出这个决定的原因进行阐述，并不能说服越南政府相信我们做出这样的决定是完全合理的。可至少应该让它理解到我们的这个决定是不会威胁到越南的任何利益的。

长期以来，已经有很多欧洲国家承认了中华人民共和国的合法地位。法国直到如今才承认中华人民共和国，法国的这个决定也并不是非做不可的，因为在法国所面临的印度支那战争和阿尔及利亚战争中，中国从某方面来讲都是法国的对立方。而如今的国际形势为该问题的解决提供了一个新的选择。

当今的形势是，长期以莫斯科为唯一政治集团中心的共产主义世界，随着中苏分歧的发展而分裂成两个政治集团中心。亚洲甚至欧洲的许多共产党都看向北京，于是共产主义世界形成了双头体制。此外，中国与苏联关系破裂，中国脱离苏联得到真正独立，这样，中国也成为影响国际政治关系的一股重要力量。此时，西方若任由中国人闭关自守，不与外部世界接触，也是得不到好处的。

对东南亚尤其是对越南而言，中国的存在是不能被忽视的：中国的存在甚至是一个决定性因素。法国在过去80年代表印度支那的过程中，就已经得出经验，即意识到中国的力量不容忽视。确切地说，就是要避免中国直接或间接地插手越南。

我们与越南建立的长期关系和进行的各方面交流，以及法国公众舆论对越南的人与事的特殊兴趣，都是法国保护和维持越南独立的表现，而不是与此背道而驰的，例如，曾经有人说我们企图通过共产主义将越南变卖给中立主义。

---

① 资料来源：*DDF*，1964，*Tome I*，pp. 106－108。乔治·佩吕什，法国驻南越代办。

我们与西贡政府的最终目标是一致的，即避免越南受共产主义或中国控制。只是我们两国所采取的实现该目标的方式不同。从我们法国的角度来说，我们认为法国与中国即将建立外交关系能促进我们更好地实现南越的利益。

（李晓娇译校）

19640127，ZFD00163

备忘录：接见高士铭[①]

（1964 年 1 月 27 日）

福摩萨代办高士铭请求会见了亚洲司司长。

他希望了解今日在北京和巴黎分别发表的联合公报内容。我们给他读了一遍公报。

高先生根据台北方面训令，对法国与"北京中共政权"建交一事提出"最严重之抗议"（附件为其给顾夫·德姆维尔先生之书面抗议）。

这位代办没有得到其政府有关今日发表的联合公报的消息，更像是来此了解消息的。尤其是了解蒋介石给戴高乐总统亲笔函的事情。没有同他谈这方面的内容。在被问及既然已将巴黎乔治五世街 11 号及贝高来士街 47 号两所产业产权转移给了中国驻联合国教科文组织代表团，大使馆将何去何从的问题，高先生只是答称，从今以后大使馆只被视作这些房屋的"承租人"。

E. M. 马纳克

附件：高士铭致德姆维尔的信

（1964 年 1 月 27 日）

部长先生：

依政府之训令，本人就法兰西共和国政府决定与北平共产党政权建立

[①] 资料来源：MAE, ASIE 1944–1967, FORMOSE 1956–1967, Vol. 61。

外交关系一事提出最严重之抗议。

我国是法国忠实之盟友，此决定乃对我国极不友好之举动；此行为不仅损害中华民国之利益，且同样严重影响整个自由世界之地位。法国政府将为一切将要产生之后果负责。

本人向部长先生致以崇高敬意。

高士铭代办
（姚百慧、李晓姣译，姚百慧校）

19640128，ZFD00026

佩吕什致德姆维尔电（第139－141号）①

（1964年1月28日）

今天，越南国家总理②再次召见我，被一同召见的还有越南外交部部长③和国家经济部长④。这次召见的内容为，正式地表明越南政府对法国承认中华人民共和国所持的态度。

首先，越南外交部部长参照我们昨天会面时的对话，向我表明，越南政府对我昨天已阐述的各项理由表示不赞同。越南政府认为，法国的决定意味着支持中国共产主义在越南的扩展。接着，他再次向我提到《越南快讯》已于今天正午刊印了越南的声明，外交部可在下个电报中看到越南声明的正文。

他也重新提到他于1月25日发布的一系列"警告通知"，向我宣称其国家经济部长将会转告我他们采取的违背法国利益的初步措施。之后国家经济部长便向我说明了他们的应对措施。

这些措施包括：

一、禁止一切来自法国的进口；

二、拒绝对在越法国企业发放一切进口许可证。

越南总理阮玉寿补充说，接下来越南要采取违背法国利益的措施将取

---

① 资料来源：*DDF*，1964，*Tome I*，pp. 114－115。
② 阮玉寿——原编译者注
③ 范登林——原编译者注
④ 欧长清——原编译者注

决于戴高乐总统 1 月 31 日新闻发布会中有关越南的内容。紧接着我们进行了激烈的讨论。在讨论中,我重点指出越南政府好像并没有考虑我昨晚交给他的有关法国政府的各项指示,并毫不含糊地拒绝了越南总理对法国赞同北京支持越南独立同盟会的指责。另外,我还指出,越南政府不顾法国给出的各项承诺,在了解法国意图的前提下还是采取了违背法国利益的措施。

（李晓娇译校）

19640128，ZFD00165

"驻中华民国大使馆"致外交部电（第 31 号）①
（1964 年 1 月 28 日）

今天凌晨 1 时许,我被召到外交部。外交部长交给我一份抗议照会,而未加任何说明。照会内容差不多是午夜新闻公报的删节版。

照会称法国的决定系"极为不友好"之行为；照会并未暗示将与法国断绝外交关系。

我将此照会空邮给您。②

萨莱德

（姚百慧译校）

19640128，ZFD00164

备忘录：高士铭来访③
（1964 年 1 月 28 日）

1 月 28 日下午 5 时半,亚洲司长在外交部召见了福摩萨的代办。④

---

① 资料来源：MAE, ASIE 1944 – 1967, FORMOSE 1956 – 1967, Vol. 61。
② 这份照会可见近史所外档,305.22/0017,第 41 页；已刊本,见《中法建交多国档案选编》（四）。
③ 资料来源：MAE, ASIE 1944 – 1967, FORMOSE 1956 – 1967, Vol. 61。
④ 台湾档案对这次会晤的记载,见《高士铭致外交部电（第 61 号）》（1964 年 1 月 29 日）,近史所外档,305.22/0011,第 43 页。

马纳克先生告知，外交部长已阅高先生的"抗议"信件。在该信中，高表达了其政府对法兰西共和国决定与中华人民共和国建立外交关系的意见。

亚洲司司长提请其对话者说，有关做此决定之理由，早先已由戴高乐将军派特使贝志高将军赴台面见蒋介石元帅解释甚详。因此，法国政府对此问题并无可补充的新解释。

E. M. 马纳克

（姚百慧译校）

19640131，ZFD00027

西旺致德姆维尔电（第36号）[①]

（1964年1月31日）

参考我的第50-54号电报。[②]

昨天我见到了伊朗经济部部长阿列罕尼先生，他以个人名义对我说，他认为法国承认北京政府是与时俱进的勇敢而必要的行为：我们不能再对这个有七亿人口的国家视而不见了。还有参议员阿提安尼，他是皇亲，在陪同帝国公主殿下阿什拉夫——沙阿的孪生妹妹——行游印度、泰国和香港回来之后，今天也对我说了同样的话，不过没有像经济部部长说得那么详细。

阿列罕尼先生在四年前以私人名义在北京小住过一段日子（他强调此行也经过了沙阿的同意）。他向我提到，从那时起，他就明显感觉到中国人与苏联人的关系发展不顺，其突出表现是苏联并没有向中国提供其对中国领导人所承诺的帮助，而当时的中国领导人认为应当直接依靠的就是苏联政府，那时就已经可以察觉到这两个伙伴之间的裂隙，而他们的分歧有利

[①] 资料来源：*DDF*, 1964, *Tome* I, pp. 136-138。雷诺·西旺，法国驻伊朗大使。电报旁有手写的评语"有趣"。——原编译者注

[②] 这份电报于1964年1月29日发自德黑兰。电报强调指出，伊朗的高层官员对承认共产党领导的中国不做任何评论。法国大使认为，伊朗政府采取的态度极其谨慎，当中华人民共和国大使要求将台湾"政府"1月25日对法国承认中华人民共和国提出抗议的声明公开发表时，不难猜于他们会表现出不太赞同的反应。——原编译者注

于西方的利益。

从这个层面来看,这个刚在巴黎宣布的决定看起来是非常适时的。

对于中苏两国发生分歧的原因,阿列罕尼先生也提到了中国政府迫切想收回外蒙古①及其他现属苏联、昔为中国领土的矛盾冲突。他认为,北京政府统治下的中国首先是"国家主义的",他们怀揣着"统一全中国"的情感,共产主义只是其对外政治的一层外衣,有利于进行其他活动。从这点来说,他认为这很可能将发生在桑给巴尔国家政变和东非叛乱之后。②

至于北京领导者们的真正精神状态,他认为,这批领导人受"鸦片战争和南京条约"后果影响颇深,他们深感19世纪中国受控于美国和欧洲列强如俄罗斯等的耻辱,他们在制订国家计划时保持高度敏感,他们经历了令他们难以忍受的20世纪40年代之痛……他批判盎格鲁-撒克逊人——也就是美国人,他解释说——没有理解这种情结。他认为这就是北京更赞赏戴高乐将军首创精神的原因,它标志着经济封锁的结束,开启了新的可能发展路线,标志着用其他思维方式来考虑某些问题,而不是以毛泽东思想的"道德标准"来考虑。

现在我的对话者所关心的问题是,谁将追随法国承认中华人民共和国,尤其是非洲的亲法国家所要做出的决定。另外,也许这才是影响各国对法国承认中国的官方态度的可能原因之一:现今国家主权的缺失只能激励帝国的政府成员要慎重行事。

我们都记得,阿列罕尼先生在法国求过学,他的夫人是法国人,思想尤其开放和机敏,去年12月初他和该计划的主任阿斯非去巴黎商谈一个财经协议。四年前他在中国北京度过了三个星期,当时他是伊朗国家石油公司行政委员会的成员之一。

(李晓娇译校)

---

① 旁有手写评语"这是最关键的"。——原编译者注
② 1964年1月12日桑给巴尔政变推翻了赛伊德·杰姆什德(Seyid Jamshid)的君主统治,1月18日桑给巴尔成立人民共和国,建立了一个泛非和进步主义的政府。然而,在坦噶尼喀和肯尼亚发生了一系列叛乱,1月24日英国军队进行干预。6月12~14日非洲统一组织会议结束后,一支非洲分遣队替代了英国军队镇压叛乱。——原编译者注

19640131，ZFD00021

戴高乐在记者招待会上的讲话（节录）[1]

（1964年1月31日）

……[2]

我们来谈谈中国。

人们向我提出了许多问题。我在说明目前情况的时候，也就会同时回答大家的问题。

中国是一个伟大的民族，地球上人口最多的民族。几千年来，他们这个民族以个人的耐心、辛劳和勤恳的能力勉强弥补了他们的集体在方法和团结上的缺陷，建立了非常独特、非常深奥的文明。这是一个非常大的国家，在地理上紧密相连但是并不划一，从小亚细亚和欧洲边界伸展到漫长的太平洋海岸，从西伯利亚的冰天雪地伸展到印度和东京[3]的热带地区。这个国家的历史比有记载的历史还要悠久，它一直坚决要保持独立，不断努力进行中央集权，它从本能上倾向于闭关自守而且蔑视外国人，但是它意识到它是永恒不变的，并以此自豪。这就是中国历来的情况。

这个国家同现代国家最初的接触，对它来说是粗暴的，它曾付出了很大的代价。在一个世纪之中，欧洲人、美国人、日本人的多次干涉、威胁、出兵、侵略，使它遭受了多次屈辱和瓜分。由于这些剧烈的民族震动，由于优秀人物决心不惜任何代价改造他们的国家，使它的实力和条件达到同曾经压迫它的国家相等的水平，中国才发生了革命。我应该向蒋介石元帅的才能、向他的爱国主义品质和崇高精神致敬，我确信有一天历史和中国人民也会这样做。蒋介石元帅在领导中国取得盟国方面的胜利以后——这一胜利在太平洋结束了第二次世界大战——毫无疑问曾经试图把这股洪流纳入渠道。但是，事态的发展已经达到除了走极端以外别无其他办法的地步。美国的部队曾在大陆上对蒋元帅提供直接援助，当美国停止这种援助时，他就撤退到台湾，而毛泽东筹备已久的共产党政权就建立了它的专政。这是十五年以前的事了。

从那以后，在整个中国的领土上进行了巨大的努力——这种努力无论

---

[1] 资料来源：《戴高乐言论集（1958年5月~1964年1月）》，第492~496页。译文略有修订。
[2] 此处与本书主题无关，未收录。
[3] 指越南的东京。——原编译者注

如何都是必须进行的——来开发天然资源,发展工业,进行农业生产、国民教育,同这个国家固有的许多灾害如饥饿、流行病、土壤侵蚀、河水泛滥等做斗争。正如共产主义制度历来的情况一样,为取得这些成就,给人民造成了很大的痛苦,对群众实行无情的压制,物质财富遭到巨大的损失和浪费,无数的人类价值被破坏了、残害了。但是,看来以这样大的牺牲为代价,也取得了一些成果,所以能取得这些成果,一部分是由于极权机构的行动,但在很大程度上是由于一个自豪的民族的热情所取得的,这个民族下定决心无论怎样也要上进发展,同时也是由于这个民族具有充沛的勇气和才智,在任何情况下它都能广泛地表现它的勇气和才智。

的确,苏俄最初曾给予中国相当大的援助:提供贷款购买机器和物资,提供采矿和工业设备,安装整个的工厂,直接培养学生和专家,派遣工程师、技术人员、熟练工人等等。在那个时候,克里姆林宫在那里和其他地方一样利用它在共产主义教派内部的严格优势来维护俄国对其他一些国家的霸权,这些国家由于建立了同俄国相类似的专政就成为俄国的附属国。当时俄国指望把中国保持在它的控制之下,并通过中国来统治亚洲。可是,这个幻想已经破灭了。莫斯科和北京的统治政权之间无疑仍有一些理论方面的团结,这个团结可能在国际意识形态的竞争中表现出来。可是,在一件破绽日益增多的外衣之下,出现了国家政策不可避免的分歧。关于这个问题,至少可以说,在亚洲,这两国从兴都库什山到海参崴的边界是世界上最长的边界,俄国要保持维护已有的东西,中国则需要增长进取,这两个国家的利益是不能融合在一起的。因此,一个七亿人口的国家的态度和行动事实上是由它自己的政府来决定的。

由于十五年来几乎整个中国都集合在一个政府之下,这个政府对中国实施它的法律,而且中国在国外表现出它是一个独立的主权国家,所以法国就曾经准备同中国建立正规关系。毫无疑问,两国之间已经进行了一些经济和文化的交流。诚然,形势的力量曾促使我国在1954年决定印度支那命运的日内瓦会议上和1962年在同一城市举行的多少确定了老挝局势的同一形式的会议上,和美国、英国、苏联、印度及其他国家一起,同中国的代表进行谈判。但是,由于事实和理智的影响日益增强,法兰西共和国认为同中华人民共和国建立正常关系的时刻已经到来。北京方面和我们有同样的意图,而且大家知道,在这个问题上曾要求埃加·富尔总理在当地进行非官方的试探,他把一些积极的表示带回巴黎。在这时,两国政府才正式达成协议以便完成必要的程序。

我谈过事实和理智所发生的重大影响。的确，在亚洲无论是关于柬埔寨、老挝、越南，或是关于印度、巴基斯坦、阿富汗、缅甸、朝鲜，或是关于苏俄，还是关于日本等国的任何一个政治现实情况，都不会不关系到中国，涉及中国。在这个大陆上，特别不可能想象有不包括中国在内的战争和和平。因此，撇开中国，就绝对不可能设想签订一项关于东南亚国家的中立协定，而我们法国人由于许多原因对于这些国家特别关心，真挚地关心它们。中立，顾名思义，就是应该由各国一致认可，并在国际范围内得到保证。它将会排除由这些国家中某一个国家支持而在另一个国家中进行的武装动乱，排除各种形式的外来干涉。在我们所处的这个时代，中立地位似乎是唯一适合这些国家人民的和平生活与进步的地位。但是中国本身的庞大、它的价值、它目前的需要和将来的广阔前途，使得它越来越受到全世界的关心和注意。由于这一切原因，显然法国应该能够直接听到中国的声音，也让中国听到法国的声音。

此外，为什么不提一下呢？通过两个国家之间的接触而有可能建立的两国人民之间的关系，也许会产生丰饶的结果。诚然，在这方面，应当注意不要抱过多的幻想。在经济交流方面，现在正在进行的以及肯定可以有的改进，在长时期内仍将是有限的。我们对中国工业发展所提供的投资也是一样。不过就技术方面来说，情形就不一样了。来自法国的技术越来越有价值，而中国又为法国技术的应用提供了一个无限广阔的园地。最后，两国人民在精神领域内的所有方面，显然都彼此类似，估计到他们在心灵深处互相同情、互相尊敬这个事实，谁知道是否会因此开展日益增长的文化合作呢？无论如何，我们诚挚地希望这样。

巴黎和北京已经同意交换大使。在我们这方面，这个决定丝毫不意味着对于现在统治中国的政治制度表示任何赞许，这一点难道还用得着说吗？我国继许多自由国家之后同这个国家建立正式关系，就像我国同其他在类似的政治制度统治下的国家建立正式关系一样，法国只不过如实地承认世界。法国认为，目前还在等待的某些政府，迟早会觉得应该仿效法国。最重要的是，在世界的巨大演变之中，增进各国人民之间的关系，可能有助于人类的事业，即明智、进步与和平的事业。这种接触可能有助于缓和分裂世界的不同阵营之间的可悲的矛盾和对立，这种缓和现在刚开始。这样，全世界的人们，不论他们身处何地，都会在不久的将来走到一起，响应 175

年前法国的号召，实现真正的"自由""平等""博爱"。
......①

19640202，ZFD00166

"驻中华民国大使馆"致外交部电（第 34－37 号）②
（1964 年 2 月 2 日）

今晚 18 时左右，外交部长召见了我。③ 沈先生告诉我，他下午被蒋介石总统传唤，蒋要求沈把其对共和国总统在记者招待会上有关中国部分的发言所作评论转达给阁下，并经您转呈戴高乐将军：

第一，蒋介石总统认为，戴高乐将军对中共政权有清楚的认识；

第二，他认为，共和国总统对中华民国之现状亦有深切之理解；

第三，他对戴高乐总统在记者招待会上对其所表崇敬之意表示感谢，他也曾托贝志高将军向戴传达了同样的相互尊重之友情。

第四，他仔细研究了共和国总统所陈与中共达成协议促进东南亚中立化的观点。

他不赞同共和国总统这一观点，因为北京政权之唯一目的就是共产主义的胜利。东南亚地区的中立化只能加快共产党对东南亚甚至对整个亚洲的控制。

第五，蒋介石总统确信戴高乐将军已经意识到了这些。因此，他认为与共产党中国建立关系并不符合法国的利益。从上述方面来考虑，蒋希望法国政府在宣告与北京政府建交后，勿再进一步采取行动来实施该声明。

在会谈中，外交部长心情愉快，这也可能是蒋介石总统心情之反映。台湾一定还存有一丝希望，期盼法国不与北京建立外交关系，因此对表现出这种迹象的行为持有完全的欢迎态度。

萨莱德

（姚百慧译校）

---

① 以下与本书主题无关，未收录。
② 资料来源：MAE, ASIE 1944－1967, FORMOSE 1956－1967, Vol. 61。此电从台北发出时间是 2 月 2 日零时 45 分，巴黎收到时间是 2 月 1 日晚 22 时 5 分。
③ 根据台湾档案，沈昌焕与萨莱德的这次谈话是从 2 月 1 日下午 5 时 40 分开始的，见《沈昌焕与萨莱德谈话记录》（1964 年 2 月 1 日），近史所外档，805/0006，第 185～186 页。不过，台湾档案中未记载本档案第四点内容。

19640204，ZFD00167

萨莱德致德姆维尔电（第 39 – AS 号）[1]

（1964 年 2 月 4 日）

台北政要继续讨论关于法国与中华民国关系之发展，其态度有二：一种为立即断绝双方外交关系；另一种目前占上风，即静观其变，等待时机。

蒋介石总统自己目前支持耐心等待说，这可从本月 1 日我与外交部长的谈话中体现出来。此次会谈内容，我已电呈阁下。很明显，元帅根据戴高乐将军记者招待会发言的尚有待讨论之译文（尤其是有关对共产党政权之批评，及对蒋个人崇敬景仰之情），仍希法国不会与中华人民共和国完全建立外交关系，不会与北京政府互换使节。

我上次与沈昌焕先生之会晤则为此之表现。当时这位外交部长极为满意的态度好像在说："你们不愿听取我们出于长期经验之建议；你们已试图与共产党人相处，而 48 个小时之后，北京公告就指出北京方面与你们的观点存在根本分歧。现在，你们应该明白我们当时是有道理的；我们希望你们赶紧停止已进行的一切相关活动，勿入歧途，否则后悔莫及。"

蒋介石总统和支持此观点的中国领导人，可能要痛苦地幡然醒悟。目前还很难预见彼等之失望将对当地之吾等带来怎样的影响。

沈昌焕先生只是最近才知道静待时机之政策。以前沈常常成为立法委员批判的对象，时至今日，立法院外交委员会主席、灵活外交的坚定拥护者谢仁钊先生仍在《中国邮报》这份重要的英文报纸上公开批判沈，指责其思想肤浅、行为仓促。我将《中国邮报》这篇令人感兴趣的文章转呈外交部。[2]

公众舆论至今仍漠不关心。甚至可以察觉到，某些台湾人即便算不上是赞同法国的政策，至少也是乐见"大陆人"陷入困境。

正如我曾提及的，台湾并没有出现反对法国使馆的游行，然而，并不能保证将来就不会有——正如对日本那样，"偶发性"活动很容易就被组织

---

[1] 资料来源：MAE, ASIE 1944–1967, FORMOSE 1956–1967, Vol. 61.

[2] 原档后附有《中国邮报》简报，此处未译。

起来反对我们。不过,应该认识到,从大陆撤到台湾的中国人具有强烈的反日情绪,而他们对我们却没有这种情绪。

如果说公众舆论整体上比较安静,那么在军队里却完全不同,部队里人心惶惶,暴躁不安,某些军官认为这是对日本和法国缺乏有力的政府政策之结果。

许多记者听到了上个星期的传闻,在法国宣布承认北京政权时来到台北。记者们接连数日采访政府发言人,于2月1日得到一个简短官方声明:一位将领在检阅装甲兵训练时发表了强烈的反日言论,他被逮捕并可能被移交军事法庭。这些谣言提到了一群官兵的反抗和骚动,他们要求采取反攻大陆的行动。《香港周日先驱报》甚至报道了一场政变企图,这期报纸被查禁了24个小时,在台北只有周一下午可以发刊。

当然要想知道这一切的真相确实很困难,因一切与国家安全和武装力量有关的消息都被认为是机密。真正发生政变几乎是不可能的。然而很有可能的是,众多官员看到了中华民国国际地位逐渐削弱的不同迹象,明白法国承认北京政府作为一个国家行为,结束了国共冲突,突然粉碎了台湾要重返大陆的希望。出人意料的是,在这种情况下,某些军官在反思其军旅生涯时只得出了残酷的答案,并未出现绝望的反应。

萨莱德
(李晓姣译,姚百慧校)

19640206,ZFD00014

戴高乐给蓬皮杜和德姆维尔的指示[①]

(1964年2月6日)

考虑到从国际法的观点看,只存在一个中国;所有中国人,特别是北京"政府"和台北"政府",都这样认为;

我们已经与北京政府达成协议,建立正常的外交关系,并互换大使;

同样,我们认为它就是中国政府;

对我们来说,不再有承认台北外交代表地位的理由,应尽快告诉台北

[①] De Gaulle, *Lettres, Notes et Carnets, Janvier 1964 – juin 1966*, p. 32.

这一点，并为此进行相应的物质准备。

（姚百慧译，王燕平校）

19640206，ZFD00015

备忘录：德国对于法国承认北京政府的反应①
（1964年2月6日）

我们驻波恩的大使于1月15日通知了德国政府法国将同中华人民共和国建立外交关系的决定，这引发了德国联邦政府的严重担忧。德国以一种普遍方式来怀疑法国承认中国的动机，但对这种举措的结果感到不安，尤其是在北大西洋联盟和第三世界对潘考夫政权的立场这两个问题上。

关于1月22日在德意志联邦议会进行的外交政策讨论，社会党反对派猛烈抨击法国的这一举动颠覆了西方的稳定。尽管语气比较温和，但基督教民主联盟的要人们提出，这有引发联盟内部不和的危险。在1月28日的一份官方评论中，联邦政府相信应该重申其将采取与西方联盟相同的立场，同时对法国没在西方组织内部讨论就做出这个决定表示遗憾。

同样，法国要承认亚洲现实的这种决定，引发了总有一天人们也会出于现实需要而承认潘考夫政权的担心；德国尤其担心的是一些第三世界国家会把中国和德国的形势相类比。德国外交部要求我们向与我们保持特殊关系的非洲国家做出解释，同中国交换外交使节并不会以任何方式构成承认两个德国的先例。对于这一要求，外交部已做出回应，要求我们驻非洲及马达加斯加联盟各国的代表，向各非洲政府重申人民中国和东德情况的不同点。

另一方面，他们责备我们只是简单地通知了联邦政府我们的决定，而没有按友好合作条约规定的那样，真正地与他们磋商。在莱茵河的另一边，政界和新闻界围绕这一主题发生了论战。一些大报评论说，如果法国仅仅是明确向它表明自己的观点，联邦政府将极其尴尬：磋商和通知之间的区别有时是微妙的。施罗德先生②在联邦议会上并没少提这一问题，他提出巴

---
① 资料来源：*DDF*，*1964*，*Tome I*，pp. 166 – 16。此备忘录由外交事务顾问、中欧司副司长让-路易·托芬先生撰写。——原编译者注
② 格哈特·施罗德，联邦德国外长。

黎和波恩之间没有进行磋商，法国并未遵守按照《法德友好合作条约》的条款事先磋商的程序。① 这一观点在联邦政府成员中没有得到一致赞成：在2月3日与德马尔热里②先生的谈话过程中，总理府国务秘书韦斯特里克尽显了他对法国举动的指责，认为施罗德所做的条约说明不正确，法国的行动已经削弱了总理和他的政治伙伴原本想要加强的协定。

（车雪莹、姚百慧译，王燕平校）

19640206，ZFD00168

备忘录：高士铭来访③

（1964年2月6日）

中华民国驻法代办高士铭今晨以"朋友之名"访问亚大司，"以了解当前局势"。

他表示，当天并未收到其政府的指示。他个人认为，台北外交部尽力避免采取断交措施，如果要断交的话，只能由蒋介石总统来决定。

高先生认为，一旦"北京的人"抵达巴黎，其政府将明确立场。他打探北京代表来法日期，以及沙耶先生离开的日期，但未得到明确的答复。

至于乔治五世大道的房产，高先生做了如下说明：外交使馆馆舍已被变卖给福摩萨驻联合国教科文组织代表团是错误的、荒谬的，因为后者也是属于台北政府的国家机构。乔治五世大街房产中的办公室及房间已供该代表团使用，以便在即使外交人员被迫撤离的情况下，也能有一个中国政府机构继续存在。换言之，如果使馆馆员撤出巴黎，中国驻联合国科教文组织代表团将作为这些建筑的"保管者"。

（姚百慧译校）

---

① 《法德友好合作条约》规定："两国政府在对一切重要的外交政策问题，首先是有关共同利益的问题作出任何决定以前，应进行协商，以期尽可能采取相似的立场"，并明确规定了协商的主要内容以及机制。参见《国际条约集（1963~1965）》，第15~16页。
② 罗兰·德马尔热里，法国驻联邦德国大使。
③ 资料来源：MAE, ASIE 1944–1967, FORMOSE 1956–1967, Vol. 61。

19640207，ZFD00169

外交部致"驻中华民国大使馆"电（第36－39号）①
（1964年2月7日）

参见您的第34－37号电。②

从外交部长跟您的谈话来看，福摩萨试图在法国政府实施其与人民中国建立外交关系的决定后，继续保持模糊立场。

然而，戴高乐将军派贝志高将军面呈蒋介石元帅之函件内容十分明晰，并不能为您上述电报尤其是电报第五段内容提供依据。

对此问题最好不要有任何误会。我国政府打算短期内派代办前往北京，并接纳中华人民共和国派驻巴黎之代办。随后双方将在建交公报发布之日起3个月内互换大使。

这同戴高乐将军对北京政权的评价并无关系。采取此项决定是15年现实发展的结果，无法预见其未来的变化。显然，当中华人民共和国外交代表抵达巴黎之时，法国政府将视彼等为中国之代表，故而"中华民国"之外交代表将失去其存在之理由。

希将上述内容转陈沈先生。您在谈话时要使用最为恰当的表述，以便让您的对话者不会有任何误解。

供参考信息：补充说明一点，至于有关台湾权力机构的问题，我们不排除将来接纳其领事代表。

吕塞③
（刘京译，姚百慧校）

19640210，ZFD00172

"驻中华民国大使馆"致外交部电（第39－41号）④
（1964年2月10日）

今天上午，外交部长接见了我，我向他陈述了您第36－39号参考电报

---

① 资料来源：MAE, ASIE 1944－1967, FORMOSE 1956－1967, Vol. 61.
② 19640202，ZFD00166。
③ 夏尔·吕塞，法国外交部政治事务司司长。
④ 资料来源：MAE, ASIE 1944－1967, FORMOSE 1956－1967, Vol. 61.

的内容。①

以下即为沈先生的回应，他请我转呈于阁下：

"尽管中国政府一再抗议，法国政府仍决定实施其于1月27日公报宣布的与北京政权建立外交关系的决定。

法国政府同时通知中国政府，一旦北京外交代表抵达巴黎，彼等则为中国外交之代表，中华民国之外交代表因而即无存在之理由。

这就是为什么中国政府认为，萨莱德先生传达信息的目的，在于把法国政府打算与中国政府断交的意愿及准备，告知中国政府。"

外交部长问我，将如何安排驻华大使馆，我回答说，我还在等一些必要的指示。

萨莱德
（姚百慧译校）

19640211，ZFD00173

"驻中华民国大使馆"致外交部电（第43–45号）②

（1964年2月11日）

继我的第42号电。

外交部长谈及他刚刚交给我的照会，以及已发表的公报。他告诉我，离台前我会有必要的时间来处理馆务，中华民国政府将给我及我的同事提供我所需要的便利和协助。他补充说，他希望法国政府也会给中华民国驻法国大使馆人员同样的待遇，让他们有时间处理公私事务。

沈先生接着称，在台法国侨民可继续得到中国政府的必要保护。部长希望旅法华侨能得到同样的保护。中华民国政府尤其关注那些"为数最多"的反共侨民能得到法国政府的保护，使其不受北京大使馆人员的压迫和恐吓。

我们并未谈及是否可能建立领事关系的问题，尽管当地报纸均报道这

---

① 19640207，ZFD00169。台湾档案对这次会晤的记载，见《沈昌焕与萨莱德谈话记录》（1964年2月10日），"国史馆"外档，172-4/0811；已刊本，见《中法建交多国档案选编》（四）。

② 资料来源：MAE, ASIE 1944–1967, FORMOSE 1956–1967, Vol. 61。

种可能性是存在的。①

我等待阁下下达闭馆指令。

萨莱德
（姚百慧译校）

19640211，ZFD00174

备忘录：高士铭访问外交部②
（1964年2月11日）

应福摩萨代办高士铭先生之要求，外交部秘书长给予接见，在座者有吕赛先生和马纳克先生。③

高先生希望知道，在巴黎和台北外交关系断绝之情况下，他如何处理中国驻巴黎代表团的问题才为妥当。德卡尔波奈尔先生首先想知道高先生是否收到有关此事之具体训令。

除萨莱德先生已电告的内容，高先生并未补充什么新东西。台北政府会给予我们驻台人员在台期间一切之便利。萨莱德先生可在数日甚至"几周内"都享有外交特权及豁免权，且可继续使用密码。高先生希望享有同等待遇。

代办被明确告知，萨莱德先生可能会在10日期限内返法。高先生对此事的意图为何呢？高表明所要处理的设备与人员问题极为复杂。中国大使馆驻法已经年累月，其人员比我们驻台北大使馆更多。

然而，高先生被告知，他留法日期不能超过10日期限。尽管如此，当事人还是应联系台北当局以确定其离法的具体日期。高先生与其他馆员的离开日期有所区别，他必须首先离法，其他馆员则可在充分合理的时间内离开。如果在北京代办抵法之后数日内，台湾驻法代办还停留在法国，事情就会变得很尴尬。当然，高先生一离法，其原外交驻地之豁免权（尤其是密码通信权）就被取消了。作为补偿，在其离开使馆前，使馆馆员可以使用其个人物品。

高先生似乎已了解到他应尽速离开。他搭机离法，其妻子及家人随后

---

① 台湾档案对2月10日午夜2时30分（实际已为2月11日晨）的记载，见"国史馆"外档，172-4/0811；已刊本，见《中法建交多国档案选编》（四）。

② 资料来源：MAE, ASIE 1944-1967, FORMOSE 1956-1967, Vol. 61。三个附件为编者根据内容增加，与本件原档处于同一卷宗但不相邻。

③ 台湾档案的相关记载，见《高士铭致外交部电（第87号）》，近史所外档，305.22/0011，第120-121页；已刊本，见《中法建交多国档案选编》（四）。

乘船离开。他询问北京代表何时抵达我们首都。秘书长想此事尽早解决，只告知他北京代表"8日之内"抵法。

在向秘书长辞别前，高先生递交了两份照会和一份备忘录。

(1) 第 C/117 号照会，原文为中文，此为法文翻译件，是 2 月 11 日于台北递交萨莱德的照会副本。此照会明确解释福摩萨当局是在何种情况下决定与法国绝交的。

(2) 第 C/118 号照会，阐述"中华民国政府以及中国若干银行机构"所持有的中法工商银行的股份问题。

(3) 备忘录提出在巴黎建立"自由中国新闻社"之事。（已向高先生解释，外交部的相关机构需要对此问题进行研究，自然不能给出最终的答复）。

秘书长表示，高先生在离法之前如遇任何问题，可迳洽亚洲司司长。

附件一：沈昌焕致萨莱德照会（摘要）[①]
（1964 年 2 月 10 日）

第 C/117 号

中华民国外交部长向法国驻台北代办递交了日期为 2 月 10 日的照会，该照会强调：

——兹法国政府竟漠视中华民国政府之抗议，并通知中华民国政府，法国政府已决定即将与中共政权建交事付诸实施，且说明届时法国与中华民国间之关系即告终止。中华民国政府经慎重考虑后，认为法国政府此举已将中法间之友好关系毁坏无遗，无法再事容忍，兹决定自 1964 年 2 月 10 日起与法国政府断绝外交关系。

——中华民国政府并了解今后旅居法国之中华民国侨民之权益，法国政府应有依照侨法予以保护之职责。

附件二："中华民国驻法国大使馆"致外交部的照会
（1964 年 2 月 10 日）

第 C/118 号

中华民国大使馆向外交部致以问候，并很荣幸地表示，尽管已向法国

[①] 台湾档案原文，见《外交部致法国驻华大使馆照会》，近史所外档，311.1/0002，第 13~14 页。译文参考了台湾档案的原文，但略有出入。

政府呼吁多次，但中华民国政府以及中国若干银行所持有中法工商银行之股份及该行之存款本息仍处冻结状态。

毫无疑问，此举损及有关人等的合法权益，请法国政府撤销已采取的行政干预措施，以利于股东和持有者。

另外，法国政府若采取措施保证在任何情况下其所有权不被从原股东转移，中华民国大使馆将不胜感激。

中华民国大使馆借此机会再次向法国外交部表达崇高敬意。

巴黎，1964 年 2 月 10 日

附件三："中华民国驻法国大使馆"致外交部的备忘录
（1964 年 2 月 10 日）

第 C/116 号

为了继续保持法国与中华民国两国人民之间一直存在之传统友好关系，计划由陶宗玉以私人身份在巴黎设立自由中国新闻社。

如法国政府愿意对此给予其各种便利，中华民国大使馆将不胜感激。

巴黎，1964 年 2 月 10 日

（姚百慧译校）

19640211，ZFD00175

外交部致"驻中华民国大使馆"电（第 40－43 号）[①]
（1964 年 2 月 11 日）

参见给您的第 43－45 号电。[②]

您可向沈先生保证，我们一定给予高先生必要时间以准备离法。然而，中华人民共和国代办将于本周末抵达巴黎，高代办在巴黎停留很难超过 10 天。这就导致我们也要在同样条件下、同样期限内撤离台北。在当地政府

[①] 资料来源：MAE, ASIE 1944－1967, FORMOSE 1956－1967, Vol. 61。

[②] 19640211，ZFD00173。

同意下，您可在您走后留下必要人员，处理闭馆事宜。您可向您的对话者表示，对于那些不愿隶属于北京政府的中国侨民之保护问题，法国政府自然会注意使其不受我们承认的那个政府的任何威胁和恐吓。此为法国之传统，旅法侨民能在各方面享受一切基本自由是我们的荣耀。我们希望台湾政府能对法国在台侨胞及游客给予相应保护，以便让他们可继续在台自由进行其活动。

　　补充一点，高先生在2月11日下午会见外交部秘书长时，请求同意在巴黎建立一个"自由中国新闻社"，该社将由现任驻巴黎新闻执事陶宗玉先生以私人身份主持。这一要求正在审查中。

（姚百慧译校）

第三部分　美国档案

一　目录

19630906，ZFD00033，中央情报局关于法国对中国政策评估的特别报告（1963年9月6日）

19630921，ZFD00052，驻法国大使馆致国务院代电（第A-659号）（节译）（1963年9月21日）

19631007，ZFD00034，为肯尼迪与德姆维尔会谈提供的谈话要点（节译）（1963年10月7日）

19631018，ZFD00133，驻法国大使馆致国务院电（第1906号）（1963年10月18日）

19631023，ZFD00035，中央情报局关于中法关系的特别评估报告（1963年10月23日）

19631024，ZFD00108，腊斯克与蒋廷黻谈话备忘录（1963年10月24日）

19631101，ZFD00109，驻法国大使馆致国务院电（第2149号）（1963年11月1日）

19631102，ZFD00110，国务院驻致法国大使馆电（第2300号）（1963年11月2日）

19631103，ZFD00112，驻英国大使馆致国务院电（第2191号）（1963年11月3日）

19631105，ZFD00113，驻法国大使馆致国务院电（第2221号）（1963年11月5日）

19631105，ZFD00114，驻法国大使馆致国务院电（第2222号）（1963年11月5日）

19631107，ZFD00124，驻法国大使馆致国务院电（第 2259 号）（1963 年 11 月 7 日）

19631210，ZFD00058，北约部长级会议立场文件（节译）（1963 年 12 月 11 日）

19631216，ZFD00036，驻法国大使馆致国务院电（国务卿第 25 号）（1963 年 12 月 16 日）

19640103，ZFD00356，国务院致驻法国大使馆代电（第 CA - 6631 号）（1964 年 1 月 3 日）

19640106，ZFD00057，驻法国大使馆致国务院电（第 3139 号）（节译）（1964 年 1 月 6 日）

19640107，ZFD00352，波伦与泰勒谈话备忘录（1964 年 1 月 7 日）

19640108，ZFD00037，驻法国大使馆致国务院电（第 3177 号）（1964 年 1 月 8 日）

19640108，ZFD00351，驻法国大使馆致国务院电（第 3187 号）（1964 年 1 月 8 日）

19640110，ZFD00347，驻法国大使馆致国务院电（第 3242 号）（1964 年 1 月 10 日）

19640115，ZFD00038，国务院致驻法国大使馆电（第 3539 号）（1964 年 1 月 15 日）

19640115，ZFD00039，约翰逊与拉塞尔电话记录（节译）（1964 年 1 月 15 日）

19640115，ZFD00040，约翰逊与邦迪电话记录（节译）（1964 年 1 月 15 日）

19640115，ZFD00340，"驻中华民国大使馆"致国务院电（第 584 号）（1964 年 1 月 15 日）

19640115，ZFD00341，里德致邦迪备忘录（1964 年 1 月 15 日）
  附件一：总统的信
  附件二：第三人称照会

19640115，ZFD00345，国务院致"驻中华民国大使馆"、驻日本大使馆电（第 579 号和第 1796 号）（1964 年 1 月 15 日）

19640116，ZFD00041，国务院致"驻中华民国大使馆"电（第 587 号）（1964 年 1 月 16 日）

19640116，ZFD00322，"驻中华民国大使馆"致国务院电（第588号）（1964年1月16日）

19640117，ZFD00320，法国驻美国大使馆致美国政府照会（1964年1月17日）

19640117，ZFD00331，国务院致驻外使馆通电（第1275号）（1964年1月17日）

19640117，ZFD00332，国务院致驻"中华民国大使馆"电（第603号）（1964年1月17日）

19640117，ZFD00324，"驻中华民国大使馆"致国务院电（第596号）（1964年1月17日）

19640118，ZFD00042，国务院致"驻中华民国大使馆"电（第607号）（1964年1月18日）

19640118，ZFD00043，国务院致驻外使馆通电（第1291号）（1964年1月18日）

19640118，ZFD00314，"驻中华民国大使馆"致国务院电（第601号）（1964年1月18日）

19640118，ZFD00315，国务院致驻外使馆通电（第1293号）（1964年1月18日）

19640120，ZFD00311，驻法国大使馆致国务院电（第3442号）（1964年1月20日）

19640121，ZFD00044，"驻中华民国大使馆"致国务院电（第615号）（1964年1月21日）

19640122，ZFD00060，鲍尔与马丁、皮尔逊谈话备忘录（1964年1月22日）

19640122，ZFD00285，驻法国大使馆致国务院电（第3477号）（1964年1月22日）

19640122，ZFD00290，里德致邦迪备忘录（1964年1月22日）

  附件：法国承认共产党中国

19640122，ZFD00295，国务院致法国大使馆电（第3687号）（1964年1月22日）

19640122，ZFD00297，国务院致驻联合国代表团电（第1923号）（1964年1月22日）

19640123，ZFD00277，国务院致"驻中华民国大使馆"电（第632号）（1964年1月23日）

19640123，ZFD00279，驻法国大使馆致国务院电（第3514号）（1964年1月23日）

19640123，ZFD00273，驻法国大使馆致国务院电（第3519号）（1964年1月23日）

19640123，ZFD00281，"驻中华民国大使馆"致国务院电（第624号）（1964年1月23日）

19640124，ZFD00270，"驻中华民国大使馆"致国务院电（第638号）（1964年1月24日）

19640124，ZFD00265，国务院致驻法国大使馆电（第3549号）（1964年1月24日）

19640124，ZFD00271，国务院致驻外使馆通电（第1352号）（1964年1月24日）

19640124，ZFD00045，腊斯克与蒋廷黻谈话备忘录（1964年1月24日）

19640124，ZFD00046，鲍尔与蒋廷黻电话记录（1964年1月24日）

19640124，ZFD00202，国务院致"驻中华民国大使馆"电（第648号）（1964年1月24日）

19640124，ZFD00103，"驻中华民国大使馆"致国务院电（第630号）（1964年1月24日）

19640124，ZFD00104，"驻中华民国大使馆"致国务院电（第632号）（1964年1月24日）

19640125，ZFD00047，科默致约翰逊备忘录（1964年1月25日）

19640125，ZFD00262，"驻中华民国大使馆"致国务院电（第643号）（1964年1月25日）

19640125，ZFD00263，"驻中华民国大使馆"致国务院电（第645号）（1964年1月25日）

19640125，ZFD00258，驻法国大使馆致国务院电（第3567号）（1964年1月25日）

19640126，ZFD00061，腊斯克与大平正芳会谈备忘录（1964年1月26日）

19640127，ZFD00105，"驻中华民国大使馆"致国务院电（第652号）（节译）（1964年1月27日）

19640127，ZFD00048，"驻中华民国大使馆"致国务院电（第658号）（1964年1月27日）

19640127，ZFD00251，"驻中华民国大使馆"致国务院电（第661号）（1964年1月27日）

19640127，ZFD00062，国务院对中法建交事发表的声明（1964年1月27日）

19640128，ZFD00125，腊斯克与大平正芳会谈备忘录（1964年1月28日）

19640128，ZFD00127，霍奇斯与福田一会谈备忘录（节译）（1964年1月28日）

19640128，ZFD00049，史密斯致约翰逊备忘录（节译）（1964年1月28日）

19640128，ZFD00245，驻法国大使馆致国务院电（第3607号）（1964年1月28日）

19640128，ZFD00239，驻法国大使馆致国务院电（第3608号）（1964年1月28日）

19640128，ZFD00243，"驻中华民国大使馆"致国务院电（第666号）（1964年1月28日）

19640128，ZFD00247，国务院致"驻中华民国大使馆"电（第667号）（1964年1月28日）

19640129，ZFD00106，"驻中华民国大使馆"致国务院电（第670号）（1964年1月29日）

19640129，ZFD00050，"驻中华民国大使馆"致国务院电（第680号）（1964年1月29日）

19640129，ZFD00119，丹尼致腊斯克情报评论（1964年1月29日）

19640130，ZFD00224，驻法国大使馆致国务院电（第3631号）（1964年1月30日）

19640201，ZFD00214，国务院致驻外使馆通电（第1410号）（1964年2月1日）

19640201，ZFD00121，蒋介石致约翰逊的信（1964年2月1日）

19640204，ZFD00051，"驻中华民国大使馆"致国务院电（第708号）（1964年2月4日）

19640207，ZFD00064，腊斯克答记者问（1964年2月7日）

19640210，ZFD00065，"驻中华民国大使馆"致国务院电（第736号）（1964年2月10日）

19640212，ZFD00066，国务院致"驻中华民国大使馆"电（第727号）（1964年2月12日）

19640213，ZFD00068，驻联邦德国大使馆致国务院电（第2882号）（节译）（1964年2月13日）

19640214，ZFD00067，腊斯克答记者问（节选）（1964年2月14日）

19640218，ZFD00069，驻联邦德国大使馆致国务院电（第2939号）（节译）（1964年2月18日）

19640218，ZFD00071，驻巴西大使馆致国务院电（第1737号）（节译）（1964年2月18日）

19640227，ZFD00053，驻日本大使馆致国务院电（第2541号）（1964年2月27日）

19640302，ZFD00054，克莱因致麦科恩备忘录（1964年3月2日）

19640303，ZFD00076，科默致约翰逊备忘录（1964年3月3日）

19640304，ZFD00055，国务院致驻日本大使馆电（第2268号）（1964年3月4日）

19640304，ZFD00077，驻法国大使馆致国务院电（第4173号）（1964年3月4日）

19640304，ZFD00078，驻联合国代表团致国务院电（第3283号）（1964年3月4日）

19640306，ZFD00079，国务院致"驻中华民国大使馆"电（第820号）（1964年3月6日）

19640318，ZFD00075，哈里曼致腊斯克备忘录（1964年3月18日）

二 正文

19630906，ZFD00033

中央情报局关于法国对中国政策评估的特别报告[①]

(1963年9月6日)

NLK-77-932

机密

特别报告：法国对中共政策的再评估

(1963年9月6日)

又有传言说戴高乐正在酝酿一些有关共产党中国的新的动议，以期作为紧随法国没有参加的三巨头会谈之后重建法国声望的手段。这些流言很明显起源于法中双方都反对核禁试条约的背景之下，并反映出法国一直坚持的观点，即北平[②]的参与对任何裁军谈判的进展都是必不可少的。法国一直和美国一起投票反对北平加入联合国，但不论是在此问题上还是在对华关系问题上，法国的政策并不僵硬，而且巴黎现在可能看到了在这两个问题上做些调整可能获得的战术上的好处。除了可能在贸易领域外，中国人还没有表现出任何回应法国提议的意向。基于这种情况，特别是在北平对所谓的"两个中国"的解决方案仍然非常反感的情况下，法国可能只会做些外交姿态。

戴高乐在对华政策上两面下注

自1958年掌权以来，戴高乐表示，只要对法国国家利益有利，他将在承认共产党中国的问题上支持美国的立场，这种两面下注以规避风险的政策为一再出现的法国即将提议与北平建立更紧密关系的流言提供了肥沃的土壤。

这些年来，北平对阿尔及利亚临时政府的承认排除了法国改变（对华）态度的任何可能性。现在阿尔及利亚的独立消除了这一障碍，于是有新的

[①] 资料来源：*DDRS*，CK3100375111 - CK3100375116；译文摘自沈志华、杨奎松主编《美国对华情报解密档案（1948~1976）》（第3分册），东方出版中心，2009，第477~479页，略有修订。

[②] 在中美敌对状态下，美国档案中称呼中国首都一般用"Peiping"，有时用"Peking"，为尊重档案原文，本书将"Peiping"译为"北平"。——编者译

猜测指出，戴高乐可能与中国建立外交上的联系并支持其进入联合国。

但是，外交部官员仍旧否认"目前"法国有任何对中国的新动议。

政策背景改变

目前这个问题的重新提出，可能是由法国被排斥于近期英美与苏联的谈判之外所引起的。一个广为流传的预测指出，戴高乐此时可能看到需要一个引人注目的姿态来表明法国的大国地位。戴高乐本人可能不会因法国的被孤立而不安，但许多法国官员开始感觉到被莫斯科禁止核试验条约谈判拒之门外是一个严重的错误。他们担心这样下去会让人产生这样的印象，就是在未来类似的重要谈判中，例如互不侵犯条约和德国问题，法国将是一个受到限制的或者附属的角色。

在这种情况下，戴高乐可能得出结论，是时候提出进一步的动议以挤进国际谈判的中心并表明法国的独立地位了。他也许会将莫斯科和北平之间关系的改变看成一个可以利用的机会。在7月29日的新闻发布会上，他表达了要求四大核国家举行裁军会谈的意图。[①] 法国始终坚信北平的参与对任何重要裁军谈判都必不可少，且戴高乐可能期望使裁军问题尽快发展到摊牌的地步。

据报道，法国原子能委员会委员弗兰西斯·佩兰相信，中国已经拥有一个小型核弹并最迟将在1963年12月之前对之进行测试。类似这种建议只会增强戴高乐的信念，即将北平带入外交会谈的正常轨道已经刻不容缓。

可能的行动路线

戴高乐派的某些官员已经被确认为是有关戴高乐正在重新审视法国对华政策的报道的源头。在瑞士，法国外交部对与中国人员进行外交接触的限制已经解除了，虽然这一改变很明显是为了便利贸易关系。7月末，有报道称新华社巴黎分社的负责人建议法国应承认北平，但没有提及日期。法国公众中许多人当然会赞成此举。

不论如何，法国无意于促进与台北的更进一步接触。春末，巴黎拒绝了国民党希望提高其代表级别的请求，即从现在的代办级提升至大使级。

也有一些迹象表明，法国甚至会采取主动，寻求北平加入联合国问题的解决方案。据可靠报道，爱丽舍宫的一位官员指出，戴高乐计划支持北平在1963年底之前加入联合国。虽然在联合国大会最后阶段的会期中，反

---

① 戴高乐在这次记者招待会上的发言，见《戴高乐言论集（1958年5月~1964年1月）》，第440~456页。

对做出改变的声音会比平常更为强烈，但法国外交部官员们仍然坚持认为，现状只是暂时的，而且会找到一个新的解决办法。

该主题可能会与法国扩大安理会的计划并案提出，由于近年来联合国成员国规模扩大，扩大安理会的提议逐渐付诸讨论。尽管法国外交部可能对这一建议被采纳未抱太大希望，巴黎仍然能够注意到提议变更可能获得策略上的好处。这种想法很受非洲国家的欢迎，包括法国的前殖民地布拉柴维尔集团，[①] 上届会期在很大程度上正是由于布拉柴维尔集团的支持，台北的席位才得以保住。不能排除法国利用这一突破口来讨论中国问题的可能性，因为要修改联合国宪章就必须扩大安理会。

如果布拉柴维尔集团的投票立场发生总体上的转变看来是可能的，戴高乐就会做好准备在这一问题上采取行动。尽管该集团不愿看到台湾被从联合国中排除出去，但它的成员们不得不接受这样的观点，即"已经不可能再忽视北平的存在"了。如果它们今年在解决中国席位问题上弃权，赞成北平的票数将第一次接近多数。此外，鉴于包括布拉柴维尔集团在内的非洲国家对美国在葡萄牙领土问题和南非种族问题上所持立场的不满情绪，它们可能更容易受到法国对中国席位问题所采取的行动的影响。

北平和台北仍然拒绝任何可能在联合国内产生"两个中国"的方案。戴高乐可能想利用此问题，呼吁国际社会认识到中国问题一揽子解决的必要性。即使没有产生立竿见影效果的解决办法，巴黎也可能预见到推动该问题讨论的一些益处。

贸易

扩大中法贸易关系的愿望是促使巴黎改进它与北平关系的一个次要的附加因素。尽管法国与中共的贸易向来都不是至关重要的，但两国都对其扩大表现出一些兴趣。法国的一些公司一直被中国市场所吸引。北平已向法国派出贸易使团，但他们只看不买，而且仍然没有证据显示他们决定购买。1962 年中国向法国购买了 50 万吨小麦，而且会在 1963 年进口大约 70 万吨。但并未签订任何今后从法国进口小麦的合同，（中国）从加拿大和澳大利亚进口的小麦（合同已经签订）会造成法国销量的下降。

在（法国）政府的默许下，一个由 5 名私商组成的代表团将在 9 月访问

---

① 1960 年 12 月由喀麦隆、刚果（布拉柴维尔）、象牙海岸（今科特迪瓦）、达荷美（今贝宁）、上沃尔特（今布基纳法索）、毛里塔尼亚、尼日尔、塞内加尔、中非、加蓬、乍得、马达加斯加 12 个法语国家组成。——原编译者注

中国。据报道，它将再次探索法国在中国建立常驻贸易代表的可能性。即便中国与苏联有分歧，中法贸易明显扩大的前景并不明朗。虽然法国代表团可能成功拿到一些订单，贸易可能仍然还是不稳定的，而且水平相对低下。只要戴高乐还在掌权，商业利益可能就不会成为法国对华决策中的决定性因素。

前景

目前，戴高乐在针对共产党中国采取新动议的问题上保持了很大的灵活性。尽管要从对北平的政策改变中获得持久利益的可能性几乎完全取决于中国人的反应，戴高乐仍可以从开始新的外交动议中看到一些短期的宣传效果，这些行动凸显了法国相对于美国的独立性和它的影响力。即便法国人没有立即采取主动，但是，他们可能如预见的那样表现出不断增强的承认北平全球重要性的愿望。

19630921，ZFD00052

驻法国大使馆致国务院代电（第 A-659 号）（节译）[①]

（1963 年 9 月 21 日）

假期结束之后，英国大使于 7 月 17 日拜访了戴高乐将军。将军阐明了他在很多问题尤其是在东西方关系及中国问题上的看法。下述为英国透露给我们的会谈要点。

……[②]

2. 中国

英国大使就中国现状以及中苏分裂询问了戴高乐将军的看法。

戴高乐指出，他从未去过中国，所以他的看法只是他本人的思考。然而，他预计中苏之间不会很快发生什么事情，这是一个"庞大且复杂"的话题。戴高乐说，他认为中国是一个伟大的民族，他们并非因意识形态的信仰而采纳共产主义体制，而是将其作为组织治理国家的一种方式，使得中国从农业国转化为一个现代化的工业国。据戴高乐的说法，中国领导人承认需要工业基础，但在创建工业基础时中国人本性中的个人主义与共产主义的格格不入给他们造成了问题。即便中国人抱怨苏联占据了中国人扩

[①] 资料来源：Robert E. Lester eds., *The John F. Kennedy National Security Files, 1961–1963, West Europe, First Supplement*, Bethesda, MD: Lexis Nexis, 2009, Reel 5, pp. 785–787.

[②] 此处与本书主题无关，未译。

张人口所需要的西伯利亚及其他亚洲领土,但直到俄国人拒绝援助中国发展核武器前,中国人一直愿意接受苏联人作为共产主义世界的领导。

所有这些导致了俄国人的担心,以及对苏联卫星国的焦虑不安。

戴高乐认为,那些尚未承认共产党中国的国家承认中国是非常符合逻辑的。困难有二,一个是蒋介石;另一个是美国强烈抵制承认中国。然而,承认北京符合西方利益之所在,这一时机或许已经到来了。

对于这一点,英国大使对中英贸易有一番评论,作为对英国大使评论的回答,戴高乐谈到,由于中国共产党人没有支付手段,因而与他们进行贸易是困难的。

戴高乐同时评论了中苏关系,尽管中苏都是共产主义国家,但是今天两国与此前各自在沙皇和皇帝统治下的国家并无任何区别。

……[1]

此致大使。

公使　塞西尔·B. 莱昂
(刘京译,姚百慧校)

19631007,ZFD00034

为肯尼迪与德姆维尔会谈提供的谈话要点(节译)[2]

(1963 年 10 月 7 日)

总统与法国外长顾夫·德姆维尔的会谈

周日,1963 年 10 月 7 日

谈话要点

……[3]

5. 共产党中国。法国人确信并不喜欢这种情况,事实上是相当尴尬,

---

[1] 此处与本书主题无关,未译。
[2] 资料来源:DDRS,CK3100485789 - CK3100485793。法国外长德姆维尔为出席 18 届联大赴美。其与肯尼迪的谈话备忘录,见 Memorandum of Conversation, October 7, 1963, Department of State ed., *FRUS, 1961 - 1963*, Vol. 13, *Western Europe and Canada*, Washington D. C.:United States Government Printing Office, 1994, pp. 782 - 787。根据这份谈话备忘录,德姆维尔与肯尼迪未涉及承认中国问题。
[3] 此处与本书主题无关,未译。

即他们竟然同中共都是禁止核试验条约的非签署者这种奇怪的友谊。并没有法国承认共产党中国的直接危险。但是，英国人已经告诉我们，戴高乐在同英国驻法大使的一次交谈中曾暗示，在某个时候承认或许符合西方的利益。这种行动与戴高乐最近宣称法国的政策必须要符合法国利益的言论并不矛盾。法国人或许希望通过对中国采取更积极的政策来利用中苏分歧。目前，他们正有一个重要的贸易使团在中国大陆访问。

我们应该设法了解顾夫在中国以及承认问题上的观点。我们应该指出：由于中共倡导暴力革命，我们认为阻止中共力量增长至关重要，并希望限制他们国际影响力的扩大。我们应该注意到，中共在非洲的活动值得特别关注，将来或许需要付出更多努力与中共在那里的影响做斗争。我们应当注意到非洲国家与中华民国的关系在抵制中共影响上的堡垒作用。

我们接受这种事实，即其他西方国家在对华贸易问题上同我们有不同的政策，我们自己要求全面禁运，而其他国家则只是禁运战略性物资。然而，我们认为，保持战略物资的禁运仍是十分必要的，希望在贷款问题上也坚持立场。

我们应该讨论我们对当前中苏冲突的观点，邀请法国人发表他们的看法。在对苏关系这一问题上，我们应强调希望西方采取统一立场。

......①

（姚百慧译校）

19631018，ZFD00133

驻法国大使馆致国务院电（第1906号）②

（1963年10月18日）

今早在拜访吕塞的时候，我提到，几日前《纽约时报》的消息隐约表达了法国即便不是要与中共建交，也可能正在寻求与中共发展更为密切的关系。在这方面，我也提到了昨天《纽约时报》完全错误的社论，该社论

---

① 以下与本书主题无关，未译。
② 资料来源：Robert E. Lester eds., *The John F. Kennedy National Security Files, 1961 – 1963, West Europe*, Bethesda, MD: University Publications of America, 1993, Reel 3, p. 1005。

声称顾夫此前在华盛顿时曾向肯尼迪总统提出过这个问题。①

波伦

（刘京译，姚百慧校）

19631023，ZFD00035

中央情报局关于中法关系的特别评估报告②

（1963年10月23日）

NLK-77-923

机密

给局长的备忘录

主题：戴高乐主义的法国和共产党中国

摘　要

　　近来，有关巴黎可能正寻求与共产党中国、北越做交易的流言四起。我们对于戴高乐在远东是否有一个"宏伟计划"表示怀疑。不过，我们认为法国：（a）正试图增加与中国的贸易；（b）考虑承认北京政府；（c）向河内和西贡都建议将来越南问题在法国调解下协调解决的可能性。另外，我们认为，作为加强与欧洲和日本联系这一更大目标的一部分，中共可能已有与法国建立更近关系的提议。法、中、越之间的所有这些行动并不是法国突然间发动的，而是早已进行了一段时间的法中模糊计划的一种表现。法国对禁止核试验和越南的态度，以及北京政府对法国态度更多的认可及其一些重要物品进口的需要，这些因素会加快此计划的进展速度。法、中、越之间可能会有持续的联系，但我们相信法国对北京和河内的重要行动将限制在一定范围内，这主要取决于戴高乐对两个因素的判断，即：（a）对华盛顿来说目前情况是否许可；（b）美国、越南共和国和越共之间纠葛的进程。

---

① 此件档案应有部分内容未解密。
② 资料来源：*DDRS*，CK3100374863 – CK3100374873；又见 Paul Kesaris eds.，*CIA Research Reports*，*China*，*1946 – 1976*，Bethesda，MD：University Publications of America，1995，Reel 1，pp. 826 – 836。

法国的政策

1. 近来有一些关于法国正对北平和河内采取更加积极主动政策的迹象：

（a）戴高乐自己已两次提到法国对越南和与之相似的分裂国家特别关注，而且很多迹象表明法国对可能的河内-西贡重新修好很感兴趣。

（b）据报道是应戴高乐的要求，法国前总理埃德加·富尔正对共产党中国进行一次"私人"访问。这让人想起富尔更早一次访问中国回来后，写了一本书，认为在没有足够相反的证据前，中国政权是可行的。

（c）7月中旬，戴高乐与英国驻法大使谈话，后者引用戴高乐的话说，中苏关系与那时沙皇和皇帝的关系没有真正区别，中国采用共产主义并非出于意识形态的信仰，而是一种组织和管理庞大国家的方式，并且对于那些尚未承认中国的国家来说，承认中国是"非常符合逻辑的"。

（d）近期有些来自巴黎的报纸传闻法国政府现在认为法国和共产党中国相互接近是"合理"的。据大使馆报告，这些报道都是根据对刚从美国回来的法国外交部长顾夫·德姆维尔的采访中得来的。

（e）我们知道顾夫在华盛顿说过，法国的经验让巴黎意识到与共产党中国磋商的必要性，并以越南为例。

（f）一个政府鼓励的民间贸易代表团怀着极大期望刚从中国回来，正如最近西德和英国的贸易代表团那样。

2. 毫无疑问，法国对扩大与共产党中国的贸易抱有极大兴趣，考虑到当前英国、德国还有其他国家愈加激烈的市场竞争，更是如此。中法贸易水平将受限于法国是否愿意吸纳中国可以出口的产品。法国人也有可能在出售中国需要的众多产品时陷入困境，比如快帆喷气式飞机，为了避免与巴黎统筹委员会和美国的纠纷，据说这种飞机要以令人望而生畏的费用重新进行建造。不过，中国至少会为从法国进口的一些物品支付现金，并且通过（由驻香港的法国总领事提出的）三角贸易，香港可以将一些中国产品在非洲出售，用所得的钱支付北平从法国购买的东西，这可缓解法国吸纳中国出口的问题。

3. 很难说法国的设想进展到了什么程度。仅仅是表现出对远东事务的兴趣，就已经获得一定的政治利益，戴高乐现在一定在考虑是否值得冒险采取更加积极的政策。经过全方位考虑，我们认为戴高乐正倾向于对中国采取更主动的政策。这并不是突然的或重大的行动，而是法国试图利用包括中苏敌对在内的变化的国际环境而采取的一系列持续性姿态和试探计划，以便重振法国在远东的利益,并为将来有利形势出现时而采取更大行动打下基础。戴高乐可能对由法国领导的西欧与苏联最终达成一致仍保持着兴趣,并且仍然对将来的大中国持有"黄祸"的看法。不过,戴高乐认为,北平和苏联互为竞争对手,随时可受到挑动相互争斗,他相信对中国采取这些姿态可能有利于提醒赫鲁晓夫与西方达成谅解的可行性。法国在远东采取更积极的政策,与戴高乐到处展示三色旗维护法国大国地位的总立场是一致的。核禁试的发展以及对美英的不满也将法国推上了与同样被排斥在外的中国人建立更广泛联系的道路,尽管我们并不认为这些是主要因素。

4. 最后且最重要的是,法国对中国的政策还受到法国在印度支那抱负的影响。法国也许没有一个有关印度支那单独而详细的"宏大计划"。不过,戴高乐确有一个大致目标,就是想尽可能恢复法国以前在这个地区的影响和存在,这是非常明显的。同样很明显的是戴高乐认为美国在印度支那的领导地位和影响只是暂时的。事实上,很多法国政要可能认为,如果美国"篡权者"的影响和势力不减小,法国在印度支那的影响就不可能得到显著扩大。因此,法国对于印度支那(还有中国)的"政策",不仅是法国一些"激进分子"活动的产物,也源于戴高乐尝试进行某种外交或私下探索的意愿。法国对这些目标的追求也极有可能受到了其对印度支那形势估计的引导,也就是说即使有美国的援助,老挝和南越也不能在军事上打败北越,甚至遏制北越;在不久的将来,北越一定会成为印度支那一个主宰性国家(暂时不考虑中国因素);法国——以及西欧——的长远利益在于适应这一不可避免的形势而不是徒劳地与之斗争。

5. 尽管这些考虑包含印度支那的所有地区,但主要适用于南越。法国人1954年在印度支那战败后,一直认为美国在公开取代他们的影响,而西贡则为美国努力的中心。法国从未接受吴庭艳。我们有证据表明,法国在过去的近一年里一直着手越南中立化的"方案"。现在,几个月前的政治危机和美国与越南的疏远为法国提供了前所未有的机会。尽管我们的证据并非确实可靠,但至少表明法国已作为"诚恳的中间人"为西贡和河内的谈判提供了交流途径和帮助。有理由认为,如果西贡采取一种更为中立的立场,法国会以某些方式在吴庭儒面前晃动增加经济援助的胡萝卜,以消除美国援助削减所带来的影响。然而,我们怀疑法国是否有能力承担有效的资金或给予相当人力物力支持的义务。

中国共产党的政策

6. 我们现在所看到的中法接触部分是中国这三年来主动扩大与西方工

业国接触的一项成果。从 60 年代中期起，苏联对中国的技术援助锐减，中国开始在共产党集团之外寻找替代市场和资源。然而，尽管大部分贸易是集团之外的，中国的经济灾难也导致它与一些非集团国家贸易水平的降低，中国贸易总额（含集团和非集团）从 1960 年的 39.25 亿美元减少到 1962 年的 25.35 亿美元。在一些地区，中国的贸易量并没有减少，主要原因是中国从那里进口了大宗粮食，尤其是谷物。法国就是一个例子，它是这个时期欧洲主要国家中唯一与中国持续保持贸易水平的国家。

中国与其所选中的国家的贸易（进出口总额）

单位：百万美元

	1960 年	1961 年	1962 年
法国	75.5	52.3	60.2
英国	159.5	122.9	88.9
联邦德国	164.8	70.2	70.4
意大利	68.3	42.0	33.1
苏联	1665.4	919.0	750.0

7. 中国在过去的一年中表示希望从法国和其他工业国家获得大量商品，如喷气式飞机、计算机、电子产品、货船及造船工具、油料、化合物、机械工具、农业机械、高级合金、远程通信设施、化肥和谷物。中国的这类兴趣主要出于经济的需要。这并不是说北平就没有意识到这样做可能带来的重要的政治副产品，如打破孤立、帮助实现它对联合国的期望、分化美国和其盟国。中国的领导人可能认为法国对解决越南问题的兴趣增加了他们与巴黎谈判时讨价还价的资本。

此外，尽管还没有看到这样的迹象，但不能排除北京或许已经开始试探从法国进口能帮助其发展核武器的物品。

8. 值得注意的是，中国对法国的主动姿态并不是一种孤立的进展，而是近来中国更广泛、更积极的经济外交的一部分，这种经济外交的对数也包括英国、日本、西德、丹麦、瑞典和荷兰。中国的这种举动及其过去三年来加速的趋势，可能源于中共的这一决定：国内经济的不景气促使它重新修好与欧洲和日本的关系。

接下来会怎样

9. 我们可能会看到巴黎、北平、河内更多接触的迹象，中法贸易水平适度提高，有很多关于法国行动的传闻，其中有些是法国人自己制造的。然而，事实上，法国对中国和越南采取行动的频率很可能主要取决于戴高乐对以下因素的判断，即（a）华盛顿能够容忍事态进展到何种程度；（b）美国、越南共和国和越共之间纠葛的发展。我们应该预料到，法国在任何情况下都会继续鼓励并在美国在南越的前景暗淡时加速推进越南问题的最终解决。我们绝对不能排除法国在最近某个时候承认北平的可能性。不过，我们怀疑，法国是否会认为中国提供核援助符合法国利益或者说值得去冒相关风险。

（李海琼译，姚百慧校）

19631024，ZFD00108

腊斯克与蒋廷黻谈话备忘录[①]
（1963年10月24日）

时间：1963年10月24日上午11：30
地点：国务卿办公室
主题：法国承认共产党中国
参加者：国务卿
　　　　蒋廷黻博士，中国大使
　　　　江易生博士，中国公使
　　　　罗伯特·W. 巴尼特，远东司

在江公使的陪同下，蒋大使根据其请求于10月24日上午11：30会晤了国务卿。他说，他希望对美国在联大给予中华民国政府的"真诚"合作表示感激。国务卿评论说，今年关于中华人民共和国加入联合国问题的辩论并未出现大的意外。

蒋大使提到，某些媒体报道说，法国外长曾与肯尼迪总统、腊斯克国务卿讨论法国承认共产党政权的可能性。国务卿答复说，他们根本未曾讨

[①] 资料来源：Robert E. Lester eds., *The John F. Kennedy National Security Files, 1961–1963, Asia and the Pacific*, First Supplement, Reel 5, Bethesda, MD: Lexis Nexis, 2007, pp. 978–979. 台湾档案对此次会晤的记录，见《蒋廷黻致外交部电（第838号）》（1963年10月24日），近史所外档，305.21/0002，第30~32页。

论这个主题,在与法国外长的会谈后,法国外交部通过外交渠道告知我们,法国在这个问题上的政策并无变化。蒋大使说,中国驻巴黎代办向台北报告了相同的消息。

蒋大使询问,他是否可以告诉媒体国务卿所说的情况。国务卿表示,由蒋大使透露国务卿或法国外长在这个问题上的立场并不妥当。法国外长的观点应由其自己传达给媒体。蒋大使继而提议,作为向媒体提供消息之基础,台北可否告诉媒体,已在巴黎和华盛顿进行询问。国务卿认为,台北或只能说,它"相信"国务卿和法国外长并未讨论法国承认中共政权的问题。国务卿顺便说道,中共和法国人均未签署禁止核试验条约的事实,或许引发了他们有共同兴趣的猜测。然而,我们并无北京和巴黎勾结的证据。国务卿相信,法国的意图很可能是探讨某种贸易的可能性。

蒋大使将话题转到法国对共产党中国感兴趣的另一个问题上,询问埃德加·富尔和戴高乐将军的关系紧密程度如何,以及如何评估其访问北平的意义。国务卿拒绝考虑这个问题。蒋大使说,有迹象表明法国希望从中国购买铀。国务卿答称,这几乎是难以想象的,因为中国自身缺乏这种物资。

(姚百慧译校)

19631101,ZFD00109

驻法国大使馆致国务院电(第2149号)[①]

(1963年11月1日)

英国大使馆向我们展示了他们发往伦敦并于11月1日抄送华盛顿的机密电报,其中报告说,大使馆人员无意中听到,法国外交部官员告诉另外一位法国人,法国将在11月5日或6日宣布承认共产党中国的决定。

[①] 资料来源:*The John F. Kennedy National Security Files*, 1961–1963, *Asia and the Pacific*, First Supplement, Reel 7, p. 695。11月3日,国务院将此电报摘要告知"驻中华民国大使馆"。Telegram from the Embassy in the Republic of China to the Department of State, No. 388, November 3, 1963, *The John F. Kennedy National Security Files*, 1961–1963, *Asia and the Pacific*, First Supplement, Reel 7, p. 698.

10月31日英国大使馆发出的电报认为,这种趋向的行动很有可能。英国大使馆觉得,戴高乐想要维持北京-莫斯科之间关系的平衡,自我中心的他越来越漠视德国和美国的反应。(大使馆认为,戴高乐明年5月访美之事或许不能成行。)他们也把埃德加·富尔的北京之行看作向承认方向迈进的信号。

正如英国大使馆所报告的,要求与共产党中国建立密切关系的压力无疑正在增加,但我们并未发现有以上所描述的轻率举动的迹象。埃德加·富尔仍在中国,根据职员的消息,他在11月17日前不会回到巴黎。

英国的消息显然不能作为探询的基础,但我们可以阿隆昨日在《费加罗报》上发表的文章①为切入点尽早向外交部试探。

波伦

(姚百慧译校)

19631102, ZFD00110

国务院驻致法国大使馆电(第2300号)②

(1963年11月2日)

国务卿致大使。限制散发。参见大使馆第2149号电报。③

我认为有必要让法国政府最高层充分认识到,一旦法国准备承认共产党中国,整个自由世界对中共的政策都会受到不利影响。

在你11月5日与戴高乐的会晤中,应讨论这一主题。④除此之外,考虑到上述参考电报所建议的时机,有必要尽早会见顾夫。

腊斯克

(姚百慧译校)

---

① 雷蒙·阿隆在10月31日的《费加罗报》上发表了题为《西方与中国》的文章,暗示法国应与美国谈判承认新中国。该文的大致情况,见《驻法国大使馆致外交部代电(第1038号)》,近史所外档,305.22/0003,第109~113页。
② 资料来源:The John F. Kennedy National Security Files, 1961-1963, Asia and the Pacific, First Supplement, Reel 7, p.696。
③ 参见19631101, ZFD00109。
④ 参见19631105, ZFD00114。

19631103, ZFD00112

驻英国大使馆致国务院电（第2191号）[1]

（1963年11月3日）

使馆在最近与英国外交部的接触中，并未谈及法国准备承认中共的可能性。国务院是否想进行试探或确切的询问？如果是，我们可以利用何种传闻或报告？（未收到巴黎发往国务院的第2149号电报[2]）无论这种探询如何婉转，一是英国外交部了解到这一意图，都会想当然地将其解释为美国想要说服法国不要承认中共，但它不太可能认可美国的这种意图。

琼斯[3]

（刘京译，姚百慧校）

19631105, ZFD00113

驻法国大使馆致国务院电（第2221号）[4]

（1963年11月5日）

英国代办处[5]向我们展示了英国驻北平代办处发来的关于富尔之行的电报。此问广受尊敬的报人、法新社驻北平代表马居斯告诉英国代办处，富尔向中华人民共和国建议，法国会只承认北平，而把断交问题留给台湾。另一方面，中国人明确表示，建交的必要前提是与台湾断交。马居斯的想法是，在富尔返回巴黎前，中华人民国共和国和法国都会做出决定。其他消息包括，印度代表说，富尔的结论是只在红色中国建立贸易代表。英国人的报告中把毛对富尔的接见（毛在最后时刻接见了富尔）[6]称为中共领导

---

[1] 资料来源：The John F. Kennedy National Security Files, 1961–1963, Asia and the Pacific, First Supplement, Reel 7, p. 699。
[2] 参见19631101, ZFD00109。
[3] 琼斯，美国驻英国公使。
[4] 资料来源：The John F. Kennedy National Security Files, 1961–1963, Asia and the Pacific, First Supplement, Reel 7, p. 707。
[5] 原文为"Embassy"，考虑到此时中英尚未建交，根据实际情况译作"代办处"。
[6] 毛泽东于11月2日下午在上海接见了富尔，《人民日报》发了一则简短消息。见《毛主席先后接见法前总理富尔和尼议长塔帕》，《人民日报》1963年11月3日，第1版。谈话记录，见《毛泽东主席接见法国前总理富尔夫妇谈中、法关系及国内外局势》（1963年11月2日），中华人民共和国外交部档案，110-01982-14。

人的侧面进攻,是"天才的惊人之笔"。

此电应与大使馆第 2222 号电报①一并考虑。

波伦
(姚百慧译校)

19631105,ZFD00114

驻法国大使馆致国务院电(第 2222 号)②
(1963 年 11 月 5 日)

大使致国务卿。限制散发。

参见国务院第 2300 号电。③

我告诉戴高乐,他一定全面了解了顾夫·德姆维尔在华盛顿会谈的情况,因此对我们关于苏联的讨论,没有太多他想了解的情况。然而我告诉他,由于运输费用问题,对顾夫提过的小麦交易出现了一点困难。戴高乐表示并没有关于苏联的特别问题。然后,我告诉他,正如他可能知道的,关于法国对共产党中国的意图,在巴黎有些传言;埃德加·富尔的访问或许部分造成了这些传言;但为了更全面地报告我的谈话,我想向他了解,他对共产主义中国的思考如何。戴高乐迅速答复说,他"目前"并未打算采取任何外交行动。然而他继续说,"或早或晚"不得不与共产党中国建立某种关系,那要看时机,而且会导致很多问题。我告诉他,我非常高兴从他那里了解这一点,因为正如他可能了解的,任何此类行动都会在美国和自由世界引发极为糟糕的反应;至于将来,要考虑的是什么时间会有这样的时机。戴高乐说,如果法国打算承认共产党中国的时机来临,"确信会提前告知美国"。他继续说,当他听说富尔及其夫人将第二次访问中国时,他召见了富尔,要求富尔"四处看看"并在返回时汇报其看到的整体情况,

---

① 19631105,ZFD00114。
② 资料来源:*The John F. Kennedy National Security Files*,*1961 – 1963*,*Asia and the Pacific*,First Supplement,Reel 7,pp. 708 – 709。国务院将此电转发"驻中华民国大使馆",并告知戴高乐与阿尔方会谈的事实不宜公开。Telegram from the Department of State to the Embassy in the Republic of China,No. 406,November 7,1963,*The John F. Kennedy National Security Files*,*1961 – 1963*,*Asia and the Pacific*,First Supplement,Reel 7,p. 712.
③ 19631102,ZFD00110。

但他再一次重复说，他无意对华采取外交行动。

评论：戴高乐相当明确地否认了"目前"会对华采取任何外交行动，但似乎又认为在将来某个时刻必然要承认共产党中国。谈话中他并未透露他会在多久以后采取行动，但我的印象是他想的事情还相当遥远。

波伦
（姚百慧译校）

19631107，ZFD00124

驻法国大使馆致国务院电（第2259号）[①]

（1963年11月7日）

参考国务院致台北第388号电报。[②]

英国大使馆通知我们，它不再相信法国政府即将承认中共的信息，即使它继续认为承认只是时间问题。英国改变态度的详情正通过代电航寄国务院和伦敦。

波伦
（姚百慧译校）

19631210，ZFD00058

北约部长级会议立场文件（节译）[③]

（1963年12月11日）

法 国

我们应该提出的问题：

......[④]

[①] 资料来源：*The John F. Kennedy National Security Files, 1961–1963, Asia and the Pacific*, First Supplement, Reel 7, p. 718。

[②] 参见19631101，ZFD00109注释。

[③] 资料来源：DDRS，CK3100472261–CK3100472267。这是为将于12月16~18日在巴黎举行的北约部长会议制定的立场文件的法国部分。

[④] 此处与本书主题无关，未译。

2. 东南亚。法国人认为，如果没有中共的同意，就不可能达成持续久远的解决方案；长期来看，东南亚中立化是达成解决方案的唯一现实的希望。然而，他们或许会赞同我们的看法，即越南现在统一并不现实，而单独南越的中立并不可取而且是有害的。

3. 共产党中国。戴高乐已向我们保证，法国人不会很快承认共产党中国，在采取此项行动前会通知我们。然而也有确凿证据表明，法国人要求与中国大陆互设正式的贸易办公室。我们应重申我们认为承认是不可取的理由，也不鼓励在共产党中国设立常设贸易代表。我们也可以谨慎地与德国人探讨这个问题，他们或许愿意在这个问题上对法国人施加其影响。

……①

讨论

目前，预计在这些问题上不会有破坏美法关系的进一步行动。似乎戴高乐并不着急与我们进行严肃的会谈，法国人也不愿意公开与我们对峙。法国暂时采取了等着看的态度，以便揣测美国新政府、艾哈德总理以及意大利新政府的态度。法国也在等待当前欧洲经济共同体回合谈判的结果，那将影响它对共同市场的态度。戴高乐将在1月的某个时候召开记者招待会，在此之前法国人对这些事态的发展可能不会做出决定。

在此情况下，我们应集中于法国可能会合作的领域。

……②

东南亚

法国人认为，这个地区主要处于中共影响之下。他们认为，如果没有中共的参与，就不可能达成持久的解决方案。法国人或许认为，中共当前与苏联关系的困难使其更容易接受劝告，而东南亚中立化是达成解决方案的唯一现实的希望。然而，还无确凿证据表明法国目前正实行这一政策。

关于越南，戴高乐公开倡导它应该通过统一而实现中立化。法国人或许会同意，南越单独的中立化是不现实的，因而明显是并不可取且有害的。

共产党中国

法国对共产党中国的承认，即便不是迫在眉睫，也是可能会发生的。如果它发生了，这种行动将是对不承认政策的严重背离，并有可能为许多中立国及前法属非洲国家所效仿。戴高乐曾向我们保证，法国在承认共产

---

① 此处与本书主题无关，未译。
② 此处与本书主题无关，未译。

党中国前将通知我们,目前他并无承认共产党中国的计划。然而,不同的消息来源显示,法国正积极考虑在中国大陆设立贸易使团。至于中共的条件,消息是互相冲突的。法国设立这种使团的努力,最终会导致法国政府和中华民国政府关系的破裂。我们应重申我们认为承认是不可取的理由,努力说服法国不要设立常驻贸易办公室。不过,在这个问题上,谨慎地要求德国人与法国人进行讨论,也许会更有效。尽管有条约关系,法国人和德国人在亚洲问题上似乎并未定期地进行密切接触,即使法国人在老挝和柬埔寨已经捍卫了德国的主场。德国人在分裂国家问题上的敏感,将来或许能在法国与越南和中国的关系上发挥某些影响。

……①

(姚百慧译校)

19631216,ZFD00036

驻法国大使馆致国务院电(国务卿第25号)②

(1963年12月16日)

仅供总统③审阅。今早在波伦和泰勒的陪同下,我与戴高乐进行了大约40分钟的会谈。在场的还有顾夫·德姆维尔、阿尔方和翻译德拉格朗维。

[此处讨论了包括东南亚在内的一些话题。]

然后,我转向共产党世界和中苏关系这个主题。我说我们担心中国好战的迹象——这是他们与苏联争论的一个方面——以及在华沙会谈中他们坚持让我们放弃福摩萨。还有就是对印度的攻击,我们认为河内与北京共同阻碍了老挝协定的实施。也有一些证据表明中国刺激了苏加诺现在的行动进程;他们在拉丁美洲很活跃,特别是与卡斯特罗;最后是周恩来眼下正在非洲。不要让北京觉得任何这类政策可以得到好处,我们认为这很重

---

① 以下与本书主题无关,未译。
② 资料来源:U. S. Department of State ed., *FRUS, 1961 – 1963, Vol. 22, Northeast Asia*, Washington D. C.: USGPO, 1996, pp. 409 – 410;又见 *DDRS*, CK3100515750 – CK3100515752、CK3100534869 – CK3100534871、CK3100593275 – CK3100593279。*DDRS* 系统的这三份档案为全文,包括了 *FRUS* 中省略的东南亚等内容。腊斯克当时在巴黎出席北约部长级会议。
③ 此处为林登·约翰逊总统;肯尼迪总统11月22日在得克萨斯州的达拉斯遇刺。——原编译者注

要。我提到，我们很高兴听到法国并不想承认中国，但认为在此类行动上应保持接触。接着戴高乐做了一段很长的论述，他说，由于中苏分歧，即便北京正承担着"加速"推进世界革命的任务，苏联人却老实多了，但戴高乐怀疑他们同苏联一样不会取得多大成功，东欧的情况除外，因为那儿有军队控制着。戴高乐说，问题是西方怎样让这种情况对自己有利，完全孤立中国，还是与中国有一定的接触，哪种方式更好。戴高乐认为过去与苏联的一些接触是有用的。我回应道，我并未看到在与苏联的接触中我们发挥过多少影响，我认为苏联态度的变化是因为西方的军事实力，苏联本国民众及东欧国家的态度加速了这种变化。毕竟，莫斯科曾在柏林和古巴表现得非常危险。而且，也没有迹象表明与北京的接触对中国人有任何影响，比如印度方面极为友好的接触，或者是日本方面非正式的接触。我告诉他，我认为，让中国人或其共产主义盟国产生这类政策会取得成功的想法，是一个重大的错误。

戴高乐认同中苏两国中苏联更加危险，但如果我们让它们"自作自受"，让它们除了战争别无选择，它们是否就不那么危险了，他对此表示怀疑。他认为与苏联的那些接触并非无用。他认同印度和日本的接触并没让中国改变很多，但毕竟它们只是几乎不能给中国提供什么援助的"弱国"，然而如果西方在将来某个时间与中国建立关系，则可能会是另外一种情况。

我指出，在华沙九年的接触中，我们已经看到，除非以我们放弃福摩萨为条件，中国至今没有任何要改善关系的兴趣。戴高乐意味深长地说，西方（在任何与中共的协定中）将不得不牺牲福摩萨。

为了进一步弄清法国的立场，我问戴高乐，根据我的理解，法国正考虑与中共建立外交关系，那么他对建交的时机有什么想法，这还需要多久会成为现实。戴高乐说，既然这是有关将来的问题，他无法回答，并且这还取决于其他国家，不仅是法国的问题，但他乐意"以国家领导人"的身份向我保证，他们在采取任何行动之前会告诉美国。

谈话结束时，双方同意在苏联问题尤其是中苏分歧问题上保持接触，并互致愉快，包括戴个人对您的问候和祝愿。

腊斯克

（李海琼译，姚百慧校）

19640103，ZFD00356

国务院致驻法国大使馆代电（第 CA-6631 号）[1]

（1964 年 1 月 3 日）

主题：反驳法国关于承认北平的理由

致大使。

下面是反对法国承认北京的一些理由，你可以在与戴高乐总统的既定会晤中加以利用。

<u>承认的代价</u>[2]

即便法国不得不取消对中华民国政府的承认、承认共产党有权接管台湾，她会承认北平么？在联合国，法国将要从支持中华民国政府转向支持中国共产党吗？中国共产党要求，与其建交就必须抛弃中华民国，他们的这一要求并未公开改变。尽管在某些国家盛行"两个中国"的解决方案，但北平不太可能容忍法国同时和两个互相竞争的国家维持关系。因此，如果法国真的为了从共产党人那里获得某些东西而对其加以承认，她大概很乐意牺牲中华民国政府。道德影响是非常明显的。观察人士一致认为：台湾人民不想被共产党统治。中华民国政府没有做什么让法国政府会突然抛弃它的事情。法国的转变将会引起联合国和其他地方的变化，从而危及中华民国政府的存在。

<u>其他国家跟进可能带来的影响</u>

如果法国承认北平，其他国家无疑也会面临强烈的国内压力去跟进。在这些国家中，我们可以列出日本、加拿大、比利时和非洲及马达加斯加联盟国家。日本转变态度对中华民国政府将尤其具有毁灭性。日本像法国一样，都面临着"两个中国"的解决方案的压力。即使日本人会试图寻找多种解决方案，中华民国政府还是可能觉得有必要断绝关系。这将会切断台湾和它主要经济伙伴的联系，危及这个岛屿的福祉。在亚洲，一个非共产主义社会的持续安定对我们是非常重要，对法国大概也一样。

在日本，承认中国共产党将加强那些努力把日本从自由世界分离出去

---

[1] 资料来源：Robert E. Lester eds., *Confidential U. S. State Department Central Files*, *China*, *February 1963 – 1966*, *Part 1*：*Political*, *Governmental*, *and National Defense Affairs*, Reel 24, Bethesda, MD：LexisNexis, 2004, pp. 963 – 967。

[2] 下划线为原档所有，下同。

的力量。如果这个过程继续下去,富有侵略性的共产党中国将因日本的工业能力和技术而增强,这是一个隐约的凶兆。这种前景非常可怕,即便它现在看起来还很遥远。

如果非洲及马达加斯加联盟仿效法国,我们的预期是法国自己在为中国共产党的势力扩展创造条件,它致力于破坏法国努力维持的秩序。我们有充足的证据证明中共使用其大使馆、银行或新华社来进行这方面的活动。(如果戴高乐总统对中国共产党想把全世界共产主义化的强度抱有怀疑,可以了解下他是否看过 1963 年 6 月 14 日中共写给苏联共产党的信①。)

在联合国的影响

如果法国承认(北平)并改变它在联合国的投票,那么恰在国内竞选高峰中的美国,又要围绕联合国席位问题进行重大斗争。法国非常了解美国对此事的关切。释放出的力量将会危害联合国自身,包括它在世界各个地区维持和平的努力。如果法国在某些有争议的地区支持中立主义的解决方案,法国必须要知道此举对联合国的危险所在,因为它是为数不多能够提供经济援助、边界视察和类似行动,同时又可自动避免造成自由世界与共产主义之间对抗的机构。

一个主要的战略思考

法国承认共产党中国将会引起一系列的事件,有可能使远东有最好传统的自由世界的武装力量中立化。这可能通过很多途径发生,例如,上面假定的经济衰落,以及紧接着台湾人和大陆人的摩擦增加,中华民国军队中有很多台湾人。

中华民国的 18 个师和有效的空中力量是我们所依赖的遏制力量,帮助我们维持远东地区来之不易的平衡。作为有效同盟的这些部队的丧失,以及台湾作为自由世界西太平洋地区防御链一环的陨落,将削弱我们在整个地区的防御,鼓励中共的侵略。同时,如果中华民国看到对它的国际支持正在消失,我们就要当心它采取绝望行动的危险。

对西方防御安排的影响

美国在这种假定将发生的局面下反对法国的理由不限于联合国。在我们

---

① 该信见《关于国际共产主义运动总路线的建议——中国共产党中央委员会对苏联共产党中央委员会一九六三年三月三十日来信的复信》(1963 年 6 月 14 日),中央档案馆、中央文献研究室编《中共中央文件选集(一九四九年十月~一九六六年五月)》(第 43 册),人民出版社,2013,第 225~271 页。1963 年 6 月 17 日《人民日报》予以全文发表。

的欧洲防务机制上,法国已经成为很多愤怒的美国人的目标。我们确实相信美国公众将不会要求我们从对欧洲防御的承诺中撤退,但是这种机制或许需要重新审查,但不能保证审查结果就是法国所希望的。

(如果没有首先确定在反对法国承认北平的行动中我们究竟希望走多远等一些基本的问题,当然不能进行这样的争论。)

承认会给东南亚带来什么?

法国提出的理由是,东南亚的稳定只能通过中立来实现,而没有与中国共产党达成的协议就不可能实现这种方案。达成协议就必须承认这一论点本身就有问题。此种论点假设,中共会放弃它让东南亚地区共产主义化的目标。中共是如此坚持他们的这一野心,乃至公开宣扬,因而无意中流露了他们的真实意图。中共认为他们的这一目标并没有商量余地,只有当他们认为追求这一目标的危险太大无法接受时,才会拖延其实现。

中共和越盟在老挝不是争取一个真正中立的解决方案,北越也几乎不可能中立。如果在东南亚能够达成一个中立的解决方案,它只能是因为,共产主义者估计到追求更野心勃勃的计划会带来风险,而不是单单因为欧洲人想要谈判的意愿。

与此同时,法国的承认,尤其是如果同时牺牲台湾的话(见上),将会被东南亚国家解读为,法国显然并未意识到共产主义的基本目标。这种教训对柬埔寨人来说是尤其不幸的,因为西方国家中唯有法国在柬埔寨的存在是被容忍的,而西哈努克也明显亟须得到保证,中共并不代表东南亚国家的发展态势。

众多东南亚华人会在法国的承认后认为他们应该加入得势的中共一方,这种可能性不能忽略。

灵活的法国政策会促进中国共产党走向缓和吗?

美国也打算维持它在政策上的灵活性,以充分利用中共希望改变其侵略政策、对西方真正采取不那么敌对态度的任何迹象。(希尔斯曼先生[①]最近的演讲或能作为证明这一点的论据。)我们相信通过精巧的外交活动,我们能在不危害我们台湾朋友的安全和基本利益的基础上为这种改变留出余地。

我们担心,这是一个长期的政策。印度的承认和苏联的承认看起来并没有缓和中共对它们的行为。

---

① 罗杰·希尔斯曼,远东事务助理国务卿。

长远来说，西方增加接触也许能促进思想的交流，或能使中共的世界观变得温和。然而，承认同这种思想交流之间的关联性非常有限。我们没有阻止商业、文化、新闻报道、旅游和科技等方面的接触。通过图书的信息交流（甚至从美国）继续存在。驻北京的外交代表团非常孤立，以至很少有机会表达其观点。在华沙，我们和中共高级官员讨论政策问题，或许比西方国家驻北京使团同中共的接触还多。这并不需要承认。

承认会增加法国的贸易吗？

由于中共与俄罗斯人的意识形态争论危害了其工业品的进口渠道，他们正向西方寻求这些商品。共产党中国的贸易目前受两方面限制，一是它的贸易支付平衡，二是要进口小麦。中共对自给自足的偏好限制了未来的贸易，最近，共产党中国过度依赖苏联所造成的危险教训加强了这种偏好。最近的历史表明，承认不会显著地增加贸易。中国共产党想让（除美国以外）的所有西方国家为其供货，并希望用最低廉的价格获得最好的商品。即便现在中国共产党人似乎很热心或者试图给法国一些承诺，但一旦法国答应承认，他们将可能收回这些承诺。

法国的承认会加深中苏分歧吗？

分歧是严重的，目前无法切实消除的这种分歧是由西方不能控制的因素造成的。如果我们的行为确实曾对促进这种分歧有所帮助的话，那就是我们曾提出，中苏在共产主义能安全地实施何种外交政策目标上存在不同。

被一个西方国家承认不可能影响这种分歧的进程。西方国家能想到的有效影响中国对苏立场的少数措施之一是停止与共产党的贸易和所有技术援助——即便这样也或许并不够。我们没有证据表明中国共产党为他们缺乏与西方的外交和文化接触而苦恼，也不相信如果西方未满足中国人的"接触"欲望，他们就会回到俄国的怀抱。如果说法国的承认真的会起点什么作用的话，它可能只是为苏联的强硬派提供了一个抛弃赫鲁晓夫的口实。如果它帮助强硬派获得在俄国的控制权，持续的欧洲平衡将更难实现。同样，法国的承认也会加强中国国内那些认为强硬政策路线正确的人的影响。

如果西方向中共靠拢，我们不能理解为什么苏联在假定的压力下会走向西方。

腊斯克
（姚百慧、喻卓译，姚百慧校）

19640106，ZFD00057

驻法国大使馆致国务院电（第 3139 号）（节译）①
（1964 年 1 月 6 日）

仅供国务卿阅。

顾夫·德姆维尔今天不在办公室，但我已要求约见，预计明日可见到他。

继我在华盛顿时的讨论后，尤其是与哈里曼和泰勒，以及就一般主题与总统的简短讨论后，我继续与顾夫讨论如下问题，除非我接到相反的指示。

在对当前的话题进行一般性讨论后，

1. 承认中国：在提到戴高乐与您的会谈和以前与我的讨论后，我将努力从顾夫那里准确地弄清戴高乐承认中国的计划的进展情况。如果顾夫暗示（正如您知道的他在 12 月 16 日大使馆宴会上所做的）戴高乐打算承认中共或者戴高乐的意图尚未决定，我将在非常个人、机密的基础上问他，他是否觉得，我们能采取某种举措，包括总统发出个人信息的可能性，以促使他重新考虑或停止行动。除非谈话显得已进展到相对亲密的基础上，我不会做出这种试探。

……②

波伦

（姚百慧译校）

19640107，ZFD00352

波伦与泰勒谈话备忘录③
（1964 年 1 月 7 日）

主题：法国承认中国

参加者：查尔斯·E. 波伦，驻法国大使
　　　　威廉·R. 泰勒，助理国务卿

早上 9 时，与波伦大使就稳妥路线进行讨论。我告诉他，前一天晚上我

---

① 资料来源：*DDRS*，CK3100348198 – CK3100348199。
② 以下与本书主题无关，未译。
③ 资料来源：*Confidential U. S. State Department Central Files*，*China*，*February 1963 – 1966*，*Part 1：Political*，*Governmental*，*and National Defense Affairs*，Reel 24，pp. 943 – 944。

已与哈里曼州长①讨论了他第 3139 号电报第一段②中涉及的法国承认中国问题。他向顾夫·德姆维尔提出这个问题是适宜的，并应向顾夫强调，如果戴高乐打算承认共产党中国，也应把此种承认至少推迟到一年以后，因为届时该事件对美国的影响不会像今年这么遭。我也要求大使，在他与顾夫谈话后向我们汇报，是否他觉得应由总统给戴高乐写信，或者由他就总统写信事向法国做口头试探。

（姚百慧译校）

19640108，ZFD00037

驻法国大使馆致国务院电（第 3177 号）③

（1964 年 1 月 8 日）

昨天傍晚我见到顾夫·德姆维尔，和他就中国问题交谈了半个小时。

顾夫说，他能够告诉我的是，承认共产党中国的决定（或者不如说是承认的想法）"原则上"已经做出，只是承认的时机和条件还未确定。他说他将努力从戴高乐将军那边弄清更多关于时机的详细信息并在两三天之后告诉我。

我简要与之讨论了在第 6631 号代电（CA-6631）④ 中提出的要点，顾夫没有质疑大部分要点的正确性，事实上他承认，法国的行动与中苏分歧本身并没有关系。然而，他说由于中苏之间的纷争，戴高乐将军感到中国正在追求一种纯粹的自主政策而不再受到苏联的控制。

接着，顾夫问我：如果中共同意法国可以与中华民国维持全面的外交关系，后者对此也予以默认，那么美国的态度将如何。我告诉他这个问题太具有假设性了，以至于无法回答。尽管中共一直以来都反对"两个中国"的提议，我还是不能代表他们回答这个问题。但是，国民党政府已十分清楚地表示不会接受这个提议。因此，中华民国自行与法国终止外交关系的可能性是相当大的。顾夫认为这是有可能的，但是只要有一线机会，还是会采取他提到的那个解决办法（他说他们在这方面还没有得到中共的任何

---

① 哈里曼曾任纽约州州长。
② 19640106，ZFD00057。
③ 资料来源：*DDRS*，CK3100060288 - CK3100060290。
④ 19640103，ZFD00356。

表示）。这有可能使法兰西共同体内非洲国家和日本、加拿大等国维持它们目前的对华政策，即我所质疑的"两个中国"的理论。

顾夫个人强烈反对总统与戴高乐将军有任何交流，他觉得戴高乐将军从与国务卿和我的谈话中已了解了我们的态度，总统与其交流将使问题个人化，这对目前态势没有好处。

在讨论中，我对顾夫强调，由于大选本身会极大地激化美国的反应，如果形势的发展加剧了这一趋势，可以预见1964年将是很糟糕的一年。他完全同意这个看法。

昨晚，在爱丽舍宫的晚宴和招待会上，我与戴高乐将军单独交谈了几句。交谈中，我只提到了我就中国问题与顾夫进行了一番讨论。这次交谈没有什么进展。之后，我与若克斯、马尔罗和莫里斯·舒曼[①]就中国问题泛泛地进行了讨论。他们三人都谈到，如果法国承认共产党中国的行动会导致与中华民国断交的结果，那么法国就不可能采取这种行动。这当然只是个人观点，但被强烈坚持，尤其是若克斯和莫里斯·舒曼。

目前，我建议我们应该等待顾夫·德姆维尔于两三天之后给予我们的信息。我认为，正如他所说的，法国在原则上觉得承认共产党中国是可取的，但还未决定承认的时机和条件。至少，顾夫似乎已经完全意识到，一旦法国承认中华人民共和国，那将意味着与中华民国断交。因此，我建议总统不要与戴高乐将军有任何交流，尤其是在这个节骨眼上。

今晨，日本大使告诉我他将于明天拜访戴高乐，受命提出承认中国的问题，如有必要则指出法国这种举动将带给日本的不利影响。他听说蒋介石已致函给戴高乐（参见大使馆的3124号电报[②]），希望台北能被授权公开辟谣，否认法国政府有任何承认共产党中国的意图。他还告诉我，他还听说法兰西共同体的一部分非洲国家对法国可能承认的谣言表示关切。大使保证让我知道他与戴高乐谈话的结果。

波伦
（沙芳洲译，姚百慧校）

---

① 路易·若克斯、安德烈·马尔罗分别为负责行政改革和文化事务的国务部长；舒曼，国民议会外交委员会主席。

② Telegram from the Department of State to the Embassy in France, No. 3124, January 3, 1964, *Confidential U. S. State Department Central Files, China, February 1963 – 1966, Part 1: Political, Governmental, and National Defense Affairs*, Reel 24, pp. 958 – 959.

19640108，ZFD00351

驻法国大使馆致国务院电（第 3187 号）①
（1964 年 1 月 8 日）

媒体报道，蓬皮杜总理 1 月 7 日时告诉记者，目前，包括法国在内的所有国家都关注中国问题。法国政府考虑了承认问题，但当前在此问题上未做最后决定。据报道，他还说："中国确实存在。它在其疆域内外活动，必须关注其在疆域外的活动。"

当被问及法国是否会承担其以前它在东南亚的角色时，总理表示，这种角色在法国参与解决老挝问题时已开始，在某种程度上也是本着同一精神向柬埔寨派遣了梅斯梅尔②使团。

波伦

（姚百慧译校）

19640110，ZFD00347

驻法国大使馆致国务院电（第 3242 号）③
（1964 年 1 月 10 日）

参考大使馆第 3177 号电报。④

日本大使今天早晨来见我，告知他昨天与戴高乐的谈话。他说，他与戴高乐完全围绕中国问题谈了 45 分钟。大使说，他未能从戴高乐那里获得什么承诺，戴高乐说"总有一天法国会承认中国"，因为中国的局势是不正常的，或早或晚人们要承认中国。大使奉命指出，法国此种行动将让日本政府极端尴尬，德国和柏林的局势也是反常的，但西方国家似乎无意去改变。戴高乐相当［……］⑤答复说，关于柏林问题，三大国有明确义务维持

---

① 资料来源：*Confidential U. S. State Department Central Files*, *China*, *February 1963–1966*, *Part 1*: *Political*, *Governmental*, *and National Defense Affairs*, Reel 24, p. 936。
② 皮埃尔·梅斯梅尔，法国武装部部长。
③ 资料来源：*Confidential U. S. State Department Central Files*, *China*, *February 1963–1966*, *Part 1*: *Political*, *Governmental*, *and National Defense Affairs*, Reel 24, pp. 904–905。
④ 19640108，ZFD00037。
⑤ 此处有一个单词不清晰。

其在柏林的存在，而对中国却没有这个问题。

大使提及了中国的战略重要性。对此，戴高乐完全同意，说他不希望"改变这一局面"。（这种说法似乎表明戴高乐不会采取改变台湾战略地位的行动，但是否真就如此并不十分清楚。）

大使想让戴高乐承诺，鉴于蓬皮杜和德姆维尔4月将访问日本，在此之前法国不会采取行动，以便他们能与池田首相全面讨论这一问题。戴高乐并未受这一日期的约束，只是表示他在接受采访时已说得很清楚，（法国如果采取行动）将提前通知日本、美国和英国，"或许"还有德国。

评论：日本大使从戴高乐处获得的信息，与11月5日我获得的信息及12月16日国务卿所获得的信息相同，当时戴高乐声称，法国并未考虑"立即"采取行动，但承认或早或晚会发生。我认为，我们应该继续按照上述参考电报中所说明的，在顾夫·德姆维尔给予进一步的回应前，在此问题上不采取行动。在我看来，局面仍同去年12月非常相似，尽管有关传闻已经在这个城市广为散布。

波伦

（姚百慧译校）

19640115，ZFD00038

国务院致驻法国大使馆电（第3539号）[①]
（1964年1月15日）

波伦大使收。阿尔方依照指示，于1月15日下午2时15分拜会了哈里曼，称由于国务卿不在，他受命会见哈里曼。[②]

阿尔方回顾了近期法美之间有关法国可能承认共产党中国的对话，提及戴高乐曾告诉国务卿，法国在采取任何决定前将与美国保持联系，还提及1月7日波伦与顾夫的谈话，后者当时说，法国已决定承认中国，但这需要之后的进一步确认。这就是阿尔方现在要拜见哈里曼的原因。

阿尔方称法国内阁已经决定承认共产党中国，并将在"接下来几周内"

[①] 资料来源：U. S. Department of State ed., *FRUS, 1964 – 1968*, V. 30, *China*, Washington D. C.: USGPO, 1998, pp. 1 – 3；其他译本，参见《美国对华政策文件集》第3卷下册，第656~657页。

[②] 法国档案对这次会晤的记载，见本书法国档案部分，19640115，ZFD00011。

公开宣布，公报发表 3 个月后互换大使。阿尔方说他奉命强调：

（1）法国并未接受北平的任何条件。这意味着法国不会断绝与台湾的关系。他声称并不知道会发生什么，但又说北京可能会单方面发表声明，宣称其政府代表整个中国。法国并不接受这一说法，但也不会做公开声明。除非台湾选择断交，否则法台关系将保持不变。

（2）法国并未在联合国立场上有所妥协，也没有做出决定。法国保留在这个问题上的行动自由，但很明显，在下一届联大必须要采取某种立场。

阿尔方强调巴黎未曾"满足北平的任何要求"，并要求在公开宣布前对此事保密。

哈里曼说，刚刚收到今天波伦大使与顾夫就此问题的谈话报告。[①] 波伦已经说得很明白，哈里曼希望强调，法国的这一决定已引起美国以及其他国家的极大不安。哈里曼强调，他现在是以个人身份来谈，并未接到任何指示，而是仅仅以人所共知的法国的老朋友的身份来谈。无疑，总统和美国政府会很快在适当时候做出反应。法国的行动将与美国的基本利益直接冲突。这无助于冷却美国公众对法国的不满情绪。这不是我们期望从一个盟国那里所得到的行为。法国唯一的收获似乎是出于维护独立自主的地位而显示其独立性。

哈里曼继续以个人身份说，戴高乐一定知道该项决定对美国的影响。法国几乎一无所获，美国却受到很大伤害。如果美法的角色互换，大使一定能意识到这种影响是什么。

阿尔方说他并不理解哈里曼的反应。其他国家已经承认共产党中国。哈里曼提醒他，那是在朝鲜战争以前。

阿尔方说他也将以个人而非官方的身份发表看法。他完全不能理解这种反应。哈里曼称阿尔方是他所认识的最能干、最聪明的外交官之一。阿尔方表示确切地理解了他这句话的意思。哈里曼说，法国的行动将在亚洲制造麻烦，提高共产党中国的威信。法国的行动将给美国人民、美国政府和总统带来极大困难。很清楚，采取这一决定时根本未曾考虑美国的重要利益。法国仅仅是为了展现对美外交独立性，就将美国人的好意与情感抛诸脑后。

哈里曼指出，美国在远东负有很大的责任，但我们欢迎法国在诸如老挝、柬埔寨等地承担起更多的责任。然而，基本的问题是遏制共产党中国，但法国对此几乎毫无贡献。担子全压在了美国身上，法国却正在加强我们

---

① 在巴黎发出的第 3344 号电报中，波伦报告了这一谈话。——原编译者注

的敌人的力量。朝鲜战争从未得到解决。由于中共支持的动乱，亚洲其他地区处于水深火热之中。法国选择我们敌人正虚弱的时候去帮助他们。

在结束谈话时，哈里曼提醒阿尔方，他的反应是个人的、非官方的，但他觉得许多美国人将有同感。

腊斯克
（姚百慧译校）

19640115，ZFD00039

约翰逊与拉塞尔电话记录（节译）[①]

（1964年1月15日）

下午4时30分

打给理查德·拉塞尔

约翰逊总统：［平静地说］［夏尔］戴高乐正要承认共产党中国，现在的问题是，我是给予强烈抗议，还是仅仅让政府抗议一下。在照会里可以提出两三个问题。我们的处理办法是仅仅让政府提前抗议一下，要求他推迟承认。他将对这一要求置之不理。

拉塞尔：您的意思是［不清楚］台湾政府？

约翰逊总统：不，是美国政府。美国政府将仅在一份国务卿签名的照会中告诉他，我们希望他不要做这件事，然后当他——

拉塞尔：我认为这样做或许是对的，但我觉得不应该弄得过于强硬，因为他不会加以注意。

约翰逊总统：你认为不要做出——

拉塞尔：当他继续承认行动时，将会对您很不利。

约翰逊总统：好的……

拉塞尔：当然，我们确实无法控制他们的外交政策。

约翰逊总统：对。没有人能，无论什么理由，什么时间——

拉塞尔：时机来临时我们最好——我们现在不能谈论此事——但时机

---

① 资料来源：Kent B. Germany and Robert D. Johnson ed., *The Kennedy Assassination and the Transfer of Power*, *November 1963 - January 1964*, Vol. 3, New York：Norton, 2005, pp. 508-509, 518。小理查德·拉塞尔，美国佐治亚州民主党参议员。

来临时，我们将不得不承认他们——

约翰逊总统：是，我也这么认为。我认为这样做没有什么问题。

拉塞尔：我虽并不确信，但我觉得，如果我们在三四年前承认他们，我们现在的处境会更好一点。

约翰逊总统：我也有同感。那正是比尔·道格拉斯所说的——①

拉塞尔：当然，现在在政治上这可是毒药。

……②

约翰逊总统：……我仅仅——戴高乐的事情——你是认为我们应该在低级别上表示一下，就是制造一点抗议记录？

拉塞尔：我宁愿是低水平的，就是为了留下一个抗议他的记录。我确信我宁愿用低水平的。

约翰逊总统：但是你不愿用个人名义提出抗议？

拉塞尔：是的，我不愿用。我宁愿让国务卿去抗议。那代表政府，代表您。他是您在这些问题上的发言人。我不愿用个人名义签署抗议文件。

约翰逊总统：现在你已经谈论了一点——

拉塞尔：时机来了您将不得不与年迈的戴高乐对话，当您与之谈话的时候，我认为最好选择一个最有利的环境。

……③

（姚百慧译校）

19640115，ZFD00040

约翰逊与邦迪电话记录（节译）④
（1964年1月15日）

下午6时30分

来自麦乔治·邦迪

邦迪：……您是否决定用总统的名义还是其他人的名义〔递交抗议照

---

① 美国最高法院大法官威廉·道格拉斯支持承认，并因其在法院上的杰出观点而闻名。——原编译者注
② 此处与本书主题无关，未译。
③ 以下与本书主题无关，未译。
④ 资料来源：*The Kennedy Assassination and the Transfer of Power*, *November 1963 – January 1964*, Vol. 3, pp. 521 – 523。

会］？

约翰逊总统：是的，我已决定。我认为应该用其他人的名义。

邦迪：我们也这么想的。

约翰逊总统：我的判断是……

邦迪：总统先生，我们会用政府的名义来提交照会。仅仅说非常遗憾——我们所做的就是为了留下记录，以避免那些在巴黎的人说我们未曾抗议。这就是照会的全部用途。

约翰逊总统：好。

邦迪：这份照会无法改变一件该死的事情。

约翰逊总统：这个家伙［夏尔·戴高乐］打算承认他们，我们无法干涉他的外交政策。那完全是他自己的该死的事情。我们不能操纵。

邦迪：我完全同意。

约翰逊总统：我不想做出不会有结果的请求。

邦迪：您完全正确。那是［不清楚］

约翰逊总统：即使，我只是想肯定一下。

邦迪：非常清楚。腊斯克在想什么，我在想什么，都非常清楚。

……①

邦迪：我们能让戴高乐受挫的唯一机会是让蒋［介石］坚持一周左右。如果他不与法国断交——以前人们承认北京时，他总是选择断交——就能把球踢到北京那里，因为北京也坚持，他们不能承认任何同时承认福摩萨的人。

法国希望蒋立刻断交，而蒋也很可能这样做。但我们想建议他坚持一星期，您同意吗？

约翰逊总统：是的，是的。

邦迪：我们就在这个基础上进行。

约翰逊总统：是的。就是告诉他我们想——

邦迪：这不合他自己的口味，但实践已完全证明他们的能力就是搬起石头砸自己的脚。

（姚百慧译校）

---

① 此处与本书主题无关，未译。

19640115，ZFD00340

"驻中华民国大使馆"致国务院电（第584号）[1]
（1964年1月15日）

（参见）东京致国务院第2058号电报。

即使我们并未收到巴黎致国务院的第3242号电报[2]，但从参考电报的文本来看，日本大使已通知驻巴黎大使馆，日本已向法国政府陈述了其对法国可能承认中共的不安。

如果这一判断正确，[……[3]]那么应该将相关情况通知日本。台日关系因周鸿庆返回大陆而陷入低谷，又因日本和大陆的贸易而持续紧张，因此日本反对大陆、支持中华民国的任何切实行动都是有益的。

大使馆建议，此处的日本使馆最好能把相关信息告知中华民国，我们或者国务院随后告诉中华民国，我们也了解此事并感激日本的行动。

赖特[4]

（姚百慧译校）

19640115，ZFD00341

里德致邦迪备忘录[5]
（1964年1月15日）

哈里曼州长要求我将供选择的两份附件（照会及信件草案）呈递给您，其内容涉及法国打算承认共产党中国的问题。国务卿还没有看过这些草案。

附件一：总统的信

我已被告知您打算承认共产党中国，基于我们过去已反复向贵国政府

---

[1] 资料来源：*Confidential U. S. State Department Central Files*, *China*, *February 1963 – 1966*, *Part 1: Political, Governmental, and National Defense Affairs*, Reel 24, p. 863.
[2] 19640110，ZFD00347。
[3] 此处有一单词模糊。
[4] 杰拉尔德·赖特，美国"驻台大使"。
[5] 资料来源：*Confidential U. S. State Department Central Files*, *China*, *February 1963 – 1966*, *Part 1: Political, Governmental, and National Defense Affairs*, Reel 24, pp. 865 – 867.

表示的原因，我认为这是最为令人遗憾的行动，无疑会损害自由世界的利益。

我希望您能重新考虑您的计划。

附件二：第三人称照会

美国政府已被告知法国政府打算承认共产党中国，基于美国政府过去已反复向法国政府表示的原因，美国政府认为这是最为令人遗憾的行动，无疑会损害自由世界的利益。① 美国政府希望法国政府能重新考虑它的计划。

（姚百慧译校）

19640115, ZFD00345

**国务院致"驻中华民国大使馆"、驻日本大使馆电
（第 579 号和第 1796 号）②**

（1964 年 1 月 15 日）

阿尔方大使刚刚机密地通知国务院，说法国已决定将于近期与共产党中国建立全面的外交关系。我们推断中国共产党没有附加任何涉及台湾的条件便接受了法国的承认。

以下致驻台北大使馆，请紧急将下述消息传达给外长：

据美国政府得到的可靠消息，法国将在极近期内承认共产党中国并与之建立全面的外交关系。根据之前的报告，美国政府已就此种承认在最高

---

① 在后来的修订中，"利益"一词前增加了"安全和政治"（security and political）的限定语。经美国政府高层批准，修订的附件二被选为对法抗议照会。15 日，该照会发往驻法国大使馆，16 日晨递交法国驻美大使馆，但当时并未公开。Telegram from the Department of State to the Embassy in France, No. 3454, January 15, 1964, *Confidential U. S. State Department Central Files*, *China*, *February 1963 – 1966*, *Part 1：Political*, *Governmental*, *and National Defense Affairs*, Reel 24, pp. 868 – 869; Third Person Note, January 15, 1964, *Confidential U. S. State Department Central Files*, *China*, *February 1963 – 1966*, *Part 1：Political*, *Governmental*, *and National Defense Affairs*, Reel 24, p. 870。

② 资料来源：*Confidential U. S. State Department Central Files*, *China*, *February 1963 – 1966*, *Part 1：Political*, *Governmental*, *and National Defense Affairs*, Reel 24, pp. 876 – 878。

层向法国政府表达了最为强烈的抗议。显然，那些抗议并无效果。

我们认为中华民国政府可能面临着一种极为严峻的形势。我们承认中华民国政府才能对此做出决定。由于中华民国政府的决定或许最终会影响其自身在国际舞台的继续参与，我们敦促中华民国政府采取行动时既要保持最大限度的克制又要富有远见。

我们获悉，法国政府已告知中共，法国将与中华民国政府继续保持外交关系。

我们强烈敦促中华民国政府不要在此时采取与法国中止关系或断交的行动。我们知道，中华民国政府担心，如果它不采取行动，可能会助长"两个中国"的局面。我们也已向其他政府说明，我们反对"两个中国"的解决办法。目前的局势是，中华民国处境有利，恰是中共应承担造成"两个中国"局面之责任。我们确信，中共仍会坚定不移地反对此种解决办法，但中共认为中华民国政府会与法国断交，届时中共将取而代之。我们认为如果法国承认了共产党，那么其他许多国家将会效仿。中华民国政府如果树了先例，它将陆续被迫撤退与其他各国之关系，势必会丧失其在联合国的关键投票。另一方面，中华民国政府的撤退并无法打消"两个中国"的观念。其他国家很可能表示它们赞成这样的原则（就像突尼斯在官方社论中所表明的），仍旧与中共互设机构。其结果不仅不能消除"两个中国"之观念，反而使中共出现在联合国及多数国家之首都，使在台湾的中华民国政府愈加孤立。

中华民国政府可以放心，我们将会对其继续坚定支持，无意改变政策以迁就法国的决定。然而，需要强调的是，我们的抗议并无效果。我们将会再次就此事向法国施压，但对能否影响法国的决定感到悲观。中华民国政府将做何反应，自应由其自己决定。

如中华民国能坚持不撤退，或能迫使中共遭遇策略困境，从而可能改变其与法国建交的意愿。①

以下致驻东京大使馆，赖肖尔大使如能尽快对如何在内容及策略上与日方交涉提供建议，将不胜感激。

---

① 1月16日，美国"驻中华民国大使馆"将该电指示内容拟成备忘录，提交台湾当局。该备忘录英、中文本，分别见近史所外档，305.22/0008，第40~41页；近史所外档，805/0006，第6~14页。

通知司法部长。①

腊斯克
（姚百慧译校）

19640116，ZFD00041

国务院致"驻中华民国大使馆"电（第587号）②
（1964年1月16日）

请尽快将下述约翰逊总统的信件交给蒋介石总统。③

亲爱的总统先生：

根据我们所知道的可靠消息，我们已经通知您的政府，法国政府打算在最近承认共产党政权。我们还了解到，中共准备接受法国的承认而不附加任何条件，法国也打算维持它与您的政府的外交关系。

我想让您知道，美国已尽其所能去阻止法国采取这种愚蠢的行动。我们也通过最高层告诉法国人，法国承认北平政权只能损害自由世界的利益。我们要求法国人重新考虑他们的决定。我们知道，其他国家政府也在做同样的事情。

尽管有这些努力，尚未看到法国有改变态度的迹象。我们了解到，巴黎和北平打算在宣布建交3个月后互换大使，在此情况下，我们两国政府密切合作，采取一些措施来减少此事的负面影响，将是至关重要的。

很明显，中共会强烈抱怨法国继续维持同您的政府的关系，他们因而会希望，由于法国承认了他们的政权，您的政府能主动断绝与法国的关系。毛泽东无疑在赌您的政府会这样做，从而使其从明显接受"两个中国"的

---

① 当时为罗伯特·肯尼迪。
② 资料来源：FRUS，1964–1968，Vol. 30，China，pp. 4–5；其他译本，参见《美国对华政策文件集》第3卷下册，第658页。DDRS 收录了这份文件，编号为：CK3100683401–CK3100683403，但数据库将其文件生成日期（Issue Date）误作1964年6月16日。
③ 1月18日，赖特把信件（日期为1月17日）递交蒋介石。蒋告诉他，他曾写信给戴高乐，询问法国要在北京建立贸易机构或承认共产党政府的谣传是否属实，现正等待戴高乐的回复。Telegram from the Embassy in the Republic of China to the Department of State, No. 600, January 18, 1964, Confidential U. S. State Department Central Files, China, February 1963–1966, Part 1: Political, Governmental, and National Defense Affairs, Reel 23, pp. 772–776；该信的台湾档案版本，见《约翰逊致蒋介石的信》（1964年1月17日），近史所外档，305.22/0008，第20~21页。

处境中摆脱出来。因此，我相信，您在此时避免对法采取报复性措施，是极端明智的。您的耐心将把毛泽东置于最大可能的尴尬地位。它也将大大减少中共想通过与法国建交获得的优势。

最后，我本人希望向您保证，我们将继续站在您和您的政府一边，为我们共同的事业提供所有可能的支持。

致以最诚挚的个人问候。

腊斯克
（姚百慧译校）

19640116，ZFD00322

"驻中华民国大使馆"致国务院电（第588号）①

（1964年1月16日）

国务院第579号电报。②

我将消息告知了外交部长沈，他的第一反应表明，在他看来，我们获得消息的情报来源在可靠性方面可能存在一些问题。我强调消息来源可靠，我们［……］③体现了法国政府的最终决定。在分析当前的局势时，沈指出，尽管承认是单边的行动，但宣布建立外交关系通常需要双方达成协议。他认为有理由认为法国迫切希望与北平建立关系，而不是单单试图使中共陷于尴尬的处境。因此，看上去似乎巴黎和北平之间达成了某种谅解。如美国能就中共将如何反应向中华民国提供任何消息，中华民国政府将不胜感激。

沈继续推测，作为其对远东"伟大设计"的一部分，戴高乐或许希望率先造就"两个中国"的局面。如果他得知中华民国政府不会默许这种计划，而会选择断交，他可能会改变主意。另一方面，戴高乐或许在赌中华民国政府不会断交，因此愿意冒险。

沈说法国的行动会严重破坏自由世界的安全，说法语的非洲国家亦将

---

① 资料来源：*Confidential U. S. State Department Central Files*, *China*, *February 1963 – 1966*, *Part 1：Political, Governmental, and National Defense Affairs*, Reel 24, pp. 768 – 770。
② 参见 19640115，ZFD00345。
③ 此处原文用词为 conulderedhrt，疑有错漏。原档此处注释为"接收时即如此。将根据要求提供"（As received. Will be serviced upon request）。

向中共开放。他获悉,法国与非洲及马达加斯加联盟国家有在重要问题上进行磋商的协定。

沈表达了他的观点,认为仍有机会去尝试阻止法国人的行动。他认为戴高乐的(承认)意图准备在1月31日宣布。我指出,美国已在最高层提出了强烈抗议,但是没有效果。我们打算继续对法国人做工作,但对改变他们的决定并不抱有希望。

我敦促中华民国政府继续在巴黎保持其位置,寄希望于阻止中共,而不是与法国断交。沈回顾了此前在塞内加尔和老挝事务上的经验,但并未透露中华民国政府会如何应对目前的形势。

沈说他会即刻向其政府汇报。

此事十分严重,对中华民国政府来说很可能是困苦时期的开始。

我同意随时告知他事态的进展,沈同意在中华民国政府就此事做出决定前提前通知我。

评论:正如国务院所了解到的,中华民国政府要做出极其严肃的决定,蒋总统以及很多中华民国的领导人认为这一决定关乎中华民国政府的存亡。对中华民国政府而言,让它默认在法国维持"两个中国"的代表远比在外蒙古问题上放弃否决权的痛苦决定要困难。就像我们从老挝获得的经验,让中华民国政府在带有"两个中国"意味的局面下维持原位,不管时间有多短,都是很困难的。

我们提供给中华民国政府的情报如果是中共将因中华民国政府的存在而犹豫不前,那将有助于说服中华民国政府继续坚守现状。另一方面,如果情报显示中共就像在老挝那样采取了更为灵活的政策,即尽管中华民国政府还在,也会派遣外交使团,这就会给那些主张在初期阶段就断交的中华民国领导人以支持。

假定国务院的考虑是不把参考电报的第二句[①]传达给中华民国政府,在这一点上,大使馆出于自己的情报需要,如能得知中共无条件接受承认的情况是否也适用于建立外交关系,将表示感激。

赖特
(刘京、姚百慧译,姚百慧校)

[①] 参考电报的第二句为:"我们推断中国共产党没有附加任何涉及台湾的条件便接受了法国的承认。"参见19640115,ZFD00345。

19640117，ZFD00320

法国驻美国大使馆致美国政府照会[①]

（1964 年 1 月 17 日）

法国政府已经收到了美国政府 1 月 16 日关于法国打算承认中华人民共和国问题的照会。作为对该照会的答复，法国政府希望申明，从它的角度来看，它认为此种承认只会促进自由世界的安全和利益。

（姚百慧译校）

19640117，ZFD00331

国务院致驻外使馆通电（第 1275 号）[②]

（1964 年 1 月 17 日）

第 1269 号通电。[③]

参考电报内容不拟作为各驻外机构处理公众事务的指南。为了让法国重新考虑其承认共产党中国的决定，正进行多方的努力。即使成功的机会渺茫，但不做公开声明仍很重要，因为那样只会强化法国的立场。国务院因而正避开媒体在这个问题上的问询，把它们推给法国。在收到进一步的指令前，各驻外机构要避免做公开声明，在正式的谈话中也要保持谨慎以

[①] 资料来源：*Confidential U. S. State Department Central Files*，*China*，*February 1963 – 1966*，*Part 1*：*Political*，*Governmental*，*and National Defense Affairs*，Reel 24，pp. 764 – 765。17 日晨，阿尔方将法国照会递交腊斯克。18 日，国务院将此情况电告驻法国大使馆。Telegram from the Department of State to the Embassy in France，No. 3164，January 18，1964，*Confidential U. S. State Department Central Files*，*China*，*February 1963 – 1966*，*Part 1*：*Political*，*Governmental*，*and National Defense Affairs*，Reel 24，p. 763.

[②] 资料来源：*Confidential U. S. State Department Central Files*，*China*，*February 1963 – 1966*，*Part 1*：*Political*，*Governmental*，*and National Defense Affairs*，Reel 24，p. 819。

[③] 国务院通过该电告知各驻外使领馆，法国已将准备承认中国的决定告知美国，并且法国并未接受关于台湾的条件，法国也不会与台湾"断交"；美国已将这种情况告知台湾，并要求台湾不与法国"断交"。该通电部分内容，见 *Confidential U. S. State Department Central Files*，*China*，*February 1963 – 1966*，*Part 1*：*Political*，*Governmental*，*and National Defense Affairs*，Reel 24，p. 862。由于原档缺页，本档案集未收录。

确保这些谈话在公开时不会带来负面的结果。

腊斯克

（姚百慧译校）

19640117，ZFD00332

国务院致"驻中华民国大使馆"电（第603号）①
（1964年1月17日）

依其请求，蒋大使于1月17日拜访了希尔斯曼，试图澄清关于法国已告知美国政府它打算承认北平的新闻报道。

希尔斯曼告诉蒋，阿尔方已于1月15日通知州长哈里曼，法国决定在极近期内承认（北平）。希尔斯曼同时告诉蒋，美国政府已正式递交了强烈抗议照会，要求（法国）重新考虑；另外，我们已号召我们的盟友，包括英国人、比利时人、意大利人以及德国人，去劝阻法国人。日本人早先已自发做出强烈的抗议。哈里曼说，尽管他们做出了努力，但我们并不抱希望法国会因此改变想法。

希尔斯曼指出，尽管法国人表示北平并没有施加条件，比如要求法国与中华民国断交，中共无疑赌中华民国政府将主动与法断交，如此北京则可摆脱"两个中国"的责备。希尔斯曼强调，在这种情形之下，他认为中华民国政府坚守现状将是极其明智的，从而迫使北平接受最大限度的考验。

鉴于北平在巴黎将设有大使而中华民国政府只有代办的事实，蒋大使认为中共有可能为"两个中国"的问题做辩解。希尔斯曼再一次强调，尽管这有可能，中共还是要接受考验。蒋说，他会建议中华民国政府暂时坚守现状，但认为他也只能止步于此。他同时提醒注意两点：其一是外国友人提建议时要精心措辞，其二是让中华民国政府接受永久性"两个中国"形势的建议很可能不受欢迎并起到"有害作用"。

希尔斯曼同时告诉蒋，我们已要求驻台北大使馆通知中华民国政府有

---

① 资料来源：*Confidential U. S. State Department Central Files*, *China*, *February 1963 - 1966*, *Part 1*: *Political*, *Governmental*, *and National Defense Affairs*, Reel 24, pp. 820 - 822。

关法国的打算，并告知约翰逊总统已写信给蒋总统，向他保证美国将会继续予以支持。

蒋大使询问是否能考虑让约翰逊总统亲自向戴高乐做最后的请求。希尔斯曼说，经过极其仔细的研究后，美国政府判定，在目前的情形之下，向法国递交正式照会可能是向法国人施压的最佳手段，但我们也一定会留意任何新进展，看是否可采取其他适合的途径，比如总统书信的方式。

蒋被强烈要求向其政府建议，中华民国政府要仔细权衡它采取的任何行动对自身国际地位尤其是它在联合国地位的影响；维持此地位对于实现中华民国政府的目标至关重要。①

腊斯克
（刘京、姚百慧译，姚百慧校）

19640117，ZFD00324

"驻中华民国大使馆"致国务院电（第596号）②
（1964年1月17日）

大使馆第588号电③和国务院第579号电。④

继大使与中华民国外长讨论了法国准备承认中共时中华民国将如何做出初步反应后（见参考电报），中华民国外交部次长杨西崑于1月17日与政务参赞进行了非正式晤谈。

显然，杨希望通过晤谈，一方面表达他自己的初步意见，另一方面进一步打探我们的观点。

杨说，对法国计划采取的行动，中华民国政府应如何因应这样的关键决定，掌握在蒋总统手中。外交部长和其他顾问只能就各种可供选择的方

---

① 电报的最后，附录了1月16日美国向法国递交的照会全文，此处未翻译。此照会全文，见19640115，ZFD00341附件二及相应注释。
② 资料来源：*Confidential U. S. State Department Central Files*，*China*，*February 1963 – 1966*，*Part 1*：*Political*，*Governmental*，*and National Defense Affairs*，Reel 24，pp. 779–780.
③ 19640116，ZFD00322。
④ 19640115，ZFD00345。

案及每种方案可能带来的后果等给总统提供材料，协助总统。谈话一开始，他就希望，我们可以说服法国不采取承认（中共）的行动，或者至少推迟一段时间，以便在此期间可以充分讨论其可能导致的后果。他说，现在共产党制度显然陷于困境，中共正遭受着国内的动荡和国际上的孤立，此时给中共如此大的好处确非其时。他说，法国的行动定然会给中华民国政府造成严重的冲击。而对美国来说，其重要之处在于，它会影响自由世界的团结和安全。杨说，他个人认为，中共已经做出这样的策略性决策，即与其他国家建立外交关系，且不以对方与中华民国政府断交为前提。杨认为，他预见到大多数中共驻巴黎和其他国家首都的使馆都可通过逼迫、羞辱等方式将中华民国政府的代表赶出去，而不会出现中共接受了"两个中国"概念的情况。杨声称，中共政策的目标并非针对中华民国政府，而是代表自由世界的美国。

杨并没有就蒋总统会如何应对新的局面做出预测，但他认为接下来的两周将会很艰难。他说，中华民国政府充分认识到法国的行动的影响将像滚雪球一样越来越大。他说，蒋总统如不与法国断交或许无异于政治自杀，因为总统的行动将被大陆居民视为已放弃光复大陆的政策。因此，他说，无论总统采取何种决策，他都必须精心考虑国内影响。关于这一点，杨说，在大使馆和总统就这一话题可能的会商中，如果美国认为，（中华民国政府）决定保留在法国的使馆不会实质上影响本地的局势，那或将是一个安抚委员长的机会。

使馆官员以国务院电报中的要点予以回应。他尤其强调中华民国政府要提前彻底想清楚如何应对的重要性，认为经过全面权衡利弊后，中华民国会做出坚守岗位的决定。

杨说，中华民国政府已经得知日本驻法大使近期在巴黎劝阻戴高乐不要承认中共，并对此深怀感激（见巴黎致国务院第3242号电[①]）。使馆官员表示，美国政府意识到，这种努力也清楚表明了日本对中共的基本态度，以及它对中华民国政府的支持。[②]

（姚百慧、管世琳译，姚百慧校）

---

① 19640110，ZFD00347。
② 该档案落款处未解密。

19640118，ZFD00042

国务院致"驻中华民国大使馆"电（第607号）[①]

（1964年1月18日）

下面是给你们的信息。禁止向外散发。对一份未经赞同的谈话记录的重新评估，可能导致这份文件重新修正。

1.1月18日，国务卿约见蒋大使，讨论法国打算承认中共的问题。国务卿告诉蒋：

（a）我们的印象是戴高乐本人做出的这个决定不太可能改变，尽管我们并没有完全放弃希望。

（b）有多种原因让美国无法容忍戴高乐的这种行为，尤其是考虑到中共卷入越南，而在那里几乎每天都有美国军人伤亡。

（c）美国政府已向法国提出强烈抗议，要求它重新考虑，并请盟国也这么做。在此，国务卿提到了德国和意大利的支持，并特别强调，为了中华民国的利益，日本人曾付出巨大努力去阻止法国承认中共。国务卿告诉蒋，中华民国知道这一点非常重要，而如果中华民国能以某种方式表达它的谢意，将是非常有帮助的，尤其是考虑到周鸿庆事件已让日本政府与中华民国政府关系恶化时。

（d）美国政府内部绝对没有"两个中国"的情绪。对美国政府坚决反对"两个中国"概念立场的怀疑，可能会在当前引起严重后果，尤其是在非洲。

（e）美国政府理解中华民国对"两个中国"论的担心，但觉得对中华民国来说，目前最好的办法是毫不退让，不马上对法国采取报复行动。

（f）如果中华民国坚持不动，北平或许会发现处境无法忍受，因为法国和中共都极有可能在中华民国经不起挑衅而断绝与法国的关系上下赌注。

（g）美国政府建议中华民国目前不要采取任何明确决定，以便让中共经受最大考验。

（h）如果中华民国与法国没有断交而中共与法国真的交换大使，那么中华民国将不得不依据那时的情形做出自己的决定。

（i）中华民国应该避免给法国任何正式的借口来断绝与中华民国的关

[①] 资料来源：FRUS, 1964–1968, V. 30, China, pp. 8–9；其他译本，参见《美国对华政策文件集》第3卷下册，第659~660页。

系，诸如在台北的反法游行之类。

2. 蒋大使说他同意中华民国现在什么也不要做。

3. 在回答关于中华民国在巴黎代表的级别这个问题时，蒋说，多年以来中华民国让法国接受其大使的努力一直未能成功。最近的一次是在去年秋天沈外长访法时提出的。国务卿建议中华民国考虑现在重提这种要求，以作为考验法国的手段。如果法国拒绝，我们就能向世人揭露所谓法国愿意给中华民国和中共同等待遇的真相。国务卿指出，在法国与中共互换大使前可能有两三个月时间，在此期间，法国或许不得不就其南越计划向中共提出一些条件。国务卿强调说，无论如何，让承认问题无论对巴黎还是北平来说都变得尽可能地困难，这非常重要。

4. 在回答蒋大使关于法国动机的问题时，国务卿说，这很难回答，但他觉得法国的动机可能更多源自戴高乐的心理因素，而不是对法国国家利益的严格分析。

腊斯克
（姚百慧译校）

19640118，ZFD00043

国务院致驻外使馆通电（第1291号）[①]

（1964年1月18日）

大使收。亦致在东京的司法部长。

1月17日下午6时半，阿尔方大使主动拜访了国务卿。[②] 阿尔方说，美国已于前一天递交照会，认为法国做出承认共产党中国的决定"有损自由世界的安全和政治利益"。（他递交的）复照中说，法国认为其行动对自由世界的利益并无损害。在1月15日哈里曼与阿尔方的谈话中，哈里曼认为法国的行为除了宣布其独立性和令美国难堪之外，没有任何其他理由。阿尔方指出，事实并非如此。在朝鲜战争之前承认共产党中国的西方国家，

[①] 资料来源：*FRUS, 1964–1968, V. 30, China*, pp. 5–7；又见 *Confidential U. S. State Department Central Files, China, February 1963–1966, Part 1: Political, Governmental, and National Defense Affairs*, Reel 24, p. 767.

[②] 法国档案对这次会谈的记录，见本书法国档案部分，19640118，ZFD00012。

在战争期间并未因此关系破裂。现在 12 年过去了，法国相信是该行动的时候了。首先，他想指出的是，法国认为承认并不意味着赞同。其次，苏联和共产党中国已不再是铁板一块。以前没有必要同北平对话，只要同其主人莫斯科谈就可以了。现在这个阵营出现了分裂，所以必须同北平直接谈。与美国的信念相反，法国认为通过这种渠道可以有所收获，尤其是在亚洲和东南亚。阿尔方强调，要考虑到法国建立的外交关系是没有任何承诺的，既不需要与台湾断交，也未提及联合国。

阿尔方说，美国的照会令他吃惊。法国希望，美国不要把法国的行动当作一种反美的姿态，而是另有其因。

国务卿说，哈里曼已经指出，他是作为法国的一位熟悉的老朋友以个人身份谈话的。国务卿现在要正式地说，承认将提升北平的威望。朝鲜战争以来，还没有一个像法国这样的大国承认共产党中国。法国必须考虑其行动的后果。如果法国发现美国人民反应强烈，它必须意识到这是因为我们每天都有伤亡。就在不久以前，我们在西贡南部发现了 7 吨共产党中国制造的武器。我们对此气愤至极。

国务卿接着说道，我们不相信通过法国所采取的方式能够与中国达成协议。共产党中国不尊重协议。肯尼迪总统认为，在老挝问题上，我们充分考虑了法国的意见。现在我们希望法国也能考虑我们的意见。

国务卿说，阿尔方声称承认并不意味着赞同，但是人们会这么认为。他曾多次向阿尔方表明我们对共产党中国的看法。美国在援助印度抗击共产党中国的侵略。共产党中国在拉丁美洲积极进行颠覆活动。国务卿指出，如果法国的行动导致共产党中国的颠覆中心发展到非洲，这给法国带来的问题将比美国的更大。

国务卿说，阿尔方提到北平未对法国施加任何条件。他强调，法国同样未对北京施加任何条件，甚至连共产党中国必须尊重在东南亚的承诺这样的最低要求都没有。

阿尔方反驳道，法国的立场不是反抗美国。法国相信其行动可能惠及各方。法国只是在做其他国家早已做了的事情。法国的承认也许能够促使有关柬埔寨中立化问题的商讨达成共识。国务卿说，共产党中国不遵守已经存在的 1954 年协定。与中国共产党接触但不承认他们，这是可能的。美国参加柬埔寨问题商讨的可能性极小。

泰勒问道，法国政府是否考虑了对台湾可能的影响。阿尔方说，与北平的关系不会妨碍与台湾的关系。国务卿说,北平可能把赌注押在台湾会提出断交上。如果台湾不提出断交的话,北平不会拒绝法国吗?

国务卿说,他不会去评判法国如何看待其国家利益,但他认为,法国与北大西洋公约组织、东南亚条约组织、美国以及东南亚的关系比与北京的关系更重要,所有这些关系都将受到影响。

阿尔方说,他无法控制美国的媒体、公众舆论以及国会的反应,但美国政府至少可以说法国的行动并非为了反抗美国。如果要选定一个合适的时间,那么,现在正是时候去做很久以来认为正确的事情了。

国务卿问道,法国打算如何处理非洲。阿尔方答道,法国不打算强制但也不知道前法属非洲国家是否会仿效法国。

国务卿说,在未来的几个月里,有两件事情将伤害美国人民对盟国的感情:(1)对共产党中国的承认;(2)西欧与古巴的贸易。如果西欧国家将这些问题当作各自的问题来处理,美国的感情将受到严重伤害。在未来3个月里,国务卿非常担心盟国。

国务卿说,我们可以理解我们的盟国并不像美国那样优先考虑太平洋的事务。但是,美国同时背负着在欧洲和远东的重担。如果我们发现,在我们履行义务的时候,我们的地位却被削弱或者被破坏了,这势必会影响到我们的关系。国务卿说,如果法国的决定不可更改,那么,双方政府都有责任尽力将必然由此引起的破坏最小化。

阿尔方说,他会向巴黎汇报国务卿的意见。

腊斯克
(雷满妹译,姚百慧校)

19640118,ZFD00314

"驻中华民国大使馆"致国务院电(第601号)[①]
(1964年1月18日)

在大使馆第600号电[②]提及的会谈结束时,蒋介石总统称,由于有众多

---

① 资料来源:*Confidential U. S. State Department Central Files*,*China*,*February 1963 – 1966*,*Part 1:Political*,*Governmental*,*and National Defense Affairs*,Reel 24,p.742。
② 见19640116,ZFD00041注释。

美国和中华民国都关心的国际问题，希望国务卿在近期内能到访台湾。他希望国务卿能有时间来，如果可以来的话，他将发出正式的邀请。

评论：总统想要与国务卿个人进行全面交流，为最大限度地影响蒋的决定提供了一个机会。考虑到问题对我们的极端重要性，我主张国务卿只要有可能就接受这一邀请。

赖特
（姚百慧译校）

19640118，ZFD00315

国务院致驻外使馆通电（第1293号）[1]

（1964年1月18日）

参见第1269号通电。[2]

在非洲35个独立国家中，只有19个承认中华民国（非洲及马达加斯加联盟14国，其中塞内加尔也承认了中华人民共和国；另外还有塞拉利昂、刚果共和国、利比亚和南非），包括阿拉伯联合共和国在内的14国承认北平，埃塞俄比亚和尼日利亚对两者均未承认。

在执行参考电报的指令时，驻非洲及马达加斯加联盟国家大使馆除了使用指示电报中所陈述的论据外，还可以诉诸大部分这些非洲政府合乎情理的担心，尤其是中共对喀麦隆恐怖主义者的明确支持，它们担心纵容中华人民共和国、允许它在非洲存在只能增加其推翻自己政府的能力。颠覆非洲国家政府是最近周和陈的非洲之行中反复公开宣称的目标。如果觉得有用也可以强调，非洲人民作为主权国家的民众，期待他们的政府能在评估自己国家利益的基础上根据各方情报做出决定。

即使不是非洲及马达加斯加联盟国家，如尼日利亚，不太可能受法国决定的影响，但它们也可能受到其他非洲政府行动的影响。在这种情况下，非洲及马达加斯加联盟14国的决定，将会成为整体上延缓非洲国家承认中

---

[1] 资料来源：*Confidential U. S. State Department Central Files*, *China*, *February 1963－1966*, *Part 1*: *Political*, *Governmental*, *and National Defense Affairs*, Reel 24, p. 746。

[2] 参见19640117，ZFD00331注释。

华人民共和国趋势的关键因素。

腊斯克
（姚百慧译校）

19640120，ZFD00311

驻法国大使馆致国务院电（第3442号）①
（1964年1月20日）

法国外交部亚洲司司长今晨拜访了澳大利亚和新西兰使馆主管官员，通知他们法国打算承认中共。②

根据澳大利亚人的消息，马纳克强调，自主性是法国外交政策的重要因素，法国并未在中华民国和联合国问题上给中共什么承诺，法国不愿意向非洲国家施加影响，让它们跟随法国的行动。（司长）确信会互换大使。

马纳克称，法国愿意同北平和中华民国同时维持关系，但当被要求说明时，只能公开声称法国不能继续承认中华民国代表全中国。澳大利亚人认为，法国明显指望国民党与法国断交。

波伦
（姚百慧译校）

19640121，ZFD00044

"驻中华民国大使馆"致国务院电（第615号）③
（1964年1月21日）

蒋总统要求外长向我表示遗憾，由于蒋夫人正在手术，他不能亲自见我，但要外长通知我戴高乐来信的内容。这封信的日期是1月15日，由法国前驻华大使贝志高递交。贝志高已经在法国前驻华使馆武官纪业马的陪

---

① 资料来源：*Confidential U. S. State Department Central Files, China, February 1963 – 1966, Part 1: Political, Governmental, and National Defense Affairs*, Reel 24, p. 723。
② 澳大利亚档案对这次会晤的记载，见本书澳大利亚档案部分，19640120，ZFD00018。
③ 资料来源：DDRS, CK3100560409 – CK3100560411。

同下于 19 日抵达台湾，并在当天拜见了总统，1 月 21 日携带总统给戴高乐的复信离台返回巴黎。

信件内容如下：

"本着我们之间一直存在且我热切希望保持的坦诚和信赖精神，我必须告诉您：我的政府将在最近与北京政府建立外交关系。

我知道，这一消息无疑将使您大失所望，但是，中国大陆出现的形势已不再符合我们原先的估计。许多其他西方国家之前已先于法国走上了这条道路。何况，最近共产主义世界的事态也促使法国采纳这一决定。我们认为，这个决定符合法国及其盟友的真正利益。

十年来，现实力量已经促使我们开始同北京领导人建立关系。由于1954 年召开的日内瓦会议，印度支那半岛的战争才得以结束。1962 年，在关于老挝的日内瓦会议上，法国谈判代表和中共代表再次进行接触。经深思熟虑，我认为，采取向您通报的这个决定已刻不容缓。

很难预料这一决定将如何影响中国。我希望，将来的中国与现在相比能有所不同。

请相信，我自己和大部分法国人民将继续对您怀有崇高的敬意，这种长久以来形成的崇敬将永不改变。"①

蒋总统的回信如下：

"感谢您 1 月 1 日②的信件。鉴于同为朋友和为防止人类堕落理想而奋斗的战友，我认为我应该把我的想法简述于您，以示提醒。

在您承认中共之后，后者自然会说我们接下来能得到什么呢。您可能会记得英国和印度在它们承认中共之后所遭受的挫折。英国的算盘是实质性的贸易和保护它在香港的利益，结果一无所获，印度则发现自己处在困惑的状态。

承认北平也将为法国自身放弃对非洲国家的领导权敞开大门，这些非洲国家通过文化与历史与法国联系在一起。对于非洲国家来说，中共的激进宣传曾经也将继续产生致命的吸引力。中共正积极在非洲撒下反对白人的种子。您对北平政权的承认将等同于同意这些国家脱离您。

我怀着极大的兴趣观察了您在维护法国荣誉方面所走过的漫长道路。我记得您同逆境进行的抗争，在第一次到英国时，您高举受损的洛林十字旗，

---

① 法国档案对该信的记载，见本书法国档案部分 19640115，ZFD00009。
② 原文如此。

并未屈服于粗暴的冷言冷语。您经受了敌对的嘲讽和不公正的蔑视,最终使法国再一次强大起来。这一切成为可能就是因为您总能保持主动。您的坚韧不屈和坚持不懈使法国赢得了今天的地位。历史将证明您的成就,因为从您并未怯懦地屈服于反对势力以及从未出于私利而有片刻妥协的事实中,我们可以看到伟大的精神与灵魂,这种精神与灵魂虽然有时可能步履蹒跚但最终会重获其必然的伟大本质。中共现在正试图把这种精神从您身上夺走。

我确信对您这些思想的赞美将能促使您慎重明断的思考。您和我都对后代和历史负有责任。"①

上述文本是在外交部长口头传达时记下的,几乎一字不漏。

与外交部长的讨论和评论将在下一封电报②里汇报。

赖特
(姚百慧译校)

19640122,ZFD00060

鲍尔与马丁、皮尔逊谈话备忘录③
(1964年1月22日)

时间:1964年1月22日上午10时
地点:华盛顿
主题:远东和东南亚
参加者:
 美国方面
  乔治·W.鲍尔,美国副国务卿

---

① 台湾档案原件,见近史所外档,305.22/0007,第81~83页;已刊本,见《中法建交多国档案选编》(四)。
② 台北致国务院的第616号电报,见 Confidential U. S. State Department Central Files, China, February 1963 – 1966, Part 1: Political, Governmental, and National Defense Affairs, Reel 24, p. 696。
③ 资料来源:U. S. Department of State ed., RRUS, 1964 – 1968, V. 12, Western Europe, Washington D. C.: USGPO, 2001, pp. 671 – 675。皮尔逊于1964年1月21~23日访问华盛顿,他本人对这次会议的描述,见 John A. Munro and Alex I. Inglis eds., Mike: The Memoirs of the Right Honorable Lester B. Pearson, Vol. 3, Toronto: University of Toronto Press, 1975, pp. 119 – 123。

W. 沃尔顿·巴特沃斯，美国驻加拿大大使

G. 格里菲斯·约翰逊，经济和商业事务助理国务卿

威廉·R. 泰勒，欧洲事务助理国务卿

威廉·H. 布鲁贝克，白宫官员

威利斯·C. 阿姆斯特朗，国务院欧洲司英联邦和北欧事务办公室主任

加拿大方面

莱斯特·B. 皮尔逊，加拿大总理（部分时间参加）

保罗·马丁，加拿大外交部长

查尔斯·S. A. 里奇，加拿大驻美大使

R. 戈登·罗伯逊，加拿大枢密院书记

A. E. 里奇，加拿大外交部副部长助理

H. 巴兹尔·罗宾逊，加拿大驻美使馆公使

O. W. 迪尔，总理特别助理

在约翰逊总统与皮尔逊总理在总统办公室会谈的时候，副国务卿提议与马丁先生就一些感兴趣的话题进行讨论。

鲍尔先生提到了戴高乐总统要承认共产党中国一事。他说，现在这看来是不可避免的，而且会"把一些事情搞乱"。他说，根据我们的情报，戴高乐有可能会发表声明，继而在他的新闻发布会上就此问题做进一步的阐述。马丁先生说，看来此事确实如此。他说，他认为即便美国必然对事态如此发展感到不快，但他希望美国政府不要反应过于激烈，从而使事件被不恰当地过于渲染。对于戴高乐的决定会对东南亚和远东整体上产生的影响，他询问鲍尔先生有什么想法。鲍尔先生说，它会让西贡方面把这当作以某种中立主义的途径解决东南亚问题倾向的明确迹象，严重降低南越政府和人民的士气，从而妨碍美国帮助越南人民战胜共产主义的努力。他说，美国对此的反应毫无疑问将是非常严重的。一旦非洲以及其他国家有可能会跟随法国的脚步，联合国的形势将更为复杂。他说，约翰逊总统十分关心在承认问题上，加拿大政府在联合国的立场如何。

马丁先生说，加拿大政府感到，需要谈谈暗藏在戴高乐的观点中的一些基本前提。他说，不可能永远孤立共产党中国。他说渥太华和北京已经建立了联系。他举例说，加拿大通讯社和新华社将要相互交流，双方可借此向对方的国家派驻代表。他说，仔细观察事态如何发展很重要。加拿大政府充分意识到了法国的行动对美国以及整个联盟将产生的潜在影响。此

时他说不出加拿大政府正在制定中的立场和态度将是什么样,坦率地说也不知道加拿大政府在联合国大会上最终会采取什么行动。他希望这种局面在11月之后才出现。他说,加拿大想要增加与中国的接触,因为它确实感觉到继续无限期地孤立中国是一种不切实际和缺乏远见的政策。马丁先生继而说,他在巴黎与法国外交部长顾夫·德姆维尔会谈时,① 所谈的内容同与鲍尔先生所谈的相比要少。他确实对顾夫说,他希望法国政府要仔细权衡其计划中的行动对联盟和美国的态度所产生的影响。然而他并没有跟法国说,他们打算做的事情是错误的。他说,总理和他本人已经告知法国人,加拿大政府目前并未改变其在承认共产党中国或让共产党中国加入联合国问题上的政策。

鲍尔先生说,现在还不清楚,如果法国承认了北平,台湾会怎么做。

马丁先生说,他对现在的南越政府生存下来的机会感到悲观。他说该政府并没有获得越南人民的信任。

鲍尔先生反驳了这种论断并进一步说明,任何在该地区寻求一个中立的解决方案的做法都等同于助长中共对该地区的接管。他指出,适合为老挝制定中立方案的环境是老挝特有的,并不能构成南越中立化的先例。

马丁先生询问了鲍尔先生对苏联建议在4月召开关于柬埔寨问题的会议的看法。② 鲍尔先生说我们不愿召开一个这样的会议,但我们也不想直接反对西哈努克的建议。

鲍尔先生指出,有两个因素极大地影响美国对联合国的态度:一是宪章第19条所涉及的财政问题③,二是联合国要求接纳共产党中国提案的投票。

马丁先生问,美国是否并不认为在联合国中出现中苏对抗对自由世界有利。鲍尔先生说,他对此持怀疑态度,因为在重大问题上它们会倾向于合作。马丁先生问,法国的举动会不会打破联合国中要求接纳共产党中国

---

① 他们显然在1963年12月13~18日北约理事会部长级会议上见过。——原编译者注
② 1月22日,苏联向作为共同主席的英国提出了柬埔寨要召开国际监督委员会会议的要求。——原编译者注
③ 《联合国宪章》第19条规定:"凡拖欠本组织财政款项之会员国,其拖欠数目如等于或超过前两年所应缴纳之数时,即丧失其在大会投票权。大会如认拖欠原因,确由于该会员国无法控制之情形者,得准许该会员国投票。"当时由于在维和行动上的分歧,苏联、法国等13个国家拒绝缴纳联合国维和行动经费,在1964年面临被终止大会表决权的问题。参见许光建《联合国宪章诠释》,山西教育出版社,1999,第151~152页。

的力量平衡。鲍尔先生认为未必会如此。他说，法国政府已经建议其前非洲殖民地国家，在法国承认共产党中国的时候，这些国家不要这样做。他说，很明显这些国家的绝大多数政府不愿意在其首都出现北平的代表。

马丁先生说，加拿大打算承认外蒙古，有些在加拿大的人说这是一个要承认中华人民共和国的举动。马丁先生提到了1955年联合国要求接纳外蒙的行动。[1] 他说，他记得美国对此事是同意的，鲍尔先表示同意，说这是一揽子交易中的一部分。

（之后，加拿大总理到场）

鲍尔先生说，当总统和总理正在进行私人会谈的时候，小组的其余人已经讨论了戴高乐和北京的事情。总理说他也和总统谈了此事。鲍尔先生指出，如果联合国中倾向承认中国的势头有所发展，同时对联合国宪章第19条进行讨论的话，会导致美国国内的公共舆论对联合国产生抵触。总理说，总统和他一致认为，一旦戴高乐下定决心，没有人可以阻止，就应对公众而言，在当前的局势下最好的做法是削弱该事件的重要性。总理继续说，他希望法国承认共产党中国这一事件不会产生过于广泛的影响。他说，从长远来看，如果这种安排能带来"两个中国"的形势，那就是有利的。他说总统已经同意不要夸大该事件。

鲍尔先生说，美国对一些非洲国家承认共产党中国的可能倾向十分关注，不愿这种趋势得以加强。我们听说，法国政府已经建议非洲及马达加斯加联盟国家不要效仿法国。总理先生评论说，法国一定是对自己的行动缺乏信心。鲍尔先生说，一些非洲及马达加斯加联盟国家会抵制住承认共产党中国的诱惑。他说，我们真切地希望西方各国形成一条坚固的战线，而且我们特别关注越南的反应。法国的行动确定会被越南看作在朝着错误的方向更进一步。

总理先生想知道是否东京会陷入最大的尴尬局面，副国务卿说，日本能否扛住巨大压力不采取同一行动，值得怀疑。

马丁先生提到，前些天日本首相发表的演说中评论了这个问题，1月22日的《纽约时报》对此进行了报道。鲍尔先生说，我们已经建议台湾要坚守。在3个月内，共产党中国和法国或许不会真的互换大使。事态对蒋介石非常不利，因为法国人没有允许他向巴黎派驻大使，而只允许派驻代办。

---

[1] 1955年蒙古申请加入联合国，但被台湾当局在安理会否决，1961年才最终加入。

如果巴黎有一名中国大使,而国民党只有一个代办,这确实非常尴尬。

总理先生说,有些报纸特别是加拿大的报纸已经报道说,他曾告诉总统,如果没有美国的同意,加拿大不会承认红色中国。这类新闻报道对他会非常有害,出于国内政治的需要,他不得不加以否认。他说,他感到某一天世界必须摆脱它自己涂绘的困难局面,但他不愿给美国增加任何麻烦,特别是在选举年。他说,加拿大国内的压力会有所发展,但他现在不想去做任何给美国增加麻烦的事情。鲍尔先生说,明智的做法就是静观法国承认后会有什么事情发生。毕竟英国并没有因为在北平设立外交代表机构而获得太多好处。马丁先生说,这是日本首相所建议的:静观其变。

会谈期间,布鲁贝克先生离开了房间一会儿,在某个时候返回时说,新闻界正在询问加拿大和美国是否真的正在讨论关于加拿大有可能承认红色中国的问题。总理先生授权了一个声明,大意是在讨论中没有涉及该问题。[①]

(姚百慧译校)

19640122,ZFD00285

驻法国大使馆致国务院电(第3477号)[②]

(1964年1月22日)

德国大使昨天告诉我,在去年12月的北约会议上,顾夫·德姆维尔曾向施罗德提及法国承认共产党中国的可能性,但时机和条件尚未决定。施罗德答复说,如果法国采取这种步骤,德国并不打算跟进,因为一般来说,不承认与潘考夫政权打交道的国家是德国的一贯政策,并说这是一个由法国自己来决定的问题。克莱贝尔说,由于这个原因,他觉得有些不安。冯·哈森在公开声明中提到,此事并未同德国人磋商。这部分符合实际,但更重要的是,德国人不愿意卷入法国的态度。然而他确实称,德国政府不同意法国的行动,因为他们认为这一行动会在联盟内部引起极大的麻烦;

---

① 联合公报文本见 U. S. Department of State Historical Office Bureau of Public Affairs ed., *American Foreign Policy: Current Documents*, 1964, Washington D. C.: USGPO, 1967, pp. 432–434。

② 资料来源:*Confidential U. S. State Department Central Files, China, February 1963–1966, Part 1: Political, Governmental, and National Defense Affairs*, Reel 24, p. 600。

他还说，他认为法国的做事风格不符合"欧洲精神"。

德国大使说，克罗内昨天与德姆维尔共进午餐，法国人就承认问题给了他标准的辩护，如与苏联的争吵让中国外交政策独立；同共产党中国维持关系对远东形势来说非常重要；中国是一个重要的大国，与其打交道只是承认现实；最后还说法国自己并不打算主动与台湾断交。他补充说，昨天下午克罗内见到了戴高乐。

波伦
（姚百慧译校）

19640122, ZFD00290

里德致邦迪备忘录[①]
（1964年1月22日）

致白宫的麦克乔治·邦迪先生的备忘录。

主题：法国承认共产党中国

  附件是呈递总统的文件，总结了当前有关法国承认共产党中国的进展。

行政秘书本杰明·H. 里德

附件：法国承认共产党中国

  经过几周的谣传，尽管美国政府已进行强烈外交努力来阻止法国，法国政府还是于1月15日告知我们，它已决定在极近期内承认北平。随后，法国人也通知了其他政府类似内容。现在，法国似乎会在预定的1月31日戴高乐记者招待会召开前不久公开宣布此事。法国人也已通知我们，在事实上互换大使前，可能会有大约3个月的延迟期。法国人表示，北京并未对建立外交关系附加条件，并向我们保证它不会与中华民国断交。我们认为，法国和共产党中国都在指望中华民国会主动与法国断交，以便让它们从"两个中国"的尴尬处境中摆脱出来。

[①] 资料来源：*Confidential U. S. State Department Central Files*，*China*，*February 1963 – 1966*，*Part 1*：*Political*，*Governmental*，*and National Defense Affairs*，Reel 24，pp. 625 – 626。

1月16日，美国政府向法国递交照会，建议法国的决定，劝它重新考虑。法国政府的回复照会只是说，它不同意我们的看法。

美国政府迅速号召其主要盟国去劝阻法国。尽管有这些努力，我们相信，戴高乐不会停止行动。我们正继续努力劝说其他国家不要跟随法国的行动。

我们已全面告知中华民国。我们督促蒋总统不要因受刺激而与法国断交，那恰好陷入北平的圈套。我们告诉蒋总统，如果他坚守不动，我们就还有阻止（至少是推迟）巴黎和北平互换大使的机会。我们也警告蒋，如果与法国断交，他将削弱其政府在联合国和其他国际机构中的地位。我们也向他保证，我们会继续予以支持。任何会显示其政府接受了"两个中国"解决办法的局面，他都极不情愿陷入。他觉得，那必然会导致他放弃"重返大陆"的使命。进一步来说，如果中华民国政府放弃这一使命，它以及蒋本人在台湾存在的基础将会削弱。

摆在蒋面前的选择令人不快。还不清楚他会怎么做。

（姚百慧译校）

19640122，ZFD00295

国务院致法国大使馆电（第3687号）[①]

（1964年1月22日）

参考：驻联合国代表团第2788号（抄送驻巴黎大使馆第194号）电报；驻巴黎大使馆第3422号和第3445号[②]电报。

中国代表权问题

正如驻联合国代表团一样，国务院也非常担心法国承认中共会对中国在联合国的代表权问题造成不利影响。因此，要求你尽早找到机会向法国外长询问法国在联合国中国代表权问题上的打算。尤其是，你应表示强烈

[①] 资料来源：*Confidential U. S. State Department Central Files*，*China*，*February 1963 – 1966*，*Part 1*：*Political*，*Governmental*，*and National Defense Affairs*，Reel 24，pp. 641 – 642。

[②] Telegram from the Department of State to the Embassy in France, No. 3445, January 20, 1964, *Confidential U. S. State Department Central Files*，*China*，*February 1963 – 1966*，*Part 1*：*Political*，*Governmental*，*and National Defense Affairs*，Reel 24，pp. 724 – 725.

希望法国在宣布承认中共时，不会做出有损中华民国在联合国地位的声明。

在这个问题上，你或可以参考法国已正式告知我们打算承认中共的决定，以及阿尔方大使的声明。他说，法国并未让步，尚未决定它在联合国会采取何种立场，法国保持着行动自由，即使在下届联大上必须采取某种立场。你应该表示希望法国继续坚定反对任何类似去年阿尔巴尼亚提案的方案，该提案要求由中共取代中华民国在联合国的地位（阿尔巴尼亚提案去年在联大以41票赞成、57票反对、12票弃权被击败。法国和美国对该提案投了反对票，英国投赞成票）。在任何情况下，我们都强烈要求他们至少要坚持他们之前的立场，即认为中国代表权问题的变化是"重要问题"，需要2/3多数才能决定。联大在1961年投票（61票赞成、34票反对、7票弃权）决定这是一个"重要问题"。即便英国已承认北平，它也与我们及法国一起支持了该决定。

腊斯克
（姚百慧译校）

19640122，ZFD00297

国务院致驻联合国代表团电（第 1923 号）[①]

（1964 年 1 月 22 日）

致史蒂文森。[②]

如果法国宣布承认中共，以及有人问及法国的行动会对联合国中国代表权问题的投票产生何种影响，你可以用以下暂定的文本公开发表声明。希望能尽快得到你的意见。

原稿文本开始

法国如何处理自身与其他国家的双边关系是一回事，但在联合国如何做决定完全是另一回事。

您知道实际的情况。我们相继在三届联大会议上就此事辩论并投票。

[①] 资料来源：*Confidential U. S. State Department Central Files*, *China*, *February 1963–1966*, *Part 1*: *Political*, *Governmental*, *and National Defense Affairs*, Reel 24, pp. 645–646。

[②] 阿德莱·史蒂文森，美国驻联合国大使。

联大每次都否决了以中共取代中华民国政府席位的提议,最近的两次更是以绝对多数予以否决。去年的投票已是最具决定性的。联大绝大多数会员国都决心自主投票。我确信它们将继续如此。

有鉴于此,我认为我不宜对19届联大会议的情形做出推测。然而,美国对此事的立场是人尽皆知的。在1961年、1962年、1963年三届联大围绕中国代表权问题的辩论中,我已在声明中反复解释了美国的立场。最近总统(也可以国务卿为例)再次说明了我方的立场(可援引总统或国务卿在最近记者招待会上的声明)。

中国一再违反联合国宪章的原则,而且没有任何改变的迹象。在我们共同努力阻止、抵御侵略和促进和平时,美国将坚定地履行对中华民国政府及所有其他国家的义务。

原稿文本结束

腊斯克
(刘京、姚百慧译,姚百慧校)

19640123,ZFD00277

国务院致"驻中华民国大使馆"电(第632号)[①]

(1964年1月23日)

来自台北的第601号电报。[②]

国务卿致大使。

请告知蒋总统,对于他邀我于近期内访问台湾之提议,我非常感激。遗憾的是,至本月末上,我无法赴台。公务繁忙,我在汉城只能停留5个小时就要马上返回。然而,4月东南亚条约组织会议时我计划赴远东,如果蒋总统届时方便,我非常期待能访问台北。

腊斯克
(姚百慧译校)

---

① 资料来源:*Confidential U. S. State Department Central Files,China,February 1963 – 1966,Part 1:Political,Governmental,and National Defense Affairs*,Reel 24,p. 563。
② 19640118,ZFD00314。

19640123，ZFD00279

驻法国大使馆致国务院电（第3514号）[①]
（1964年1月23日）

来自大使。

参考：国务院第3687号电报。[②]

不幸的是，法国外交部高层（顾夫·德姆维尔、吕赛，可能还有德波马歇）都在伦敦，在周末前无法返回。顾夫·德姆维尔昨天秘密告知，将在1月27日（星期一）宣布承认。

我认为，与顾夫以外的任何人讨论这个问题都没有什么作用；根据我们从法国人那里获得的信息，我有理由断定声明仅仅是宣布建立外交关系，不会直接谈到但会间接涉及联合国问题。基于以上理由，我认为最好把与法国人的晤谈推迟到下一周。

波伦

（姚百慧译校）

19640123，ZFD00273

驻法国大使馆致国务院电（第3519号）[③]
（1964年1月23日）

下述信息来自英国驻法大使馆，据来自英国完全互靠的情报源（但是他们除了说情报提供者不是马纳克之外，未透露其身份）的消息显示：

（1）法国政府已在过去的十天里派遣前法国驻重庆大使贝志高前往台北，与蒋介石商谈承认中国的问题，并打探巴黎与北平宣布建交后蒋会做何决定。贝志高已两次发回电报，说他未能确定蒋的意图，现在他已得到命令，必须于1月26日，最迟27日，带着回复返回巴黎。

---

① 资料来源：*Confidential U. S. State Department Central Files, China, February 1963–1966, Part 1：Political, Governmental, and National Defense Affairs*, Reel 24, p.566。
② 19640122，ZFD00295。
③ 资料来源：*Confidential U. S. State Department Central Files, China, February 1963–1966, Part 1：Political, Governmental, and National Defense Affairs*, Reel 24, pp.557–558。

（英国大使馆提到，法国政府计划于1月27日宣布建交，戴高乐将于31日召开新闻发布会。英国人还将这一报告与1月20日法国外交部给他们的一份声明联系在一起，该声明指出，法国政府希望在48小时内获得蒋介石对法国决定的反应。）

（2）情报提供者还告诉英国人，他看到的一份关于中国问题的法国内阁会议备忘录显示，戴高乐命令要在记录中明确，法国政府不会自己提出与台北断交。

英国使馆官员指出，上述信息，尤其是第二点，有助于加强美国劝说蒋的论据，即避免与法国断交对蒋是很有利的，如果现在他能坐观事态的发展，那么将确实有机会让北平和巴黎陷入极大的难堪，也能严重阻挠巴黎与北京关系的发展。

请保护好英国的情报来源。

波伦
（管世琳译，姚百慧校）

19640123，ZFD00281

"驻中华民国大使馆"致国务院电（第624号）[①]

（1964年1月23日）

在就社会问题进行短暂交流时，使馆副馆长[②]告诉严院长，我们从几个途径得到的可靠情报表明，法国打算在承认中共和互换使节之间设定3个月的间隔期。因此，对于中华民国来说，保持其在巴黎的使团，以便尽可能地在建交问题上让中共难堪，就非常重要了。

严答复说，戴高乐的为人是，一旦其决定做某事，就会把它推行下去。他指出，周恩来和陈毅这两个受过法国教育的人，正在非洲进行持久的访问，甚至能比较容易地访问法国。他说，他认为在宣布法国承认（中共）后不久，他们会受邀访问法国，并受到极大的欢迎。

严也注意到，中共在巴黎有大量特工。一旦宣布承认，这些特工就可

[①] 资料来源：*Confidential U. S. State Department Central Files, China, February 1963 – 1966, Part 1: Political, Governmental, and National Defense Affairs*, Reel 24, p. 581。

[②] 高立夫。

能组织暴动反对中华民国大使馆。他回忆了1950年使馆权之争，认为中华民国外交官实际上不可能再待下去。在周恩来访问时，就可能出现有组织的反对他们的游行示威。在任何情况下，中共都会找机会让中华民国陷入极为难堪的处境。

使馆副馆长回应说，中华民国也能让中共难堪。

赖特
（姚百慧译校）

19640124，ZFD00270

"驻中华民国大使馆"致国务院电（第638号）[①]
（1964年1月24日）

外交部发言人孙碧奇24日宣布，中华民国政府强烈抗议法国承认中共政权的决定。孙称："我们曾经一再忠告法国政府，匪共政权黩武好战，经常采用渗透颠覆方法，企图赤化世界，如予承认，实属非常危险之事。我们并会迭次告知法国政府，此项行动将严重损害中华民国及所有自由国家之利益。对于法国本身为害亦巨。今法国政府竟不顾一切出此下策，其对整个世界必将遗患无穷，此事所导致之一切严重后果，法国政府应负全责。"[②]

赖特
（姚百慧译校）

19640124，ZFD00265

国务院致驻法国大使馆电（第3549号）[③]
（1964年1月24日）

有影响的《世界报》中国问题专家罗贝尔·吉兰，在1月25日的头版

[①] 资料来源：*Confidential U. S. State Department Central Files*, *China*, *February 1963 – 1966*, *Part 1*: *Political*, *Governmental*, *and National Defense Affairs*, Reel 24, p. 527。
[②] 孙碧奇发言原文，见近史所外档，305.22/0011，第227页。此处译文录自原文。
[③] 资料来源：*Confidential U. S. State Department Central Files*, *China*, *February 1963 – 1966*, *Part 1*: *Political*, *Governmental*, *and National Defense Affairs*, Reel 24, p. 503。

上发表文章，考察了法国政府承认中华人民共和国政府将面临的"两个中国"的问题。

吉兰指出，尽管中华人民共和国未坚持把法国与中华民国断交作为承认的必要条件，但北平并未明确表示放弃一个中国的立场，也未承诺在承认之后不要求（法台）断交。

吉兰认为，法国充其量只是让中华人民共和国的策略发生了变化，而非其基本立场。法国承认中华人民共和国后的局势如何发展取决于中华民国。如果蒋决定坚持下去，法国政府的地位将"模棱两可、摇摆不定"。北平可能会变得强硬，以迫使戴高乐承担与中华民国断交的责任。

波伦
（姚百慧译校）

19640124，ZFD00271

国务院致驻外使馆通电（第1352号）[①]

（1964年1月24日）

第1269号通电。[②]

法国正式宣布承认共产党中国已迫在眉睫。美国的公开反应将是冷静的、克制的，只能做如下公开发言：

"美国对法国的决定表示遗憾。我们已反复向法国政府阐明，为什么我们认为这是一个不幸的步骤，尤其是在当前中共在东南亚和其他地方积极进行侵略、颠覆活动的时候。[③]

美国政府会坚守其对中华民国政府和其他国家政府的义务，以共同防

[①] 资料来源：Confidential U. S. State Department Central Files, China, February 1963 – 1966, Part 1: Political, Governmental, and National Defense Affairs, Reel 24, pp. 529 – 530。

[②] 参见 19640117，ZFD00331 注释。

[③] 国务院第1361号通电指示，在这一段中，驻外使领馆可指出，法国在1月15日已正式将其意图通知美国；由于关于法国意图媒体数月来已多有报道，美国因此已反复向法国政府表明了自己的观点。Circulate Telegram from the Department of State to All American Diplomatic Posts, No. 1361, January 26, 1964, Confidential U. S. State Department Central Files, China, February 1963 – 1966, Part 1: Political, Governmental, and National Defense Affairs, Reel 24, p. 531。

止和阻遏侵略，促进和平。"①

大使史蒂文森也应准备声明，以应对有关联合国问题的提问。

下述背景信息只在有限范围内使用，包括：

1. 法国政府于1月15日将其决定通知美国；

2. 美国对法国的决定表示遗憾，并如此通知了法国政府；

3. 申明为何美国认为法国的行动有违自由世界的利益；

4. 法国的行动不会改变美国的政策，也不会减少美国对自由世界人民维持独立抗争的支持；

5. 目前并不打算公开与法国就此问题互换照会的文本。

供参考内容：法国的承认是否以及如何影响中国在联合国的代表权，是一个非常复杂的问题。只能由史蒂文森大使来提供相关建议和基本情况说明，从而给华盛顿的发言人提供根据。参考内容结束。

法国宣布（承认）后，各驻外使领馆不应公开声明。然而，各使馆负责人可根据当地局势需要，提供背景信息。

鲍尔

（姚百慧译校）

19640124，ZFD00045

腊斯克与蒋廷黻谈话备忘录②
（1964年1月24日）

地点：华盛顿

时间：上午11时至11时28分

主题：日本政治问题；法国对共产党中国的承认

---

① 根据国务院第1361号通电，在该段"中华民国政府"一句后增加"越南共和国政府"。Circulate Telegram from the Department of State to All American Diplomatic Posts, No. 1361, January 26, 1964, *Confidential U. S. State Department Central Files*, China, February 1963 – 1966, Part 1: Political, Governmental, and National Defense Affairs, Reel 24, p.531. 1月26日，美国驻台"大使馆参事"林贵士把美国拟发声明告知台"外交部"。《林贵士致外交部美国政府拟发表声明稿》（1964年1月26日），近史所外档，305.22/0015，第182~185页。1月27日国务院的公开声明，见19640127，ZFD00062。

② 资料来源：FRUS, 1964 – 1968, V. 30, China, pp. 9 – 12。

蒋大使说，上级指派他与国务卿就以下两个问题进行密切会谈。

第一，他的政府希望他让国务卿注意日本政治的某些发展态势。在过去的几年里，池田首相自愿或不自愿地与河野一郎、松村谦三、高碕达之助和三木武夫这些人来往，并增加了他们的政治影响。结果这些人的政治影响扩大了。随着与大陆贸易的发展，河野尤其能获取大量政治资本。河野在建立一个他自己的政治组织，企图促成一种不同类型的统治联盟。在该联盟中，由河野来担任首相，而池田则成为其荣誉领袖。中华民国政府想提醒国务卿，日本与大陆的贸易来往不仅对共产党中国有利，从日本的角度来说，还将导致日本政治向左发展。国务卿说，他会记住大使说的话。

第二，蒋大使说，日本政府在考虑与北平建立永久的贸易代表团，并给予共产党中国在东京设立永久贸易代表团的互惠政策。大使说，他的政府希望国务卿利用他的影响来阻止这件事。国务卿说，他打算在东京讨论大陆贸易问题，看看可以做些什么。

国务卿说，中华民国政府关于法国承认共产党中国一事的处理方式令他深感失望和不安。在我们看来，如果中华民国政府拒绝与法国断交，这必将严重影响北平在世界范围内建立外交关系的企图。国务卿说，我们向中华民国政府提供建议，并不是想要干涉其内政。但是，美国与中华民国政府的进一步关系、与北约以及与东南亚的关系是互相影响的。我们需要中华民国政府的合作。如果阻止法国与共产党中国的行动成功的可能性只有50%甚至是只有33%，那么，把这种可能性变为事实将至关重要。失败的后果是如此严重，以至于我们应该采取一切有助于阻止巴黎－北平行动的手段。如果中华民国政府让形势变得有助于法国与北平建立关系，从而导致它们成功建交，我们将无法保证在其他情况下在其他首都再搭上我们的威信。在这一问题上，我们需要中华民国政府的最大帮助。

国务卿说，中华民国政府不仅应该继续抗议法国的行动，还应该尽可能让巴黎和北平难以实现它们的计划。据我们所知，而且我们也坚信，法国不愿主动与中华民国政府断交。国务卿说，他希望中华民国政府以及台湾人民能够像我们看待本国利益那样看待这件事。正如他以前说过的，我们的建议不仅是一个朋友的建议，我们也有重要的利害关系，也需要中华民国政府的帮助。如果我们不能共同努力尽可能使法国和共产党中国建交变得困难，那么，美国支持中华民国政府的兴趣将大大减少。国务卿说，他已经阅读了国会关于此事的讨论记录，国会的讨论也清楚地确认了这一点。这件事至关重要。如果在这件事上我们不能合作，我们将难以像过去那么多年来那样有效地合作，去维护中华民国政府的利益。他不是在指责大使本人，因为他知道大使已经准确无误地转达了他们的讨论。但他希望能够确认，在台湾的政府充分意识到了这个问题的极度严重性。他听说赖特大使还没有机会亲自与蒋总统谈这件事。

蒋大使说，他所知甚少，他本人对该问题的各方面并不熟悉，这个时候他也没有资格说什么。他会把国务卿所说的详细汇报给他的政府。

国务卿说，他还想进一步补充一点。他听说，在台湾，有人怀疑我们在设陷阱，要把中华民国政府引入歧途。这不是真的。这种说法在这里是不被接受的。

蒋大使说，对于中华民国来说，要区分华盛顿官方或非官方的观点和评论，并非易事。如此多的人想表达他们对该问题的看法，比如说李普曼先生。国务卿说，李普曼先生持有同样的立场已15年了。他能明白蒋总统与像戴高乐这样的人打交道会遇到什么困难。戴高乐是一个很复杂的人，别人几乎不可能说服他。国务卿重申，据我们所知，巴黎很担心中华民国政府可能不与之断交。

蒋大使说，他个人给台北的建议是，政府应该静候承认公报的发布，但在大使交换完成后从巴黎撤走。他已经提醒过他的政府不要谈进一步的行动。国务卿说，中华民国政府在任何情况下都不应该显露撤走的迹象。他进一步明确说，台湾不要显露出一旦共产党中国到达巴黎就撤走其驻巴黎使馆的迹象，否则，中华民国政府的整个地位都会被削弱。

国务卿说，展望未来，我们处于一场持久的战斗中。如果巴黎的行动继续下去，我们将可能面对某些非洲国家、比利时、加拿大、日本以及其他国家承认北平的危险。的确，42个联合国会员国承认了北京。但法国是特例——如果大坝上有了这个缺口，水流就会汹涌而出。国务卿说，他特别强调，我们一定要尽可能地阻止巴黎和北京的行动。

（雷满妹译，姚百慧校）

19640124，ZFD00046

鲍尔与蒋廷黻电话记录①
（1964年1月24日）

上午11时35分

鲍尔：昨晚的晚餐吃得很愉快。真是个美好的夜晚，非常感谢您。您见过国务卿之后，我也同他交谈了一下，现在就我和他的一些想法跟您交流一下。我们感觉在某种程度上戴高乐将军在耍两面派。一方面从他给委员长的信件和他派遣使节的行为中，我们感觉到他不想再保持关系，但没有提到法国有任何这么做的意向。另一方面，他却对欧洲各国放话说，他与北平政府间达成的协议是无条件的，他打算与您的政府继续保持关系。我们所能想到的是，贵国驻法代办能否去探询一下法国外长，问他考虑到法国打算采取的行动，中国政府应该采取何种立场。戴高乐的信件中所反映出的一个不确定因素便是法国政府是否打算继续或希望继续与贵国政府维持关系。不要给法国任何印象，即您已经做出决定并准备执行这一决定，而仅是说这是您在做决定时应该知道的一个因素，它将迫使法国政府表态并且使他们陷入尴尬的境地。这就是您离开后我们交谈所得出的想法，我仅想把它转达给您。

蒋廷黻：现在有个新情况要告诉您。今天早上我收到国内传来的一份电报，国内已经正式向法国提出了抗议，并向法国驻台代办递送了副本。我并不知道抗议的内容，只知道是昨天发送的。考虑到您的建议，这件事情将取决于照会的措辞。如果抗议仅就这一事件提出质疑，那么事态将会比较顺利。这可能是一个障碍，不管怎样，我将转达您的建议。

鲍尔：非常感谢，我只是想转达这样一种可能性。谢谢您，大使先生！

（谭敏译，姚百慧校）

---

① 资料来源：*DDRS*，CK3100057503。

19640124, ZFD00202

国务院致"驻中华民国大使馆"电（第648号）[①]
（1964年1月24日）

驻东京使馆转致雷·克莱因。[②]

由于雷·克莱因与蒋经国和蒋总统的长期友好关系，以及两蒋对他的高度尊重，约翰逊总统要求克莱因从波恩跨越北极直飞台北，与蒋经国进行会谈，在有利的条件下也与蒋总统会谈，利用自身影响使中华民国至少目前不宣布与法国断交。你要尽快把克莱因的任务通知沈外长和蒋经国，要说明这一任务是应了约翰逊总统的要求。克莱因在台北的活动要尽可能保密。如有必要，你要准备一些托词来掩盖此次访问的真实性质。

要求克莱因抵达后马上与你联系，以便了解事态的最新进展，以及你的看法和建议。他和你要最大程度商定，如何才能发挥他的最大效能，以达到上述目标。

最重要的是我们希望弄清楚，蒋总统完全理解我们对中华民国在目前局势下应该采取措施的建议，主要是基于我们对中华民国的最佳利益判断。要传达的要点是，我们并非做出策略建议，而是坚持在各方面都要同中共斗争的基本战略。要同中共斗争，中华民国就必须坚定其主张，宣称它代表中国的各项权利和义务，并挑战任何他人的这种要求。而且，很明显的是，如果中华民国使馆仍在巴黎，北平不会愿意在那里建立使馆。有非常充分的证据表明，北平正指望台北从巴黎撤出使馆，以便为其（设立使馆）扫清障碍。如果中华民国与法国断交，就会公开诱使其他国家跟随法国，因为它们将不会陷入两个中国的窘境。同样很明显的是，如果中华民国拒绝与法国断交，将会给北平在其他地方建立外交使团的行动造成不利影响。我们已直接从法国总理处了解到，法国不会与中华民国断交。

克莱因是否要寻求拜见蒋总统，当然很大程度上取决于他同蒋经国会谈的结果。（大使可自行判断，在克莱因拜见总统时他是否陪伴。）必须小心谨慎，避免提出任何会给美国对中华民国在联合国或其他问题上的支持

[①] 资料来源：*DDRS*，CK3100564430 – CK3100564433。

[②] 克莱因，中央情报局副局长。

增加额外义务的建议。克莱因在那里是要解释美国的立场、给出建议，而非做交易或商谈，也不是作为蒋总统或蒋经国与美国政府沟通的渠道。不应讨论诸如外长沈提出的"大战略"。

克莱因应再次强调国务卿腊斯克1月24日与蒋大使会谈中所提出的基本论点：如果美国和中华民国不能在这个问题上密切合作，那么维持中华民国在联合国和其他方面的合作也将面临困难，虽然这种合作我们已经维持多年。（备忘录将通过单独的电报发送。你应该在适当情况下引用。）

在任何谈话中都应该申明，我们认为在共产主义者努力迫使中华民国撤退时，放弃会一无所得。这就像是放弃阵地，可不是蒋总统的风格。蒋提出我们要求"牺牲某些中华民国的利益"。这不符合实际。我们承认中华民国一定要根据自己利益做决定。通过给中共迫使中华民国从世界舞台撤出的努力制造障碍，我们赞同的策略有助于中华民国的利益。

（供参考内容：许多迹象表明，中华民国仍在考虑坚守，避免公开承诺。沈外长的陈述或在蓄意促使美国尽最大努力阻止蒋总统采取计划的行动。他的目的或在获得让步，或在中华民国地位进一步削弱时，创造一个便于利用的替罪羊。参考内容结束。）

我们承认克莱因使命的前景并不乐观，但克莱因与蒋经国的亲密交谈，至少可深入了解中华民国的想法，那也是非常有价值的。

代理国务卿鲍尔
（姚百慧译校）

19640124，ZFD00103

"驻中华民国大使馆"致国务院电（第630号）①
（1964年1月24日）

参见第629号电报。

（1）蒋中正总统并未被说服，从而相信通过保留台湾在巴黎的使馆可阻止中共与法国建立外交关系。他认为，中共和法国都决心要建立关系，

---

① 资料来源：*DDRS*，CK3100593644 – CK3100593645。

不会受台湾的任何"策略行动"而阻挠。因此，他不打算让中华民国政府陷入受辱的境地，也不打算模糊中华民国政府反对"两个中国"安排的一贯立场。

（2）蒋的判断是，法国关于在承认和互换大使之间有 3 个月的间隔期的声明并不能被信任。这一判断似乎更多的是基于直觉而非证据。即便我们有可能说服他相信此声明，但他已形成的看法是，任何策略行动在阻止法国和中共目标方面都是无效的。所以，这种声明的影响较小。

（3）戴高乐的信对蒋的决定起到了决定性作用。我们从严院长和外长处了解到，在戴的信于 19 日送到后，他们与蒋积极讨论了中华民国政府可能采取的策略。此信甚至连继续与中华民国维持关系的暗示都没有，加之戴高乐特使的拘谨和毫无反应，让中华民国的领导人动摇了。

（4）戴高乐了解蒋的个性，对其信进行了精心措辞，或许就是想明确达到现在已产生的效果：让蒋思考他自己在历史上的地位，避免采取任何会让他现在的支持者或将来的一代中国人感到让他或中国蒙羞的事。

（5）尽管戴高乐的信产生了令人沮丧的影响，但仍有可能影响蒋的决定：（a）采取策略性措施能有效挫败戴高乐的意图，对此要抱有极大希望；（b）找到某些方法，让中华民国政府在公开应对法国和中共宣布建交时不违背它反对"两个中国"安排的基本立场。

（6）确实，相比要照顾自己的历史和国家尊严的蒋而言，相关官员对找到适当的方法这个问题并不那么为难。他们不理解，为什么中华民国政府不去抗议法国宣布建交的举动，为什么不要求法国撤销其打算。当这些抗议被拒绝时，中华民国政府除了撤出之外别无选择。

（7）我打算继续寻求机会早日谒见蒋。然而，重复我们目前已经使用的论点，不可能说服他。我们努力找到能符合上述（5）、（6）两点所陈述问题的表述，并对国务院能提供的任何帮助表示感谢。行政院长或许还有其他高级官员倾向于在适当的场合重新与蒋讨论这个问题。

（8）总统答应早日回复约翰逊总统的来信，但有可能拖到他知道国务卿是否会访问此地。

赖特

（姚百慧译校）

19640124，ZFD00104

"驻中华民国大使馆"致国务院电（第632号）①
（1964年1月24日）

在读了（有1~2个单词未解密）之后，我要求（约1/3行未解密）见蒋经国，以便试探他的观点，看他能否帮助说服委员长在法国宣布承认中共时，不采取立即断交的行动，或者至少弄清委员长的立场在什么情况下可以更灵活。（有1~2个单词未解密）说，他在1月23日晚见到了蒋经国，重申了要在巴黎保留代表的理由。② 蒋未予置评，只说他会在早晨与委员长讨论这个问题，并建议（有1~2个单词未解密）委员长的反应。

1月24日晨蒋经国告诉（有1~2个单词未解密），他已与委员长讨论了这个问题。蒋总统希望大使知道，他非常感激美国在阻止法国承认中共方面的努力。戴高乐在最近一封致他的信中，已清晰地说明他打算承认中共，但并未提及与中华民国将来的关系。蒋总统觉得法国的政策已定。如果中华民国的外交官留在巴黎，他们只能陷入尴尬境地，遭受法国和中共的侮辱。

展望将来，蒋总统觉得法国行动的深远影响远非一般的外交行动可比。它将影响整个世界的政治局势，其影响所及，堪比1949年的局势。

总统愿意继续与大使和美国讨论整体世界局势以及两国即将面临的问题。然而，美国应该认可并理解他的立场，在巴黎保留中华民国的外交官并不是问题所在。14年来，由于坚持原则他巩固了对其政府地位的支持，如果他现在放弃，这一切努力都将付诸东流。

在评论总统的地位和处境时，蒋经国说，法国的行动明显是针对美国，它要努力取代美国在欧洲的领导地位，并把美国赶出东南亚。他随后两次重提戴高乐的信，说这封信未提及将来与中华民国的关系。他说，1963年10月戴高乐致总统的信充满欢快的褒奖之辞，而此信语气却相当冷漠。他说，在收到这封信后，总统仔细研究，已决定在法国宣布承认时

---

① 资料来源：*DDRS*，CK3100599357 - CK3100599358。
② 估计蒋经国是与纳尔逊会谈，根据台湾档案记载，1月23、24日蒋经国曾与纳尔逊谈中法建交问题。参见《蒋经国与纳尔逊会谈纪要（节录）》（1964年1月24日），"国史馆"藏，《蒋经国总统文物》，《蒋经国与纳尔逊会谈纪要》（四），典藏号：005 - 010301 - 00006 - 004。

与法国断交。在答复一个问题时他说，中华民国与法国断交的决定是坚定的，不会改变。他也希望美国能理解为什么中华民国必然要采取这一行动。

赖特
（姚百慧译校）

19640125，ZFD00047

科默致约翰逊备忘录[1]
（1964年1月25日）

这些是我们发给雷·克莱因的指示，以使用一切手段说服蒋委员长。您将注意到我们只是说他应您之请而过来。

我们指示他采取相当严厉的态度，正如腊斯克对中华民国政府大使那样。这包括隐含的威胁，即如果国民党政府不听我们的话，我们就可能不与之紧密协作。

麦科恩主张采取较为缓和的态度，甚至向蒋介石再次保证肯尼迪在1962年外蒙古危机中所做的一切，例如我们将使用一切手段包括使用否决权来阻止中共加入联合国。[2] 但国务院认为，如果局势恶化时我们想在联合国实行一个更灵活的战略的话，这将剥夺我们的行动自由。[3]

R. W. 科默
（沙芳洲译，姚百慧校）

---

[1] FRUS, 1964-1968, V. 30, China, pp. 12-13. 罗伯特·科默，国家安全委员会官员（NSC Staff）。

[2] 1961年10月17日，庄莱德曾向蒋介石转达了肯尼迪的口头保证："我向您保证，在任何情况下，如果美国的否决权对阻止中共加入联合国是必要且有效的，美国愿意使用否决权。" Telegram from the Department of State to the Embassy in the Republic of China, October 17, 1961, FRUS, 1961-1963, V. 22, Northeast Aisa, p. 160; p. 160 note 2.

[3] 麦科恩在与哈里曼的一次电话谈话中表明了他的观点，他的这一观点在中情局代理局长卡特于1月24、25、27日致哈里曼的信中也有所体现。哈里曼在1月26日的电话交谈中告诉鲍尔，麦科恩十分沮丧，但是哈里曼、腊斯克和科默则认为不可能授予克莱因任何谈判的权力。——原编译者注

19640125，ZFD00262

"驻中华民国大使馆"致国务院电（第 643 号）[①]
（1964 年 1 月 25 日）

国务院第 647 号电。

使馆副馆长向外交次长朱强调了参考电报中要中华民国向法国外交部探询的益处。朱评论说，蒋总统避免向贝志高问及法国对中华民国的打算。使馆副馆长说，这并不是禁止中华民国在巴黎的代办提出这个问题，朱对此表示同意。

使馆副馆长给了朱一份吉兰在《世界报》上发表的文章（巴黎致国务院第 3549 号电[②]），说这是我们拥有的众多证据的最新一个，表明只要中华民国在巴黎坚持下去，巴黎和北平之间就无法顺利互换使节。使馆副馆长主张中华民国应采取各种可能的行动，比如像我们建议的那样向法国外交部探询，以给法国人实施其计划制造难堪。朱说外交部会考虑我们的建议。

赖特

（姚百慧译校）

19640125，ZFD00263

"驻中华民国大使馆"致国务院电（第 645 号）[③]
（1964 年 1 月 25 日）

外交次长朱抚松将 1 月 24 日中华民国向法国代办萨莱德递交的手写抗议照会中文本转致使馆副馆长，其主旨如下：

沈外长在 1964 年 1 月 24 日接见法国代办萨莱德公使时，表达了如下要点：

1. 中华民国对法国决定承认中共政权一事提出强烈抗议。

[①] 资料来源：*Confidential U. S. State Department Central Files*，*China*，*February 1963 – 1966*，*Part 1：Political*，*Governmental*，*and National Defense Affairs*，Reel 24，pp. 482 – 483。
[②] 19640124，ZFD00265。
[③] 资料来源：*Confidential U. S. State Department Central Files*，*China*，*February 1963 – 1966*，*Part 1：Political*，*Governmental*，*and National Defense Affairs*，Reel 24，pp. 487 – 488。

2. 中法两国邦交素称友好，自第二次世界大战迄今，同为和平与自由之共同目标而奋斗。中共现在已濒崩溃之边缘，而法国为自由世界之一员，如承认中共政权，无异自毁立场，助长侵略气焰。此举势将严重损害中华民国之权益及中法两国间之传统友谊，且对法国本身亦无裨益。

3. 中共近年来在亚洲、非洲及拉丁美洲国家不断制造纠纷，施展其渗透颠覆之赤化阴谋。法国政府与中共政权建立外交关系，必将使整个自由世界，尤其新独立国家，蒙受无比之损失。此种极不明智之措施，必将在历史上留下极不光荣之一页。

4. 中华民国反共立场坚定，决不因国际局势一时之变化而动摇。为珍惜中法两国间之友谊及顾念法国之本身利益起见，中华民国深望法国政府审慎考虑，切勿轻率承认中共政权。①

以上要点包含在当天致法国大使馆的照会中。

赖特

（姚百慧译校）

19640125，ZFD00258

驻法国大使馆致国务院电（第3567号）②

（1964年1月25日）

中国代办高今晨告诉大使馆，法国政府从未正式通知他要承认中华人民共和国的决定。上次（1月14日）他在晤见法国外交部官员时被告知，问题还在积极考虑之中。到目前为止，就他所了解的，台北外交部尚未正式收到法国的通知，即便1月24日已向法国驻台北代办递交了抗议。

高知道贝志高的访问以及戴给蒋的信，但并不了解内容。高说，他自己曾建议在宣布承认后，推迟采取进一步的行动，但将其召回，将馆交另一代办负责。③他显然并未收到要同法国外交部接触的指令（台北致国务

---

① 沈昌焕递交萨莱德的照会见《外交部致法国驻华大使馆照会》（1964年1月24日），近史所外档，305.22/0017，第25页；已刊本，见《中法建交多国档案选编》（四）。

② 资料来源：*Confidential U. S. State Department Central Files*, *China*, *February 1963–1966*, *Part 1: Political, Governmental, and National Defense Affairs*, Reel 24, p. 467。

③ 高士铭曾于1月22日向台北提出此种建议。见《高士铭致外交部电（第48号）》（1964年1月22日），近史所外档，312/0002，第90~91页。

院第 643 号电①）。

波伦
（姚百慧译校）

19640126，ZFD00061

腊斯克与大平正芳会谈备忘录②

（1964 年 1 月 26 日）

时间：1964 年 1 月 26 日下午 3 时
地点：外务省官邸
主题：日本对中国的兴趣——中华民国和北平
参加者：
　　国务卿
　　赖肖尔大使
　　远东事务助理国务卿帮办罗伯特·巴尼特
　　外相大平正芳
　　外务事务次官岛重信
　　驻美大使武内竜次
　　外务省美洲局局长竹内春海
　　外务省公共信息和文化交流局顾问岛内敏郎

外相大平说，他很高兴能接待并与国务卿会谈，对国务卿来访东京表示感谢，对肯尼迪总统最近去世表示哀悼。

国务卿感谢外相以这种方式欢迎他来东京，他很高兴来访。他说，美国人民非常感谢日本人民在刚刚的美国 11 月悲痛期中所表现的同情。他说，他认为约翰逊总统告诉池田首相的联合内阁会议当然要按计划尽早举行，

---

① 19640125，ZFD00262。
② 资料来源：DDRS，CK3100086829 – CK3100086834。根据腊斯克在次日发回国务院的电报，此次谈话持续了近两个小时。这封电报还可以部分弥补此份档案未解密的部分：日本曾努力说服戴高乐不要承认中国，大平并给沈昌焕发电报劝台湾不要走完断交的途径。Telegram from the Embassy in Japan to the Department of State, Secto 4, January 27, 1964, *DNSA*, JU00306。

这非常重要。

大平说，作为东道主，他想建议一个会谈程序。最重要的，他希望讨论中国问题。如果还剩下时间，再讨论其他问题。国务卿回应道，他很高兴地接受这个程序，认为中国以及当今一系列由中国局势所引发的问题是最重要的，建议大平先谈谈其看法。

大平提到了日本政府和中华民国政府最近不愉快的关系。叛逃者（周）的案件已造成东京和台北的严重误解（约2行文字未解密）。他们希望关系不久能改善。实际上他希望日本政府和中华民国政府能让双方关系开始正常化。（近4行文字未解密）他说，日本政府急切地想看到在台湾的中华民国尽可能地实现经济繁荣和政治民主。（约8行文字未解密）

大平说，他希望向国务卿提几个问题。这些问题中的第一个涉及陈诚在中国政府内的政治变动和蒋经国的地位或许已经加强的可能性。日本人并不太熟悉蒋经国，希望了解美国对其个性、观点和意图的看法。第二，大平并不认为中华民国和北京有合作的可能性。如果蒋经国在台湾掌握更大的权力，这种合作曾被广泛认为会发生，或者说它至少反映了很多台湾人民的情绪。他问，一旦北京和台北合作的局面出现，美国将如何解释它目前反对"武力解放"的政策？第三，大平评论说，现在，大约800万台湾本土人与200万来自中国大陆的人共同生活在一起。他问，一旦台湾变得更为独立，这些台湾人会如何行动？

大平说，他希望这些问题不会被解释成建议承认北京或允许其成为联合国成员。在这些问题上，日本的政策已定，现在无意改变。如果局势有变化，日本将根据届时的世界局势来处理这个问题。

国务卿说，大平的问题非常有趣，也非常重要。对于最近导致台湾和日本政府关系紧张的事件，国务卿与日本同样表示担忧。华盛顿已强烈建议台湾在诸如叛逃者周的事情上要克制。他说，日本是台湾的朋友，而台湾需要朋友。中华民国和东京的关系应该建立在友好的基础上。（约6行文字未解密）国务卿对日本同台湾恢复友好关系的努力表示欢迎。

关于蒋经国，国务卿说，我们已了解他及其活动多年，但并不是非常熟悉他的个性。去年赴华盛顿时，他言行之中并没有让我们惊奇的东西。他谈了其政府在所有问题上的看法，但我们并未从他那里获得台湾局势的新见解。国务卿继续说，如果台湾和大陆合作，他将会极为震惊。（约8行文字未解密）因此，华盛顿认为对这个问题困难性的估计有点是假设性的。

国务卿接着说，他希望中华民国政府让台湾人越来越多地参与政府，很高兴地看到在过去的5~10年里台湾人的政治地位已有所改善。

美国对北平态度的基本要素容易概括。我们并不反对美国和中国大陆发展更友好关系的可能性。然而，要发展友好关系，需要互让互谅。在我们与北平在华沙的会谈中，我们目前尚未发现它想要改善关系的证据。北平说改善关系的前提是我们不卷入台湾事务。北平不愿意放弃在台湾海峡使用武力。北平违反了1954年和1962年关于越南和老挝问题的协议中它承担的义务——（最近在越南缴获了7吨中国武器装备）。共产主义中国攻击印度，积极在南美和非洲从事阴谋破坏行动。

国务卿说，中国在教条和行动上的好战，构成了美国和北京改善关系的障碍。我们对中国好战的担忧远非出于情绪。美国有100万武装人员在海外。在远东，它每周都有伤亡。

美国认为，法国承认北京鼓励了北平对其邻国的侵略意图。北平并未向法国保证它会致力于和平。美国认为，现在并非给北平帮助的时间。为了让亚洲国家从中共的威胁中解脱出来，美国正在投入人力和资源。

国务卿说，华盛顿非常感激日本围绕法国将要承认北平的问题同巴黎的交涉。他继续说，意大利和德国也进行了类似的交涉。在交涉中它们担心北约的将来。它们理解美国公众舆论对法国承认中国和西欧急剧扩大同苏联集团的贸易的明显企图非常敏感，会利用这些动向要求减少美国在北约的投入。

国务卿评论说，戴高乐并非一个容易被说服的人，他一旦下定决心承认共产党中国，无疑会继续推进，除非以某种办法说服中华民国保持坚定，由此迫使北平重新考虑相互承认问题。国务卿说，我们知道巴黎和北平都在赌台湾会采取主动与法国断交。法国现在并不打算采取主动。如果台湾不出面解决断交问题，法国就可能要重新考虑承认北平。

国务卿谈到美国与共产党中国的关系问题。他说，如果打算与美国改善关系，有些简单的事情可做：释放关押的4名美国人，或更重要的是遵守在东南亚的国际协定。既然北平无意在这些问题上采取让人接受的行动，国务卿对其在其他方面的意图并不乐观。

国务卿说，美国认为在举行西哈努克想要的保障其中立的会议之前，应达成一个协定。有这样一个事前协定，举行会议可以成为一项目标。否则，举行此种目的的会议很可能会极端讽刺，不是会改善而是会恶化东南亚的关系。北平在这个会议中的角色将影响整个东南亚的前景。

转到苏联问题，国务卿表示莫斯科对北平的关心很多时候并不在意识形态分歧，而是担心一个用核武器武装起来、有8亿人口的国家的前景。国务卿相信，部分禁止核试验条约之所以能达成，是因为莫斯科对共产党中国的严重担心，希望该条约能成为对北平在核领域施压的第一项措施。

至于非洲，国务卿说，巴黎曾建议非洲国家不要承认共产党中国，理由是法国的行动是基于世界范围的考虑，与非洲自身的利益无关。巴黎不希望非洲国家步其后尘。现在看起来加拿大、比利时、德国和意大利也会拒绝。戴高乐承认北平不一定意味着是一系列行动的开始，但即便如此，它也已相当严重了。

在回答大平提出的一个问题时，国务卿说还未从台湾获知它最终会如何应对法国的举动。他说，目前好像蒋总统相信法国不会继续维持与台湾当前的关系。戴高乐总统最近的信在这个问题上未置一词。由于荣誉问题，蒋总统认为他必须很快与巴黎断绝关系，但最终的决定尚未做出。戴高乐的信表明他很可能想迫使台湾采取此种他自己不愿意采取的行动。

大平说，国务卿的评论非常让人感兴趣，但并未涉及法国承认北平可能导致的一些后果。例如，他担心此举对联合国的影响。他建议，在东京和华盛顿建立小组，以便就应对联合国内的中国问题交流信息和磋商联合政策。

国务卿评论说，已有42个国家承认北平，然而有60个国家承认中华民国。这个比例或许会变化，但42个国家中有许多可能会在联合国的辩论中把中国席位视作"重要问题"。如果情况果真如此，要改变现状需要2/3多数字。在目前的情况下，按照以前的办法，完全可能成功处理中国问题。当然，情况或许会变化。因此，华盛顿欢迎磋商，接受大平提出的在东京和华盛顿建立磋商小组的提议。

国务卿说，他认为联合国宪章第19条所规定的成员义务问题，比中国问题更为重要。美国欣赏东京的立场。它希望苏联能像捷克斯洛伐克做的那样，找到某种办法来对联合国承担义务，而不是在对联合国维和活动的贡献方面制造必然的对抗。

大平说，他希望有一天能去台湾，但认为目前氛围并不能促成有益的交谈。他和池田首相为了找到消除目前紧张局势的办法已"绞尽脑汁"。前首相吉田曾告诉他们，现在这个季节，台湾的阳光怡人。政府正考虑让吉田去享受这些阳光，并同蒋介石进行会谈，以促进东京与台北关系的缓和。

在此之后，大平自己也许会去。

国务卿说，日本在巴黎的活动已极大地改善了台北对东京的情绪。在戴高乐意图的不幸影响下，台湾变得焦躁不安。帮助它解决问题需要极大的耐心。他继续说，在改善东京和台北的关系方面，华盛顿和东京或可彼此帮助。

大平顺便说，东京已令其驻联合国大使走访非洲的一些国家。这将为讨论中国问题提供机会。

大平说，在讨论中国问题时考虑国际动向是一回事，但也要考虑日本的国内问题。法国预期中的承认已激起日本人相当多的讨论，他说，对这些人，政府现在必须要加以引导。与此同时，政府不得不考虑公众舆论。他希望日美两国能就此问题进一步深入磋商。

国务卿表示，他确信可以，所有的日本人都希望在亚洲大陆有一个友好的邻居。然而，好邻居的标准是它愿意与其亚洲邻国发展友好关系。这才是问题的核心所在。如果共产党中国能够与东南亚、印度和平共处，能够放弃它在台湾海峡的侵略意图，整个局面将完全改观。影响恢复友好关系的问题确定要从北平那里寻找。国务卿补充说，他确信日本人民可以理解谨慎的政策，不去鼓励北平的好战态度。

（姚百慧译校）

19640127，ZFD00105

"驻中华民国大使馆"致国务院电（第652号）（节译）[①]

（1964年1月27日）

发给在东京的国务卿。

参见东京第169号电。

以下是克莱因观点的阐述，大使馆与其观点一致：

……[②]

4. 就蒋经国在国际局势问题上的态度而言，除了那些与中华民国政府反对大陆中国有关的行动，他不直接亲自参与外交政策。他向我方官员表

[①] 资料来源：*DDRS*，CK3100599362 - CK3100599364。

[②] 此处与本书主题无关，未译。

达的观点接近委员长的观点。例如，在与（约1/2行未解密）讨论法国承认（大陆中国）的局势时，他仅限于表达蒋总统的观点。更可靠的机密情报显示，在委员长收到戴高乐的信函之前，蒋经国说，他认为在对继续维持关系做出最后决定前，中华民国政府应当在巴黎维持其外交代表直到中共到达巴黎。他认为中华民国政府应继续公开反对"两个中国"但不应在此时公开讨论与法国的外交关系问题。蒋经国认为，只要中华民国维持在巴黎的大使馆，中共就不会与法国建立正式关系。严家淦在1月18日曾经告诉大使馆副馆长，在1月19日接到戴高乐的信之前，委员长自己曾积极考虑并与外长、张群以及严家淦讨论在巴黎实行不同策略的可能性，注意到这些言论非常重要。

5. 蒋经国及其他国民党官员最近担忧，法国承认北平及中华民国国际地位衰落的其他迹象可能会挫伤台湾民众尤其是军队的士气。他同时阐明，他认为接下来的一至两年对于他的政府来说会是艰难的，在局势有所好转之前，境况会变得更糟。

赖特

（刘京译，姚百慧校）

19640127，ZFD00048

"驻中华民国大使馆"致国务院电（第658号）[①]

（1964年1月27日）

参见国务院第648号电报。[②]

国务院转致中央情报局。

以下内容来自雷·克莱因。

今晨[③]我与蒋经国谈话之后，（此处不到一行的文字未解密）大使、使馆副馆长，（此处不到一行的文字未解密）和我查阅了文件和国务院第648

---

① 资料来源：*FRUS*, 1964–1968, V. 30, China, pp. 13–15。
② 19640124，ZFD00202。
③ 根据克莱因的回忆录，此处应为1月26日。克莱因在当日早晨抵达台北，并在早晨和中午分别与蒋经国晤谈两次。Ray S. Cline：《我所认识的蒋经国》，联合报国际新闻中心译，台北：联经出版社，1990，第168~169页。

号电报的指示。11 时 30 分，蒋要求再次和我进行会谈，会谈中他提到他已经将之前谈话的基本要点简要地汇报给蒋委员长，并与行政院院长和外长进行了讨论。

他说，蒋委员长清楚美国的想法，即国民党政府在法国承认北平时应向其提出正式抗议，发表强烈反对"两个中国"政策的声明，但在与法国断交之前还应等待局势的进一步发展。蒋委员长认为中华民国政府的行动及其时机将由法方公报的内容和时机决定。如果戴高乐宣告他与中华民国政府断交，那就什么也不用做了。如果法国的声明模棱两可，中华民国政府将根据美国的建议考虑可能的反应。

蒋说，无论怎样，中华民国政府和美国均受法国行动的影响，由此可能导致的严重影响使中华民国政府和美国在亚洲问题上的协作显得尤为重要。要是中华民国政府收复大陆的计划及早施行的话，就能阻止这种局面的发生。现在，则有必要谈谈如何拯救中华民国政府和美国在亚洲的地位，而不仅是巴黎。他感到，如果收复大陆的前景遥不可及，台湾将爆发严重的政治危机。

蒋谈到，蒋委员长想要了解，如果中华民国政府的巴黎策略为其被驱逐赢得了时间，美国将会采取何种措施。我回答说，这段时间将用来对法国施加道德和政治压力，使其无法与中共建立全面外交关系，这有利于敦促其他国家不要效仿法国，也有助于美国为东南亚国家和自由中国抗击中共侵略集合力量。

蒋提到，他希望我们谈论的所有要点都能传达给蒋委员长。这时，应大使的请求，我说大使能够陪同我与蒋委员长面谈，我们将随时恭候。蒋说，他将向他父亲报告，晚些时候再与我联系。

1 月 27 日，我们进行了第三次会谈。蒋说，他已经向蒋委员长报告了第二次会议的内容。蒋委员长希望我了解，两国已经深入探讨了中华民国政府如何回应法国的承认，他本人也已深切思考过这一问题。蒋委员长的决定已经递交给赖特大使了。在这个问题上，中华民国政府依然在原则上坚持自己的立场，不过如果法国的声明留有余地的话，其政府还是愿意研究这一声明，重新考虑他们的决定。蒋委员长认为法国的承认本身并不是最重要的，强调这种承认对整个世界局势，对亚洲尤其是东南亚所造成的不利影响。他希望，当我在这里时，我能充分讨论一下法国的承认可能造成的全部影响，尤其是对美国和中华民国政府在亚洲利益的影响。蒋委员长觉得在法国宣布承认之后有两件重要事情需要讨论：(1) 中华民国政府的未来；(2) 关于收复大陆的前景。

因此，蒋委员长已指示沈外长同赖特大使和我讨论这些问题。讨论完这些问题后，蒋委员长将很高兴接见我。

在随后的讨论中，蒋经国表达了他自己的观点，他希望美国考虑中华民国政府所面临的问题。他列举了美国对中华民国政府反攻大陆的种种限制。他说，中华民国政府将永远不会"出卖它的大陆人民的灵魂"。之后，他激动地说，"我们可能强作欢颜，但内心却感到十分沉重"。中华民国政府将不会损害美国的利益，但他们担心中共不经战斗就会拿下台湾。

他说，来自华盛顿方面的消息说美国在法国承认问题上将向中华民国政府施压，这将不利于其政府的统治。

我回答，中华民国政府能够指望得到美国的支持，如果很明显是戴高乐需对断交负责，而不是中华民国政府，这种支持将更多。我强调，美国不是强迫中华民国政府接受"两个中国"的政策，而是希望贵国保持观望和斗争的态势，如果戴高乐让中华民国无法继续留在巴黎的话，那么法国就会承担断交的责任。

蒋说，在拿到法国声明之后再与我联系。

赖特
（沙芳洲译，姚百慧校）

19640127, ZFD00251

"驻中华民国大使馆"致国务院电（第661号）[①]
（1964年1月27日）

1. 针对法国宣布与中共建立外交关系，（中华民国）外交部于1月27日晚间发表如下声明：

法国政府顷于本月廿七日宣布与匪伪政权建立外交关系，中华民国政府认为此系一项极不友好之行为，业经向法国政府提出严重抗议。

[①] 资料来源：*Confidential U. S. State Department Central Files*, *China*, *February 1963 – 1966*, *Part 1*: *Political*, *Governmental*, *and National Defense Affairs*, Reel 24, pp. 424 – 426。

中共政权系由国际共产帝国主义所制造之叛逆组织，对内暴力压迫人民，对外从事扩张侵略，且因参加韩国战事被联合国谴责为侵略者，实为侵略亚洲各邻邦之罪魁祸首，整个自由世界之公敌。近年来共匪因内外困难重重，濒于崩溃境地，乃运用各种策略，加强其对自由世界各国之渗透颠覆活动，企图制造纷乱，分化自由国家，以期达到其赤化世界之最终目的。

兹法国政府不分敌友，不顾我国政府之一再抗议，漠视法国本身及整个自由世界之基本利益，竟在与中华民国政府仍维持正常关系之时，遽然宣布与此一黩武好战之伪政权建立外交关系，实属严重损害中华民国之权益，并违反联合国宪章之基本精神。法国政府此一极不明智之措施，势将助长共匪对内延长其暴力统治，对外增加其侵略气焰，使整个自由世界对抗共产集团之形势大为改变。非但中法之正常邦交已遭损害，今后自由世界中之祸患亦必将日益严重，其所产生之一切严重后果均应由法国政府负其完全责任。

中华民国政府兹郑重声明：反攻复国，拯救大陆同胞及反对任何两个中国之观念，为中华民国政府之既定国策，此项基本立场在任何情况之下绝不变更。①

2. 继上述声明后，（中华民国）外交部举行记者招待会。

外交部发言人孙碧奇答记者问

问：巴黎方面一再传出消息：周前戴高乐总统曾遣其私人代表赍函晋谒蒋总统。据闻法总统在该函中曾请我政府在法国与匪伪政权建交后，勿与法国政府断绝外交关系，请问此项消息是否属实？

答：此项消息毫无事实根据，其所以一再传出者，显然系在混淆视听，制造错觉。戴高乐总统之私人代表贝志高将军于元月十九日抵达台北，晋谒蒋总统，面递法总统之亲函。该函中除说明法国政府决定将与匪伪政权建立外交关系外，曾表示其一向对蒋总统之崇高敬仰并无变更，但并未涉及中法两国间现存之邦交。贝志高将军亦未就此点作任何表示。②

赖特

（姚百慧译校）

---

① 译文摘自台湾档案原文，见《外交部声明》（1964年1月27），一个中国论述史料汇编编辑小组编《一个中国论述史料汇编——史料文件（一）》，台北："国史馆"，2000，第155~156页。

② 孙碧奇此番发言，实际上已是1月28日凌晨2时。译文摘自台湾档案原文，见《孙碧奇答记者问》（1964年1月28日），近史所外档，305.22/0011，第219、232页。

19640127，ZFD00062

国务院对中法建交事发表的声明[1]

（1964 年 1 月 27 日）

美国对法国［承认共产党中国］表示遗憾。我们曾反复向法国政府表达了为何我们认为这是一个不幸的步骤，尤其是当中共正在东南亚和其他地方积极推进侵略和颠覆的时候。

美国将坚守其对中华民国政府、越南共和国政府以及其他与我们一起致力于遏制侵略、促进和平的国家的义务。

（姚百慧译校）

19640128，ZFD00125

腊斯克与大平正芳会谈备忘录[2]

（1964 年 1 月 28 日）

时间：1964 年 1 月 28 日
地点：大仓酒店
主题：共产党中国；联合经济委员会
参加者：
  国务卿腊斯克
  经济事务助理国务卿帮办菲利普·H. 特雷齐斯
  远东事务助理国务卿帮办罗伯特·巴尼特
  大使埃德温·O. 赖肖尔
  公使约翰·K. 埃默森
  公使阿瑟·Z. 加德纳

---

[1] 资料来源：*American Foreign Policy：Current Documents*，1964，p. 872。这是国务院新闻发言人瑟尔德对记者发表的声明。

[2] 资料来源：*DDRS*，CK3100545112 - CK3100545116；又见 CK3100001946 - CK3100001950。这两份文件均未完全解密。当天，腊斯克以电报形式将这次会谈的情况向国内做了汇报。这封电报揭示了一些文中未解密的内容，详见相关注释。Telegram from the Embassy in Japan to the Department of State，Secto 9，January 28，1964，*DDRS*，CK3100090739 - CK31000 90741。

日本外相大平正芳

外务审议官黄田多喜夫

美洲局局长竹内春海

经济局局长中山贺博

驻美大使武内龙次

公共信息和文化交流局顾问岛内敏郎

大平先生说，他接下来想深入谈谈共产党中国问题。国务卿所阐述的美方态度，自然是相当"强硬"。但报刊和其他媒体上所表现出来的日本公众舆论，却与美国人的有所不同。外相预计国务卿会表达美国的立场，但如果他建议在其新闻发布会上表明美国正试图让日本采取同样的立场，坦率地说，日本的反应将不那么受欢迎。

国务卿说，这是让他对与外相举行联合新闻发布会感到有点紧张的问题之一。媒体自然想试图找出两国之间或存在或不存在的分歧并加以利用。因此，他认为，非常重要的是在联合新闻发布会上只讨论联合经济委员会的问题。这不是要凸显美日在诸如柠檬和橘子等经济问题上的分歧，而是想更好地向公众强调美日在贸易关系上进展非常顺利。重点要放在两国经济关系发展、贸易扩展问题上，例如，美国现在比两年前多购买了50亿美元的商品。与此同时，我们不必否认我们有时会有观点的分歧。外相完全同意这些观点。

国务卿说，肯尼迪总统和池田首相最初设计这些会议时，一致同意相关部长应从更广泛的观点来讨论问题，而不是就细节问题进行磋商。外相答复说，他一直接受这种观点。

大臣转向共产党中国问题。他说，日本人理解美国政府及人民对共产党中国的态度和情绪。造成这些情绪的原因——朝鲜战争的痛苦经历以及随后在东南亚的困境——完全可以理解。（以下约20多行文字未解密）①

国务卿腊斯克答复说，十年前日本的对外政策是日本与美国关系的副

---

① 此处未解密的内容大致应为："但日本人的感觉完全不同。部分是由于对在中国的战争还怀有某种罪恶之感，日本公众对东南亚和中印冲突觉得疏远，不愿意卷入。日本的对苏联抱有强烈的敌意，但对中国的敌意很小。美国对法国承认北京的反应大致是自由世界的团结会因而受损，与这种反应不同，日本的政党和舆论认为法国的行动带来了与大陆接触的新机遇。大平把中国问题视作战争结束以来日本面临的最重要的外交政策问题，日本政府必须以最谨慎的态度加以处理。" Telegram from the Embassy in Japan to the Department of State, Secto 9, January 28, 1964, *DDRS*, CK3100090739 - CK3100090741。

产品，现在已非如此。如果日本人只是从他们与美国的关系以及恢复他们与大陆中国的关系这两个角度来考虑大陆中国问题，那将是不幸的。日美友谊不应该受到这种事情的影响。日本更应该从其自己的利益来思考问题，例如说在韩国、福摩萨、越南、泰国和印度尼西亚等地的利益。日本应该考虑它的利益是如何受到北京对这些地区的政策和行动影响的。国务卿担心这些问题并未从日本的利益出发得到考虑。他描述了美国在自由世界构建的强大军事保护伞，这种保护伞如此强大以至它无须发挥其最大能力。有些人，如德国人，待在保护伞下敢横眉冷对苏联，因为他们知道有美国在；而有些人却同共产主义者眉来眼去。国务卿督促日本考虑它自己在世界的利益，自问北平的行动对日本想要发展的那种世界是有利的，还是有害的。

（约7行文字未解密）[1]

国务卿腊斯克提到了最近在华盛顿的会谈。（约1行多文字未解密）国务卿曾问："为什么是无条件的？"要求共产党中国同意遵守关于东南亚的日内瓦协议，本是非常自然的。另一方面，让北平觉得它在攻击印度和东南亚的同时却可以与其他人和平共处、相互贸易，这是不可思议的。

（约10行文字未解密）

国务卿质疑是否要把重点放在由于与美国的关系而限制了日本的行动自由上；他认为更重要的是日本应该考虑亚洲的情况，考虑亚洲国家与北京的关系。他指出，尽管日美关系并非战争与和平问题，北京所做的却是战争与和平问题，确实有可能成为引发核战争的头号因素。如果美国现在撤出东南亚，它可以照顾好自己，但亚洲怎么办？他补充说，"如果我们撤出，我们可以继续生存，但亚洲国家却不能。"大平先生评论说，此事实只强调了有磋商的必要。国务卿答复说，问题是要在正确的基础上进行讨论；或许他与大平外相的会谈没有与马卡帕加尔、苏加

---

[1] 此处未解密的内容大致应为："大平同意国务卿的看法，说日本政府给予在亚洲的利益和责任最全面的注意。然而，日本的公众情绪认为，要达成与共产党中国的谅解，无须考虑这些因素。由于并不涉及日本的基本利益，它成为国家面临的最困难的问题。大平提到了自战争以来这个国家的反常情绪，以及在这些处境下政治领导人面临的困难。他说，如果政府尽力推行美国式的政策，公众的反应将极为尖锐和不利。需要谨小慎微和考虑时机问题。这或许对美国也是麻烦事，两国政府进行频繁的、高层次的密切磋商极为重要。与此同时，要用尽各种办法来引导公众舆论。" Telegram from the Embassy in Japan to the Department of State, Secto 9, January 28, 1964, *DDRS*, CK3100090739 – CK3100090741。

诺或朴正熙总统的会谈重要。外相说这是非常有价值的建议。他强调，应严肃考虑同菲律宾、印度尼西亚、台湾及日本其他亚洲邻国的磋商问题。

（姚百慧译校）

19640128，ZFD00127

霍奇斯与福田一会谈备忘录（节译）①
（1964年1月28日）

……②

福田大臣然后提出了共产党中国的问题。他说，由于法国承认了共产党中国，如果日本和美国不在这个问题上密切合作，它们将遭遇经济和政治困境。他说，他理解美国在政治方面及经济方面对共产党中国的态度；日本在政治方面的态度与美国相同，但由于日本是中国的近邻这一事实，它在经济上的观点有所不同。福田说，日本极度关心美国在法国承认北平的影响会做什么。他提请注意1月13日《纽约时报》的社论，大意是说"两个中国"的解决方案是最好的。他说，沃尔特·李普曼也写了同样的东西。他说，日本有很多人赞同这种观点，似乎美国有些人也是如此。日本政府想与美国政府在这个问题上保持密切接触；它不打算改变政策，但有些微妙的变化是非常重要的。

商务部长霍奇斯问福田先生，在承认共产党中国问题上，日本政府面临着什么样的国内压力。

大臣福田答复说，日本社会党和共产党在此问题上对政府施压，但自民党中除少数人外，并不赞同给予承认。

霍奇斯先生称，他个人并非外交官，但他认为台湾与共产党中国、西德与东德、南北朝鲜等问题并没有基本的原则差异。他读了福田先生提到的《纽约时报》社论中他认为重要的语句，这些实际上是建议美国，只要共产党中国愿意接受"两个中国"的方案，美国就承认共产党中国。霍奇

---

① 资料来源：DNSA，JU00307。
② 此处与本书主题无关，未译。

斯先生想知道，共产党中国是否赞同过这种解决方案。

福田先生问，如果在法国承认共产党中国之后，中华民国继续与法国保持关系，从而造成"两个中国"的局面，这种情况下美国的主张是否会变化。

霍奇斯先生答复说，他不知道在那种情况下他的观点是否会变化。他笑着说，他并不认为法国会承认共产党中国，但戴高乐这么干了。

会谈随即于上午8:15结束。福田建议，除了中国问题，他和商务部长霍奇斯可自由地对媒体谈论他们在讨论中所表达的观点。霍奇斯先生表示同意。

（姚百慧译校）

19640128，ZFD00049

史密斯致约翰逊备忘录（节译）[①]

（1964年1月28日）

昨日，日本外相大平正芳告知国务卿腊斯克，日本公众强烈支持与大陆中国达成协议。[②]

国务卿腊斯克回答说，美国撤出东南亚依然能够生存，但其他亚洲国家无法做到这一点。他建议，日本需和它的亚洲邻国讨论一下与共产党中国的关系，而不是担心我们的反应。[③]

……[④]

B. 史密斯

（沙芳洲译，姚百慧校）

[①] 资料来源：U.S. Department of State ed., FRUS, 1964–1968, Vol. 29, Part 2, Japan, Washington D.C.: USGPO, 2006, p.6. 布朗布利·史密斯，国家安全委员会行政秘书。

[②] 1月26、28日的谈话备忘录记录了腊斯克与大平正芳就中国问题所进行的讨论。2月29日，腊斯克在华盛顿与竹内进一步讨论对华政策。正如讨论中所表明的，日本在此阶段或在可预见的未来，尚不准备在外交上承认中华人民共和国，但有兴趣改善中日之间的文化和经济关系。——原编译者注

[③] 此件档案所提"昨日大平与腊斯克的会谈"，由于时差的原因，应指1月28日的会谈。参见19640128，ZFD00125。

[④] 以下与本书主题无关，未译。

19640128, ZFD00245

驻法国大使馆致国务院电（第 3607 号）①

（1964 年 1 月 28 日）

在今天下午与顾夫·德姆维尔的讨论中,我问,考虑到中华民国虽然抗议但并不与法国断交的情况,他认为中国将做何表态。对此,顾夫提到了中共的声明,其中称不可能承认"两个中国"。该声明当时我尚未看到,但现在已经知道了。他重复他之前曾告诉我的内容,法国仅仅是通告中共,承认并没有条件;中共答复时称,只有一个中国,福摩萨是中国的一部分。法国并未回应中共的这一说法。他提到,无法预测中共会做什么,但他确定法国不会主动与福摩萨断交。

我问,如果因为中华民国问题,中共把关系仅限于代办级,法国将做何反应。他拒绝考虑这一问题,说他的身份让他不能回答这一问题。

波伦
（姚百慧译校）

19640128, ZFD00239

驻法国大使馆致国务院电（第 3608 号）②

（1964 年 1 月 28 日）

参考：国务院第 3687 号电报③；大使馆第 3514 号电报。④

今天,我见到顾夫·德姆维尔,向他提及参考电报的内容。他告诉我,即便法国承认中共的外交举动导致其对联合国的态度需要发生某些变化,但在这个问题上法国目前尚未做出决定。他补充说,根据法方的情报,联大将在美国大选后才召开,1 月以前也不可能规划中国问题,因此法国至少

---

① 资料来源：*Confidential U. S. State Department Central Files*, *China*, *February 1963 – 1966*, *Part 1*：*Political*, *Governmental*, *and National Defense Affairs*, Reel 24, p. 352。
② 资料来源：*Confidential U. S. State Department Central Files*, *China*, *February 1963 – 1966*, *Part 1*：*Political*, *Governmental*, *and National Defense Affairs*, Reel 24, p. 332。
③ 19640122, ZFD00295。
④ 19640123, ZFD00279。

要6个月后才会决定其立场。然而,他答应一旦法国做出决定,即通知美国。他拒绝就参考电报中所提出的可能性做出推断。

波伦

(姚百慧译校)

19640128,ZFD00243

"驻中华民国大使馆"致国务院电(第666号)[1]
(1964年1月28日)

致在东京的国务卿。

1月28日,我拜访了严院长,以弄清在法国宣布与北平达成建交协议后他对局势的估计及中华民国的相应抗议。

严说,他和外长整个上午都在向立法院解释政府的立场,下午仍将如此,因为准备质询的28名立法委员中才有5名发言。他说,舆论是分裂的,有的强烈反对政府不马上与法国断交的决定,有的则强烈赞同政府的决定。他确认了外交次长早先告知使馆副馆长的内容,即在昨天夜里的紧急内阁会议上,即便总统已经表示他赞同政府的决定,仍有一些阁员发言反对。

严说,中华民国能坚持目前地位多久取决于形势的发展。法国对中华民国抗议的反应,法国或中共为推进互换使团采取的行动,戴高乐1月31日记者招待会上的声明,任何其他国家宣布它将跟随法国,香港中文报纸对中华民国政府立场的强烈批评,甚至一些杰出的外交家的声明,这些因素中的任何一项都能导致政府压力急剧增强,从而让其现在的立场更不稳定。

严说,为了应对可能发生的情况,中华民国已采取措施确保中国驻巴黎大使馆的财产所有权。中华民国已让其驻联合国教科文组织代表团迁至大使馆馆舍内,以确保中华民国的馆舍所有权不会仅依赖于中华民国与法国的外交关系。严还说,欧洲经济共同体已经接受中国驻布鲁塞尔陈大使为中华民国驻欧洲经济共同体的大使。中华民国正在分别寻求每个成员国

---

[1] 资料来源:Confidential U. S. State Department Central Files,China,February 1963 – 1966,Part 1:Political,Governmental,and National Defense Affairs,Reel 24,pp. 343 – 344。

的最终同意,如果法国不阻挠,将能在下个月委派陈为驻欧洲经济共同体大使。

我告诉院长,美国会继续努力阻止其他国家追随法国。我说,我们会继续与中华民国密切合作,提供能有助于保持其在巴黎地位的情报。中华民国处在阻止中共进入的有利地位上,只要中华民国待在那里,中共将面临困难局面。

赖特
(姚百慧译校)

19640128,ZFD00247

国务院致"驻中华民国大使馆"电(第667号)[①]
(1964年1月28日)

台北致第658号电;抄送东京第182号电。[②] 台北致国务院第660号电;抄送东京第184号电。

中华民国政府对法国与北平建交的官方回应是,让巴黎和北平都感到极大的不舒服,同时避免在反对"两个中国"的问题上有任何妥协。现在对中华民国政府来说重要的是,要抵抗住预料中的北平甚至巴黎的挑衅,不致因受刺激而(与法国)断交。我们仍然认为还有机会,北平不可能忍受法国继续承认中华民国政府并与之保持关系。中共的官方声明(新华社1月28日公布)很明显主要是想让中华民国政府灰心丧气,迫使委员长与法国断交。与此同时,该声明还将戴高乐置于两难的尴尬境地,要么不得不认可北平公布的法国与中华人民共和国所达成"谅解"的版本,背弃法国政府不会与中华民国政府断交的保证;要么让自己与北平互换大使的计划受挫。通过揭露北平不愿忍受法国继续与中华民国政府保持关系,或者逼迫法国主动与中华民国政府断交,中华民国政府可以取得很大的收益。只要中华民国政府不后退,它就能在此局势中获益。

[①] 资料来源:*Confidential U. S. State Department Central Files*,*China*,*February 1963 – 1966*,*Part 1:Political*,*Governmental*,*and National Defense Affairs*,Reel 24,pp. 387 – 388。在该电后,有电文的草稿。

[②] 19640127,ZFD00048。

关于委员长希望讨论的话题：(a) 中华民国的前途，以及 (b) 与光复大陆相关的前景，接下来几周乃至几个月中我们的迫切任务是协调我们的行动，以找出一些方式和手段，来抵消法国承认（中共）对中华民国的国际地位，尤其是在联合国中的地位可能造成的不利影响。任务如此艰巨，我们要予以最全面、最迅速的重视。

在与中华民国政府的讨论中，可以在你认为合适的时候参考上述内容。

代理国务卿鲍尔

（管世琳译，姚百慧校）

19640129，ZFD00106

"驻中华民国大使馆" 致国务院电（第670号）[①]

（1964年1月29日）

发给在汉城的国务卿。

昨晚，我与克莱因以及使馆副馆长一同拜访了外交部长沈昌焕。

沈对戴高乐表示愤怒，主要不是因为法国的公告，而是因为戴高乐的背信弃义以及欺骗策略，一方面他向世界佯装愿意继续保持与中华民国的关系，但另一方面给中华民国传达的却是相反的想法。他谴责戴高乐在这种欺骗行径中把贝志高作为可能并不知情的工具加以利用。他说，来自巴黎的媒体报道说，贝志高曾向蒋总统保证戴高乐不会与中华民国断交，这完全是撒谎。他引用了《纽约每日新闻报》的社论，其中说贝志高已发表声明，大意是不支持北平获取安理会席位。沈说，必须揭露戴高乐从事的这种欺骗世界的巨大阴谋。

沈说，中华民国在巴黎的代办报告说，他已向法国外交部官员提出抗议，该官员指出法国宣布与北平建立外交关系的公报中并未使用"承认"一词。沈认为抛开承认谈建交是荒谬的，指出这进一步证明了法国的诡计多端……

沈说他和行政院长在立法院花了一天时间向立法委员解释中华民国的立场。他说，尽管中华民国自身理解并感激美国建议其继续暂时留在巴黎

---

① 资料来源：*DDRS*，CK3100593646 – CK3100593648。

的友好本质和目的,但他必须向我坦言,一些立法委员表达了他们对于美国目的的怀疑,认为美国意图促使中华民国接受"两个中国"的安排。他认为,美国政府严正声明支持中华民国以及远东其他直接遭受中共入侵威胁的国家,对反驳此种怀疑和增强亚洲自由国家对美国的信心都十分重要。

沈详尽地阐释了法国的行动已对中华民国及美国在远东其他的反共盟友造成的极其严重的影响。到目前为止,他并未觉得华盛顿和国务卿所发表的声明足以恢复此地区民众的信心。美国单纯地说它会履行承诺还不够。人们当然相信美国会兑现承诺。还需要一些更为强有力的东西。中华民国最近不愿意重复它过去多次说过的,美国要把中华民国视为中国的唯一合法政府。

对于美国可能采取的应对法国的具体措施,沈建议如下:

(1) 鼓励西德政府与中华民国政府互换外交或贸易使团。波恩并不赞同戴高乐的行动,这或许可以改善政治气候,为德国考虑此事提供有利的条件。(沈承认这有困难,但是两者无论实现哪一个都会极大地鼓舞此处的士气。)

(2) 鼓励马来西亚与中华民国建立外交关系。

(3) 美国及中华民国都尽最大努力阻止立场动摇的国家步法国后尘,包括葡萄牙、比利时、墨西哥、巴西、刚果(布)以及在此范畴的其他非洲国家。

(4) 立即加强中华民国对美国予以财政扶持的越南人的技术支持。在接下来的6个月,新成立的越南政府在政治及经济领域取得进步是必要的。中华民国及美国在西贡的大使正在商讨扩大中华民国对越援助项目的手段。此事亟须迅速推进,避免因繁文缛节而陷入停滞。

(5) 美国对马拉加西亚共和国的军事援助过于有限的问题。沈说,齐拉纳纳总统当面告诉他总统担心东非对马达加斯加安全的威胁,需要一些军事装备来加强马达加斯加的安全,对美国去年所做的军事调查毫无结果表示失望。(关于这一点,沈的观点将在单独的电报中予以进一步详述。[1])

沈说,中华民国和美国不能仅单纯地捍卫中华民国现在已有的外交关系,而需要采取进攻的态势建立新关系。例如,中华民国如能成功与波恩或马来西亚建立关系,将有助于抵消法国行动的严重影响。

---

[1] Telegram from the Embassy in the Republic of China to the Department of State, No. 675, January 29, 1964, *DDRS*, CK3100328834 - CK3100328835.

我说，我对中华民国在巴黎坚守岗位表示高兴，我希望它能毫不退缩，因为这很有可能挫败巴黎和北平的意图。正如沈所知，美国已在全球积极行动阻止其他国家效仿法国并会继续这样做。我也对沈的行动建议感兴趣，并会立即向国务院汇报。克莱因说，他同样会在回到华盛顿之后汇报，并紧急调查他的机构可以在多大程度上帮助美中实现其目标。

赖特
（刘京译，姚百慧校）

19640129, ZFD00050

"驻中华民国大使馆"致国务院电（第680号）[①]

（1964年1月29日）

今晚，大使、来访者、外交部长、蒋经国、沈翻译与蒋介石进行了两个半小时的会谈。[②] 在概述之后，蒋介石询问我们如何看待未来。我们回答了三点[③]：第一，阻止法国与共产党［中国］完成它们既定的建交计划；第二，敦促其他国家不要追随法国；第三，支持中华民国政府；第四，加强并发展对中华民国在联合国地位的支持。

我们询问蒋介石有没有什么提议。蒋介石回答，在美国对中共实行开门与和解的政策时，他没什么可以建议的了。如果共匪政权不被推翻或摧毁，将会吞并中华民国和所有其他的反对者。

在讨论之后，蒋介石谈到首先得去研究法国的目的。三年前，戴高乐曾派密使拜访蒋介石，建议国民党政府不要完全依赖美国的支持，应接纳法国为第三合作者，而法国则以与（中华民国）互换大使作为补偿。这是第一个确定无疑的迹象，表明法国谋划驱除美国和英国的势力，重新恢复它在整个东南亚的影响，并为此目的的追求与中共结盟。最近，其在老挝、柬埔寨问题上保持中立，又承认中共政权，所有这些都证实了这一点。

[①] 资料来源：FRUS, 1964–1968, Vol. 30, China, pp. 19–21。
[②] 台湾档案对这次谈话的记载，见《蒋介石与赖特、克莱恩谈话记录》（1964年1月29日），"国史馆"藏《蒋经国总统文物》，《蒋中正与克莱恩会谈纪要》（一），典藏号：005-010301-00010-010。
[③] 原文为"three steps"，从后文看，实际上是四条。

蒋介石谈到，美国没有意识到东亚形势的恶化对台湾军民士气的影响。整个国家意志十分脆弱、不堪一击。中共将抓住这个机会，充分利用这一点，通过渗透和颠覆征服他的国家，这种危险是确实存在的。

蒋介石谈到，他必须用某种方式安抚他的人民，向他们保证他将永远不会容忍"两个中国"的局面。只要不出现"两个中国"的局面，就有收复大陆的希望，军民的士气也将保持高涨。如果三年前我们采取措施收复大陆，现今法国的承认也就不会发生了。如果我们行动起来反攻大陆，那法国的承认对我们来说将变得毫不重要。一旦我们采取这种行动，军民的士气就会高涨起来。他说，如果三年前能放手采取行动，中华民国早就进行收复大陆的行动了。然而，他非常了解美国的态度，目前暂无采取这种行动的意图。

如果不采取能对保持士气产生类似影响的行动，我们实际上就给颠覆渗透敌开了大门。在中华民国军民意志消沉的情况下，中共将运用其著名的"和平解放"战略，不费一兵一卒拿下台湾，到时第七舰队也无能为力。

既然美国的政策十分明确，难道中华民国就不能要求美国提出保持军民士气的方案吗？

蒋介石提到，他对这个问题有些看法。南越、韩国、中华民国是三个相互关联的作战区域，丢失任何一个都将影响另外两个。法国的承认在南越形成了一个新的局面，即共匪将运用法国的影响蓄意破坏美国的行动以迫使美国退出。而退出的后果将是美国的威望大大下降，以至于无法阻止韩国和中华民国士气下降的趋势。

蒋介石说，他将提出三个建议。方案一，美国带头建立一个包括美国、韩国、南越和中华民国在内的四国同盟，以便一国的部队可以由其他国家支配，赶赴动乱区域。方案二，韩国、南越和中华民国三国同盟计划，美国只给予鼓励和空中掩护、海军支持。方案三，中华民国分别与南越、韩国签署双边协定，允许相互进行军队援助，美国提供同样的支持。

注意，在方案二和方案三中，美国只提供支持而不正式介入。他说，方案二和方案三是维持此区域稳定和士气的最低要求了。坦白说，没有类似这种能允许使用中华民国军队的同盟，他不明白美国将如何稳定在南越的局势。接下来是对这三个方案细节的讨论，包括它们对老挝、缅甸和泰国的影响。

在被问及日本的情况时，蒋介石说日本已经出局。它的宪法不允许它加入这个同盟。而且共产主义的渗透太深，已将其一分为二，一个处于池田的控制之下，另一个处于共产党的控制之下。美国不应过分看重日本在东亚的作用。

蒋介石说他在与马歇尔将军的上一次会谈中谈到，如果美国坚持它的政策，大陆就会落入共产党的手中。现今这同样适用于整个东南亚和中华民国。

讨论以美国保证会慎重考虑这些计划和一般的客套而结束。

以上是这次漫长讨论的一份简短说明。

评论：

（1）蒋介石倾向于认为法国与中共的关系最终将成定局。

（2）蒋介石似乎颇为担忧东亚国家的士气，尤其是中华民国军民的士气。

赖特
（沙芳洲译，姚百慧校）

19640129，ZFD00119

丹尼致腊斯克情报评论[①]
（1964年1月29日）

主题：<u>两个中国：台北和北平"全部都要，或者什么也不要"</u>[②]

尽管法国承认了共产党中国，尽管随后北京声称它是包括台湾在内的全中国唯一政府，台湾还是决定不与巴黎断交，这一决定预示着会破坏戴高乐与北平建立外交关系同时不必亲自与台北断交的明显企图。尽管巴黎曾希望它能开辟通向"两个中国"的道路，但台北和北平都以策略行动来处理局势。

<u>台北坚定反对两个中国</u>。国民党政府曾花了相当的功夫，来搞清楚把它的代表留在巴黎、并不马上断绝关系的目的是努力阻止中共进入。国民

---

① 资料来源：DDRS, CK3100368344 - CK3100368346；又见 Robert E. Lester eds., *The Lyndon B. Johnson National Security Files, 1963 - 1969, Asia and the Pacific*, Bethesda, MD: University Publications of America, 1993, Reel 2, pp. 789 - 791. 小乔治·丹尼，国务院情报与研究办公室（INR）副主任。

② 下划线为原档所有，下同。

党向法国政府抗议，重申台北反对"两个中国"的主张未曾变化，决心光复大陆。来自台北的媒体报道显示，一旦共产党中国在巴黎建立使馆，国民党即打算与法国断交。

即使像他们之前所表现的那样，国民党在策略上还有些灵活的空间，但他们主要关心如何避免削弱他们作为中国代表的地位，避免鼓励由法国行动所引发的"两个中国"的解决办法。台北一直主张，它不能容忍它的代表和中共的代表同时被派遣到一个国家的局面，也不能容忍它只被当作台湾政府。

中共的灵活性也达不到"两个中国"的程度。1月28日中共声明，北平是作为代表全中国的唯一政府同法国达成协议的，暗示不允许其代表同国民党政府的代表同时出现。该声明也清楚地表示，北平继续把台湾当作中国必不可少的一部分，坚定拒绝任何"两个中国"的方案。中共的声明因而明显削弱了法国人声明的其与北平的协定允许他们同时与台湾保持外交关系的影响。很明显，在与北平谈判协议时，法国要么误解要么蓄意忽略了中共提出的事实上愿意互换外交使团的条件。由于允许这种模棱两可的继续存在，中共明显指望台北能主动断交，以避开解决这个问题。

留待法国决定的下一步。中共的声明现在已把法国置于一个困难的处境。法国人声称他们自己不会主动与台北断交，现在他们发现要找出一个不太丢脸的办法很困难。与此同时，北平与戴高乐存在分歧的前景有助于台北强化其在被迫离开前留在巴黎的决定，也至少会暂时遏止其他国家追随法国的热情。

（姚百慧译校）

19640130, ZFD00224

驻法国大使馆致国务院电（第3631号）[①]

（1964年1月30日）

参见国务院第3822号电报。

目前法国政府看上去正在极其小心谨慎地处理中华民国的问题。他们

---

① 资料来源：*Confidential U. S. State Department Central Files*, *China*, *February 1963 – 1966*, *Part 1*: *Political*, *Governmental*, *and National Defense Affairs*, Reel 24, p. 251。

事实上遵循着其一贯态度,即他们是承认"现实";北平是中国大陆的政府,而蒋政府是福摩萨的政府。尽管很明显,他们有可能把蒋逼到被迫断交的地步,但绝对不会明确他们如何做到这一点。一种可能性是他们或许会通知台北,自此以后,他们不再承认中华民国政府代表中国政府,仅能将其作为福摩萨的政府。然而,从逻辑上说,如果法国在不承认北平对福摩萨的主权的情况下能与北平维持关系,那么它也应该能在不承认中华民国代表全中国的情况下与中华民国维持关系。戴高乐很可能在明天的记者招待会上详细阐明法国的观点。

参考电报建议中华民国坚持原有立场,继续观望局势。无论如何,在等待事态全面发展期间,我们应与该电报提出的建议保持高度一致。断交的可能性始终存在,但不太可能一下子就断交。

波伦

(刘京、姚百慧译,姚百慧校)

19640201,ZFD00214

国务院致驻外使馆通电(第1410号)[①]

(1964年2月1日)

我们的第1269号[②]和1352号通电。[③]

第1269号通电不再有效。

法国政府和中共在1月27日发表了相同的简单声明,宣告了它们建立外交关系并在3个月内任命大使的决定。下面的信息可作为同驻在国政府交谈以及同媒体打交道时有用的背景材料,尤其是针对那些认为"两个中国"政策是最好的解决方案、认为法国已成功树立先例的国家。

在1月27日宣布承认以前,以及宣布承认后,法国人在公开和私下的发言中都称他们不会采取与台北断交的步骤,并基于此强调与中共达成的承认协定并无条件。法国的这一立场导致人们进一步认为法国成功推行了

---

① 资料来源:*Confidential U. S. State Department Central Files,China,February 1963 – 1966,Part 1:Political,Governmental,and National Defense Affairs*,Reel 24,pp. 171 – 174。

② 参见19640117,ZFD00331 注释。

③ 19640124,ZFD00271。

"两个中国"政策。

参考信息：蓬皮杜总理于1月22日曾私下向我们保证（其他法国领导人也做出同样保证），法国政府不会主动与台北断交。参考信息结束。

在法国宣布承认前，北平降低了它对"两个中国"的惯常反对。这或许是蓄意的策略，以推进法国的承认，把反对"两个中国"的责任推给中华民国，期待后者会很快与法国断交。在宣布承认后，由于中华民国出人意料地未从巴黎撤出，中共很快纠正于法国在"两个中国"问题上的错误。在1月28日的官方声明①和1月29日的《人民日报》社论中，北平表示不愿意接受一个承认中共的国家里还有中华民国的代表，激烈地抨击"两个中国"设想。社论宣布："任何一个国家承认中华人民共和国政府，不言而喻地意味着不再承认蒋介石集团……而且理所当然地不能允许这个集团的代表同中华人民共和国的代表同时存在于这个国家和一切国际组织之中。"社论还说："中国对于自己领土台湾所拥有的主权，绝对不是美帝国主义和任何人所能改变得了的。中国人民一定要解放台湾。他们完全有权利按照自己认为合适的方式使台湾回到祖国的怀抱。中国人民坚决粉碎任何企图制造'两个中国'，把台湾从中国的版图割裂出去的阴谋。"②

面对北平对"两个中国"局面的谴责，法国官方发言人于1月28日的初步回应是，仍重申与北平所达成的承认协定是无条件的，宣称法国并不愿与蒋介石断绝关系。据报道，发言人还说正要求北平澄清其立场。

接下来的一天，法国公开声明的调子发生了显著变化。在出席内阁会议后，新闻部长佩雷菲特称，北平1月28日关于"两个中国"的声明"确认了……每个人都了解、我们也了解的立场"。佩雷菲特把一周前戴高乐派特使访问台湾说成是基于个人考虑，而非意图维持两国政府当前关系的努力。同一天，显然是得到授意的法新社电称，来自法国外交部的消息认为，"两个中国的理论在国际法上并无意义"。据该电讯，外交部的消息还说，在巴黎，从来没有将来也不会有两个中国的代表，"如果蒋介石政府不承认北平代表中国，就没有什么可以阻止其召回驻巴黎的代办"。

---

① 见本书中国档案部分，19640128，ZFD00092。
② 《人民日报》社论见《祝贺中法建交》，《人民日报》1964年1月29日，第1版。档案英文与社论原文略有出入，此处译文基于英文本译出。

参考信息：法国政府似乎误判了，本以为法国承认北平后中华民国会很快断交，从而解决"两个中国"问题。即使法国仍不愿意主动与中华民国断交，法国似乎打算制造让中华民国无法再待下去的条件。参考信息结束。

你可以使用上述资料表明，除非依据中共自己的条件，否则与他们打交道有多困难。要减弱美国的作用，避免显得是我们要中华民国拒绝撤走、不与法国断交。上周的台北报纸的几篇社论也督促中华民国政府根据自己的利益，不要采取仓促的断交行动。

腊斯克
（姚百慧译校）

19640201，ZFD00121

蒋介石致约翰逊的信[①]

（1964年2月1日）

亲爱的总统：

我希望表达对您1964年1月17日信函的谢意。

对于法国政府拟与中共政权建立外交关系一事，我十分欣赏美国政府表示的深切忧虑以及为阻止此种行动所做的各种努力。我已做好准备，真诚地与贵国政府探询达成此目标的各种必要措施。然而，阅毕戴高乐总统1月15日致我的信后，我只能得出一个结论，那就是显然他不可能改变他的基本政策。

尽管法国政府和中共政权已正式宣布建立外交关系，中国政府根据您的请求未主动与法国断交。在此紧急关头，至关重要的是，采取非常有效的方法阻止这种关系的真正建立，谋划积极的对策以应对因法国与中共政权建立外交关系所引起的整个东亚地区的严重局势，以缓解亚洲和全球反共阵线面临的严峻危机。

作为一个亚洲的反共主义者，我基于对目前局势的观察所得出的结论是：法国政府与中共政权建立外交关系会对自由世界的安全造成最具

[①] 资料来源：*DDRS*，CK3100684473 – CK3100684475。

破坏性的影响。戴高乐总统似乎认为，通过绥靖中共并寻求东南亚的中立，就可以对东亚的和平做出贡献。他似乎没有想到，这样的行动仅仅会加速东南亚陷入共产党人之手。在我看来，中共无疑自此以后会加紧他们对亚洲的渗透和颠覆活动，并且有望升级他们在老挝和越南的军事行动。在那种情况下，老挝和柬埔寨将无法维持中立地位，从而无法摆脱陷入共产党统治的命运。那时泰国三面为共产党的军队包围，缅甸亦将为共产党拿下。马来西亚自然会感受到抵御共产党人扩张的困难与日俱增。在东北亚，朝鲜共产党人在中共的煽动下，将会比以往更加危险。日本的共产党人和左翼人士将越来越具挑衅性。届时台湾将面临一种更为严峻的局势。

既然中华民国与美国共同肩负着抵御共产党人扩张浪潮和保卫西太平洋地区和平与安全的责任，我们真诚地希望阁下能够适时发挥您的领导作用，加强反共盟友之间的团结，并且希望能够重新评估形势，从而立即采取一个总体计划，展开积极有效的行动应对新形势。必须要采取行动阻止反共阵线的陷落。此种陷落或许不是因为共产党人的武装侵略，而是因为共产党人采取了诸如渗透、颠覆等阴险狡诈的手段，以及他们努力去破坏亚洲反共国家的团结。这样，共产党人完全可以无须诉诸军事行动就实现其"和平解放"的目标。

鉴于亚洲人民生活和教育水平相对低下，他们自然更容易受到外部的影响。亚洲国家在政治、经济以及社会方面的弱点同样为共产党人的宣传、煽动、威胁和诱惑提供了便利。提请您注意这些或许不能为亚洲以外人士完全理解的关键性因素是我的责任。另外，我已经有几项关于稳定亚洲局势的具体建议，这些建议我已要求克莱因先生向您汇报，供您参考。

我有信心，凭借您的智慧和远见，您一定对局势有了高屋建瓴的了解并且有足够的方法应对。我将期待您的高见。

阁下，请接受我最诚挚的敬意。

您真诚的
蒋中正
（刘京、姚百慧译，姚百慧校）

19640204，ZFD00051

"驻中华民国大使馆"致国务院电（第708号）[①]

（1964年2月4日）

巴尼特将是自法国承认共产党中国以来首位访问台湾的美国高层官员。法国的行为暗示了其"两个中国"的政策，使中华民国政府官员比以往进一步意识到其政府对美国的依赖。

外交部长向我表达了他的看法，认为美国官员在近期发表的公开声明中，不愿公开重申美国认为中华民国政府是中国唯一合法政府的立场。因此，要仔细审查巴尼特的声明，避免漏掉类似词句。

我们费了很大力气，也仅仅说服了中华民国政府暂时保留其驻法使馆。有人怀疑，美国本身最终也可能有"两个中国"的打算（参见大使馆第698号电报）。要使我们接下来的说服工作发挥作用，必须消除这种怀疑。国务卿已经向蒋大使明确表明美国的立场（参见国务院第607号电报[②]），但在这一关键时刻，如果巴尼特公开重申美国的这一立场，会非常有用。

如果国务院不打算采用我在第696号使馆电报中的措辞，建议巴尼特的声明借鉴国务卿在1月28日东京新闻发布会上发表的声明，他强调了中华民国政府是中国人民的合法代言人。我认为这样的声明将非常有助于增加公众信心，确定我们支持他们在巴黎的立场。

赖特

（雷满妹译，姚百慧校）

19640207，ZFD00064

腊斯克答记者问[③]

（1964年2月7日）

我认为，法国承认北平只是核心问题的一部分，那就是是否要让北平

[①] 资料来源：*DDRS*，CK3100368347；又见 *The Lyndon B. Johnson National Security Files*，1963 – 1969，*Asia and the Pacific*，Reel 2，p. 705。

[②] 19640118，ZFD00042。

[③] 资料来源：*American Foreign Policy：Current Documents*，1964，p. 875。

当局相信他们的好战政策将得到回报。

现在，他们已经袭击了印度。他们否认关于东南亚的协定。他们拒绝放弃在福摩萨海峡使用武力。他们在非洲和某些拉美地区制造不和。因而，正如他们与苏联围绕这个问题的激烈争辩中所表现的，好战是其外交政策的特征。

现在，我们认为，如果让北平觉得这种行动有利可图，这对普遍和平将是极大威胁。因此，各国政府对北平的态度要基于这个核心问题，而在我看来，这比某个特定的政府自身对该政权的态度更为重要。

（姚百慧译校）

19640210，ZFD00065

"驻中华民国大使馆"致国务院电（第736号）[1]

（1964年2月10日）

参见大使馆致国务院第735号电。[2]

今日18时开始，与总统会晤20分钟，他确认了法国代办皮埃尔·萨莱德今晨向外交部递交了法国的口头声明。[3] 他把此作为法国官方信息。

总统说，在处理1月27日声明和1月31日记者招待会的问题上，他已与美国合作，但他认为，由法国代办传达的信息已终结了策略阶段。他说，在此信息到达后，在其政府召开的会议上，他决定中华民国政府与法国政府的关系已因法国方面的信息而终结。我说，美国一直努力迫使法国采取主动，我希望中华民国政府在处理此事时能用尽各种手段以让世人看来是法国应对此行动负全部责任。总统答复说，在他看来，根据法国代办提供的信息，法国政府事实上已采取主动。

总统然后要求我将中华民国政府与法国政府外交关系已告终止的情况

---

[1] 资料来源：FRUS, 1964–1968, V. 30, China, p. 22。
[2] 在来自台北的第735号电报中，赖特报告了他与沈昌焕会谈的情况，后者转告了1964年2月10日上午法国代办奉政府命向他口头转述的内容。——原编译者注
[3] 台湾档案对此次赖特与沈昌焕会谈的记录，见《沈昌焕与赖特谈话记录》（1964年2月10日），近史所外档，305.22/0007，第248~258页。沈昌焕与萨莱德谈话情形，见《沈昌焕与萨莱德谈话记录》（1964年2月10日），"国史馆"外档，172-4/0811；已刊本，见《中法建交多国档案选编》（四）。

向国务卿和约翰逊总统汇报。

21时将召开内阁会议,以决定宣布对法行动的形式。行政院长说,今夜将会对媒体发表声明。

我力劝行政院长和外交部长得到法国的纸本信息,以便公众能清楚地了解。但二人都声明,他们认为法国信息的含义清晰明白,因此无须要求一份纸本的声明。我再次要求行政院长和外长有必要记录下来他们的声明,以便清楚地表明是法国主动采取了断交的行为。

赖特
(姚百慧译校)

19640212,ZFD00066

国务院致"驻中华民国大使馆"电(第727号)[①]
(1964年2月12日)

参考台北致国务院的第753号电[②](转发巴黎第55号,东京第223号,香港第272号,驻联合国代表团第23号)。

你对中华民国与法国断交行为的不满,国务院表示深有同感,也同意由于中华民国未能将断交责任推给法国,权宜策略的最大优势已不存在。

另一方面,此处的媒体也了解到,是法国的行动导致中华民国宣布断交。结果是,在过去两天来,社论和新闻消息已非常准确地报道了事实。

在当前情况下,国务院认为,直接向蒋总统提出这个问题不会有什么收获。然而,你可以非正式地在低层次上提请中华民国注意,美国对参考电报中描述的缺乏充分磋商行为的关心,以及这对美国为维护中华民国国际地位提供最大支持能力的不利影响。

腊斯克
(姚百慧译校)

---

① 资料来源:*FRUS, 1964-1968*, Vol. 30, *China*, p.23。
② 2月12日来自台北的第753号电报,建议赖特应被授权向蒋"总统"表达美国的不满,由于2月10日台湾宣布断交,未能将责任诿于法国。——原编译者注

19640213, ZFD00068

驻联邦德国大使馆致国务院电（第 2882 号）（节译）①

（1964 年 2 月 13 日）

（与艾哈德总理的谈话）（致国务院，四部分之第一部分）②

在艾哈德总理今天前往巴黎的前夕，他让我去拜访他，全面讨论当前问题，其间他用了一个半小时谈论他即将对戴高乐总统的拜访、法国承认共产党中国、多边核力量的局势、通行证问题以及其他的零散主题。我正分别用电报报告这些情况。正如电报第四部分所表明的那样，我利用这次机会提出了我方的一些观点。

……③

法国承认共产党中国

1. 在有关共产党中国的问题上，总理说，他认为戴高乐承认北京是一个危险的行动，其后果还无法预见。（他对戴高乐即将去拉丁美洲和东南亚访问也表示担心。④ 他不明白戴高乐的动机是什么，因为法国如果要增加对这些地区的经济援助，必然会使法国的经济不堪重负。总理预想了由这些访问而产生的另外一些问题。）

2. 他问到有关法国承认共产党中国的后果，我谈了一下我个人的看法：（a）影响东南亚国家和美国制止共产党在东南亚的颠覆和侵略的行动；（b）让北大西洋联盟面临分裂，因为如此重要的事情没有在理事会进行讨论。总理补充说，"甚至这也没有依照法德条约与德国讨论"，还指出这会对承认所谓的民主德国问题带来不利影响。

3. 他问，依我看来，这种承认行为将对中苏关系产生什么影响。撇开对此问题的任何专家观点，我的看法是，苏联人可能会认为法国在利用中苏分裂。这是我们要谨慎避免做的，因为苏联对于这种行动的反应很可能

---

① 资料来源：U.S. Department of State ed., *FRUS*, 1964 – 1968, V. 15, Berlin; Germany, Washington D. C.: USGPO, 1999, pp. 20 – 21。

② 其他部分不涉及中法建交问题。美国驻联邦德国大使麦吉对这些谈话的评论，见 George McGhee, *At the Creation of a New Germany, from Adenauer to Brandt: An Ambassador's Account*, New Haven: Yale University Press, 1989, pp. 138 – 139。

③ 此处与本书主题无关，未译。

④ 戴高乐在 1964 年 3 月 16～19 日访问了墨西哥，9 月 21 日～10 月 15 日访问了拉美，1966 年 8～9 月访问了东亚。——原编译者注

是采取措施修复这种分裂。艾哈德不知道这是否就不会产生相反的效果，也就是说，如果西方承认共产党中国并给予经济援助，赫鲁晓夫可能会把这看成对他的攻击从而迫使他与西方对话。

4. 国务院在第1479号通电①中描述了中华民国于2月10日与法国断交的背景，我把这一情况告诉了总理。总理对并非由法国采取主动来断交表示遗憾。我指出，法国代办本人将其行动解释为与台北断交，鉴于此，实际上是法国采取了主动。

麦吉②
（姚百慧译校）

19640214，ZFD00067

腊斯克答记者问（节选）③
（1964年2月14日）

我认为［中国共产党］会继续施行好战、敌意和压力政策。现在，如果这种行为得到鼓励的话——正如我所认为的，巴黎承认北平毫无疑问将产生这种效果——那么我认为，会出现更危险的局面，世界和平的前景如何更加难以预测。

（姚百慧译校）

19640218，ZFD00069

驻联邦德国大使馆致国务院电（第2939号）（节译）④
（1964年2月18日）

主题：艾哈德访问巴黎

在我昨日拜访国务秘书卡斯滕斯时，他向我详细描述了总理访问巴黎

---

① 2月17日的第1479号通电告知，在法国承认中华人民共和国之后，国民党已决定与法国断交。——原编译者注
② 乔治·麦吉，美国驻联邦德国大使。
③ 资料来源：American Foreign Policy: Current Documents, 1964, p.876. 文件内容来自2月14日腊斯克接受美国之音一个节目的采访，次日该采访发布。
④ 资料来源：DDRS, CK3100366591 – CK3100366596。

的情形。卡斯滕斯是代表团成员之一。他说，即使戴高乐再三重复已为德国人所熟知的立场，会谈仍是坦率而有益的。会谈表明，法国和联邦德国之间存在必要且可行的合作领域，但两国间也有一些基本分歧。

卡斯滕斯用如下的语言描述了艾哈德与戴高乐讨论的主题，但可能漏掉了二人私人谈话中的一些内容。

1. 承认共产党中国。戴高乐详述了其众所周知的承认北平的合理性：共产党完全控制了大陆，现实要求与他们打交道；法国希望东南亚中立化，这一目标需要与中共接触。艾哈德答复说，这都很好，但共产党中国仍是非常具有侵略性的国家，这一事实并未改变。苏联和共产党中国之间或许存在分歧，然而在一些问题上它们可能会联合起来对付敌人。如果北平成功加入联合国的话，在联合国舞台上将尤其如此。总理也评论说，即便东南亚中立化得以实现，也不能确信最终就不会导致共产主义统治这一地区。只不过现在还不知道发展的结果究竟如何。戴高乐将军承认，考虑到东南亚的情况，无法确知中立化的政策会带来什么。

……①

麦吉

（姚百慧译校）

19640218，ZFD00071

驻巴西大使馆致国务院电（第 1737 号）（节译）②
（1964 年 2 月 18 日）

1. 此电报着重回顾 2 月 12 日与巴西外长阿劳霍·卡斯特罗谈话的一般情况，已报告的委内瑞拉与古巴问题除外。

……③

8. 在承认共产党中国问题上，部长断然否认报刊上关于古拉特④已表示愿意追随戴高乐的传闻。他说，因为需要密切观察其他国家如前法属西非

---

① 以下与本书主题无关，未译。
② 资料来源：DDRS，CK3100347986 – CK3100347988。
③ 此处与本书主题无关，未译。
④ 若昂·古拉特，巴西总统。

国家的反应，以及评估此事对联合国局势、与福摩萨贸易等的影响，巴西目前不会匆忙采取行动。他给我的印象是，他个人宁愿不讨论承认中国的问题，但并不知道古拉特现在的想法如何。至于联合国，他认为，由于宣布这是一个重要问题，需要 2/3 多数票，多数明显仍然存在，但怀疑这种投票在 1964 年能否成功。他表示，有些人对"两个中国"的想法表示同情。

9. 继续上一点。中国大使①在今天（2 月 18 日）拜访我，讲述他昨天与部长的晤谈。②部长告诉他，中共正寻求在此处建立贸易办公室，古拉特倾向于接受这一点，因为一些事情最初已由奎德罗斯③批准并在 1961 年 8 月古拉特访问北京时签署。中国大使向部长指出：（a）当时由巴西银行和中国人民银行的代表草签的贸易协定并无设立此种办公室的条款；（b）协定有效期仅三年，中共明显是想把建立办公室作为拓展协定的基地；（c）自协定签署以来，中共并未从巴西购买任何东西；（d）建议设立的办公室将由中共的国际贸易促进委员会④派出代表，该机构比中国人民银行更为官方；（e）考虑到法国的行动，公众舆论必然会把巴西政府接受这种办公室的举动视作承认的序幕。中国大使说，部长对这些话似乎印象深刻并打算转告古拉特。中国大使也要求能得到古拉特的接见。他请求我在方便时支持他的立场，根据我们的一贯政策，我当然会这么做。

戈登⑤
（姚百慧译校）

19640227，ZFD00053

驻日本大使馆致国务院电（第 2541 号）⑥

（1964 年 2 月 27 日）

大使致国务卿。

---

① 此处为台湾当局的"驻巴西大使"许绍昌。
② 台湾档案中对 2 月 17 日许绍昌与卡斯特罗晤谈情况的记录，参见《许绍昌致"外交部"电（第 124 号）》（1964 年 2 月 18 日），"国史馆"外档，172 - 4/1679。
③ 雅尼奥·奎德罗斯，若昂·古拉特的前任，1961 年曾任巴西总统。
④ 中国国际贸易促进委员会的英文为"China Council for the Promotion of International Trade"，档案此处使用的英文为"Chicom Foreign Trade Promotion Council"。
⑤ 林肯·戈登，美国驻巴西大使。
⑥ 资料来源：*FRUS*, *1964 – 1968*, *V. 29*, *Part 2*, *Japan*, pp. 7 - 8。

今天，池田要求会见我。他提到您曾说如果希望与您进行不为人知的私人交流，可以把我当作一个直接渠道。接着，他说了如下几点：

1. 法国承认北京已对日本公众产生了巨大的影响，由此而增加了对日本政府的压力。先是廖承志在北京，继而是赵安博（这二人都是中共的"日本通"）在东京提出了种种得到公众赞同的提议，包括：（1）扩大贸易，（2）互派贸易代表，（3）开辟两国航线，（4）互派记者。①

2. 这些建议中的某些部分有一定的价值，但池田并不希望与美国的步调严重不一致。最近，在与《华盛顿邮报》的威金斯、《纽约先驱论坛报》的德拉蒙德交谈之后，他得出的结论是，美国与北京之间渐趋频繁的沟通将是必要的，并不一定违背美国的意愿。为了加强美国与北京之间的沟通、保持日本政府与我们的步伐一致，他认为日本同意互派记者可能是明智的，只要北京与美国也互派记者即可。池田已与古井交流过这一想法（我怀疑他是指这一想法是由古井提出的），自由民主党议员古井去年秋天作为冈崎贸易使团的一员出使北京，池田就像旧时官员相互之间的关系那样对他极富信任。他也同样信任松村，后者是一个有影响的自由民主党议员，领导加强与北京联系的运动。松村渴望在此基础上接近北京，但是池田踌躇不前，假托要进一步研究方案，实际上在等待美国的反应。他不希望对北京此种提议的认同让美国尴尬不已。

3. 池田已决定，在考虑开辟两国航线前，北京必须首先与日本签订通邮协议及互通气象数据协议（已签订有限通邮和互通气象数据的非正式协议）。

4. 至于承认，池田说，就算日本是最后一个扩展承认的国家，他也不介意，依据是"在戏上演之初，主角并不需要出现"。在这一点上，他也强调日本不仅与国民党政府的关系十分重要，与韩国、菲律宾和泰国的关系也很重要。

5. 他焦急地询问越南的局势。很明显，希尔斯曼的突然辞职加剧了他的焦虑。我了解到，他将感激您通过此种私人渠道告诉他的任何信息。

---

① 在2月20日的第2481号电报里，驻日大使馆报告，法国对中华人民共和国的承认以及法国和其他欧洲国家开拓中国市场的不懈努力，激起日本国内赞同考虑中国的这些经济提议。尽管贸易和经济关系有了潜在的发展，但是日本的政策还是将经济关系与政治、外交承认区别开来。然而，与此同时大使馆亦承认，"当贸易本身不具备相当重要性时，诸如互派贸易代表或开辟航线等行动本身不会推动与中共邦交'正常化'，而中共却一直都在努力地提升与日本的密切关系"。——原编译者注

6. 在谈话将要结束时,他表示希望能够早日收到你对第二段中提到的提议的回复,然后在不为任何其他人知道的情况下由我将此回复转达给他。这是他第一次完全单独地接见我,甚至连内阁官房长官黑金也被排除在外;显然,池田甚至不希望让大平正芳知道他就这一点向您进行过探询。

赖肖尔

(沙芳洲译,姚百慧校)

19640302,ZFD00054

克莱因致麦科恩备忘录[1]

(1964年3月2日)

主题:美国与中华民国(台湾)的关系

1. 上个月我的台北之行成功地让中华民国推迟两周才与法国断交,从而迫使北平和巴黎都明确表态:作为与北平建交的代价,法国要被迫放弃它对在台湾的中华民国的外交支持。这对美国是一种收获,因为很多国家认为,如果能维持同"两个中国"的外交关系,它们愿意承认北平。非常清楚,任何国家想承认北平就得不得走同样道路,承认北平有接管台湾及其1200万非共产主义人民的权利,所以几乎没有什么国家仿效法国。

2. 蒋介石总统同意这样做是出于对约翰逊总统直接请求的尊重,但他也(正确地)指出,法国人已经向北平出卖原则,将会迫使巴黎和台北断绝关系。他还说,这对台湾士气是个毁灭性的打击,尤其是对军队和政府中的大陆人。

3. 蒋总统要求把他的观点和他旨在恢复台湾士气、重振美国在东南亚威望的行动建议转达给华盛顿。我已在给约翰逊总统的口信中总结了这些观点,并在三周前把这个口信提供给国务卿腊斯克、副国务卿哈里曼和麦乔治·邦迪。一份复印件附在后面。[2]

4. 本备忘录的目的是提请您注意一些信息,这些信息我已向副国务卿

---

[1] 资料来源:FRUS,1964–1968,V. 30,China,pp. 25–26。此文件编入3月2日麦科恩致腊斯克、麦乔治·邦迪和哈里曼的备忘录中,后一备忘录建议,应迅速给蒋写一封热情的信以让他"重新恢复信心"。——原编译者注

[2] 原档后并无附件。——原编译者注

哈里曼和麦乔治·邦迪做了简单的口头汇报。它们是：（a）我发现中华民国政府官员的士气异乎寻常的低下；（b）1964年1月21日，一名高级将领率领第一装甲师发动叛乱，想要推翻政府（当然，他失败了）；（c）蒋总统曾私下情绪非常激动地跟我说，他认为，美国继续目前在东亚的政策，将导致中共控制或统治所有东亚和东南亚地区，从而造成一种中华民国根本无法生存的环境；（d）蒋总统之外的很多官员也认为，由于无法返回大陆所产生的挫折情绪以及觉得美国在军事、经济和政治上的支持正在减少，这种种趋势可能在两年内导致在台湾发生军事政变。

5. 由于问题的严重性以及这些观点给我留下的深刻印象，我认为，美国政府对之应严肃考虑。我个人认为，美国在越南采取强有力的行动能鼓起台湾的士气，但如果理所当然地认为我们总能得到中华民国的稳定友好合作，将是危险的。

雷·S. 克莱因
（姚百慧译校）

19640303，ZFD00076

科默致约翰逊备忘录[①]

（1964年3月3日）

下面是为答复蒋介石2月1日来函[②]所起草的电稿。蒋还通过克莱因发来非正式讯息。由于法国对北平的承认及我们在越南的麻烦在蒋看来破坏了中华民国的地位，他当然非常焦虑。

蒋急于抓住这个机会实现他所热衷的一些想法，如缔结新的中华民国、韩国、南越安全条约，加快中华民国针对大陆的行动，以及可能向越南派遣中华民国军队。蒋还强烈地感到，美国如在远东受重挫，两年内台湾将发生军事政变。

对蒋的担心，美国的内部反应有很大差异。克莱因认为此事很严重。

---

① 资料来源：FRUS, 1964 – 1968, V. 30, China, pp. 26 – 27；译文摘自《美国对华政策文件集》（第3卷上册），第415~416页，略有修订。约翰逊在3月6日批准此件，当时科默亦在场。

② 本书未收录，其英文稿见 DDRS, CK3100684473 – CK3100684475。

另一方面，一位同时访台的国务院高级官员报告说，中华民国政府内次高层的官员对台湾成功地引起关注感到非常高兴。① 我们担心，如果中华民国与南越结盟或中华民国公开出兵，将招致中共的对抗。

所以，最好的办法或许是友好地回复蒋，向他表明我们很严肃地看待他的关注并予以研究，但现在暂不做出任何承诺。这一讯息在附录 A 上。② 腊斯克、哈里曼和克莱因均同意，我又加了些热情的措词。

19640304，ZFD00055

国务院致驻日本大使馆电（第 2268 号）③

（1964 年 3 月 4 日）

国务卿致大使。

请告诉首相，我非常感谢通过你 2541 号电报④所传递的他的极为私密的信息。请再次去拜访他并转达我的以下观点：

1. 他提议，在东京与北平讨论互换记者问题时也把美国和大陆中国互换记者的问题一并讨论，美国对此十分感谢。这些年来，美国一直试图安排这样一种交换，但北平拒绝了。近来美国一些杰出记者在很多场合与中共代表进行个人接触，但至今毫无结果。美国与北平互换记者问题是否应该同日本与北平的类似问题联系起来，这是首相必须定夺的事。与美国相比，北平也许更愿意与日本交换记者。然而，如果与北平讨论此事，并且他们意外地同意与美国交换记者，美国将不会感到尴尬。我认为，公正地说，既然美国与北平就此事有一个几年来悬而未决的计划，如果（虽然极不可能）北平政府愿意答应美国而拒绝日本，美国发现要把同大陆中国交换记者的问题与日本的计划联系起来非常困难时，美国会继续自己的行动。总之，我们怀疑北平会有同美国交换记者的意愿，因此，是否要把这作为日本方案的一部分，由首相自己来判断。如果实行这种方案并取得成功，不会对美国造成任何难堪。

---

① 巴尼特于 2 月 5~8 日访问了台湾，大使馆以 A-738 号代电报告了其访问情况。——原编译者注
② 原件后并无附件。可参考 19640306，ZFD00079。
③ 资料来源：FRUS, 1964–1968, V. 29, Part 2, Japan, pp. 9–10。
④ 19640227，ZFD00053。

2. 美国当然非常担心越南的情况。希尔斯曼的辞职完全没有政策上的含义。面对学术界的恳切邀请，希尔斯曼基于他自己的未来长远规划做出了个人决定，尽管我们几个月来一直力图说服他放弃这些邀请。麦克纳马拉①这周开始对越南的访问之后，我们对前景会有一个更好的判断。大概十天后，我们将把我们客观的评估告诉首相。关于怎样制止河内和北平的侵略性行动，东南亚的安全很可能要求所有自由世界的领导者对此达成基本的政策看法。法国承认北平带来的最主要不利之处在于它让北平认为好战可以取得好处。我担心缓和可能会遭受一个重大冲击。我们的政策将继续是最大限度支持南越人民赢得他们自己的战斗。如果这条道路行不通，主要有关国家将不得不以最冷静的心态来寻找替代方案。

3. 对于日本可能承认北平一事，我只会重复我在东京所说的，即核心问题是日本对自由世界的利益和共产主义在亚洲扩张要采取什么样的政策。这并不是去小心提防美国的问题，而是涉及保卫西太平洋和东南亚的安全和稳定这一日本核心的和至关重要的利益。我非常希望两国政府能就此事的所有重要方面保持最密切的接触。②

腊斯克

（李海琼译，姚百慧校）

19640304，ZFD00077

驻法国大使馆致国务院电（第4173号）③

（1964年3月4日）

大使致总统。

参见第4165号电报。

在参考电报中，我应该已说明，顾夫·德姆维尔在涉及越南局势时非常谨慎。他说，他确实没有设想为此目的召开会议，虽然他承认有可能需

---

① 罗伯特·麦克纳马拉，美国国防部长。
② 3月5日来自东京的第2605号电报中，赖肖尔报告，他已经将腊斯克的观点告诉池田。池田说，他会"如他所建议的那样开展活动"，如果中国人不愿意"考虑同美国交换记者"，就对其"采取强硬立场"。他也欢迎即将做出的对越南的评估。——原编译者注
③ 资料来源：*DDRS*，CK3100124989 – CK3100124990。

要与中共做某些交易。

在我与顾夫的会面后,我与保卫新共和联盟秘书长雅克·博梅尔共进午餐。午餐时,博梅尔"极为机密地"告诉我,戴高乐此时采取承认中共行动的原因之一,是他相信越南问题将要爆发危机,希望在此之前能与中共建立关系。

评论

博梅尔[①]的信息可能属实,也可能不属实,但我认为,在顾夫关于越南政治目标的建议中,无疑存在法国将要与中共讨论此主题的某种征兆。很可能顾夫正在向我们试探这种可能性。

波伦
(姚百慧译校)

19640304, ZFD00078

驻联合国代表团致国务院电(第3283号)[②]
(1964年3月4日)

中国代表权问题

在安理会会议结束后的午餐时间,法国代表普利翁和我们讨论了目前法国在中国代表权问题以及宪章第19条(见另外的电报)问题上的立场。

关于中国代表的问题,他说,法国得到的指示是,在安理会不主动提出这一问题,但一旦问题被直接提出,法国就要明确表示立场。既然采取了承认了北平的行动,法国会考虑到接下来的必然结果。他们会投票反对中华民国政府代表的资格,赞同接纳北平的提案。在程序问题上还没有清晰的指令,但一般来说,他认为,他们不会支持任何看上去像是要回避这个问题以求拖延的行动。比如说,他认为,如果安理会因突然的事件引发问题,他们或许会愿意支持短期的推迟以让代表们获取指令;而如果只是要推迟注册登记问题,法国就不愿意支持了。类似的,对于中华民国政府代表的资格已被认可

---

① 此处原档写作 Vaumel,有误。
② 资料来源:*DDRS*, CK3100357189 – CK3100357190。

因而在安理会没有合法性问题这一点上，他们能否给予支持也值得怀疑。他还说，法国不愿把安理会的行动与联大的行动联系起来。

关于联合国大会，普利翁说他预计法国会投票赞成类似阿尔巴尼亚提案类型的决议，也就是说，接纳共产党中国、驱逐中华民国政府。他还认为，法国在"重要问题案"上的立场将遵循其政治立场，因而视相关决议只需要简单多数即可。在处理法国与前法属非洲国家的关系方面，他形容法国采取的是听之任之的政策，也就是说，它们要做什么由它们自己决定。他说，如果不能获得优势，法国没有兴趣改善共产党中国在任何地方的处境。他认为，非洲及马达加斯加联盟在这个问题上大致分裂成对等的两部分。他知道，非洲国家领导人曾在这个问题上直接与戴高乐有某些交流，但他不清楚这些交流的性质如何。他说，在台湾主权问题上，法国的立场尚未确定，在很大程度上与英国的立场相似。他指出，在官方声明之后，法国已经开始使用"台湾实体"这一说法。

当被问到哪里最适合正式讨论可能的安理会问题时，他说道，这里最适合，因为在巴黎所认为的一些次要问题上，塞杜①会尽力而为。但他补充道："别乐观。"

评价：普利翁对美国驻联合国代表团颇为友好，事实上总会想方设法协调法美两国在程序问题上的观点，即使两国实质的政策大不相同。关于程序的对话完全是非正式的。他对法国提供帮助的可能性如此谨慎，事实上是明确警告我们，几乎不能指望能从法国那里得到任何支持，也不能依靠法国会对程序问题的解决方案投第七张赞成票。普利翁附带地猜测了一下：法国改变的主要实质性原因是戴高乐对东南亚的看法，他认为解决这些问题的唯一途径就是与中共和解。

在讨论的过程中，普利翁还问，美国能否接受联合国大会关于中国代表权问题的研究小组设想。我们回答，只有在实在没有别的办法的情况下，我们才会接受它，我们预计我们能守住在中国代表权问题上的地位，尤其是在2/3多数问题上。

史蒂文森
（姚百慧译校）

---

① 罗歇·塞杜，法国驻联合国常驻代表。

19640306，ZFD00079

国务院致"驻中华民国大使馆"电（第820号）[1]

（1964年3月6日）

请将约翰逊总统这封信交蒋总统。

1964年3月2日

"亲爱的总统先生：

非常感谢您2月1日的来信，我已非常仔细地研究过这封信。我还希望感谢您对克莱因先生的热情接待。他已将您关于亚洲形势的战略考虑和建议向我做了全面汇报。

您关于世界问题的看法在此一直很受重视。我们也在积极地关注远东可能出现的趋势，我向您保证我们愿坚定地承担我们的责任并相信自由的力量不会减弱。

我也坚信，通过连续、紧密的协商，我们两国政府将能找到双方都能接受的尤其是解决共同关心问题的方式。为抵消法国令人悲哀地承认中共政权所带来的消极后果，您和您的官员提出的建议部分已在实施，其余的正在仔细研究。我要求赖特大使与您详细讨论，并与您的代表保持最密切的联系，以便达到全面协调一致。

我认为最为紧急的是强化外交努力来巩固贵国的国际地位，尤其是在联合国中的地位。在此方面我们愿与您全面合作，但你们必须做出艰苦的努力。

我们愿进一步采取措施更有效地对付共产党在东南亚的侵略。如您所强调的，这种侵略给所有的自由世界国家都带来了极大的风险，不管它们是否承认这一点。根据您的建议，我们再次回顾了我们在亚洲的双边及多边防御协议。我们的初步结论是这些协议基本上是稳固的，并能有效地遏制共产党在此地区的入侵。但我们仍将采取步骤提高其实际效力。

我们认为贵国政府已经为援助英勇的南越人民做出了巨大贡献，相信贵国政府与越南共和国政府之间仍可能有更广泛的合作领域。

---

[1] 资料来源：FRUS, 1964-1968, V. 30, China, pp. 27-29；译文摘自《美国对华政策文件集》第3卷上册，第416~417页，略有修订。

最后，总统先生，我愿重申肯尼迪总统1962年3月认可的看法，即美国对中国大陆的形势发展极为满意，因为这将使中国人民重新获得自由。我希望通过进一步密切的协商，我们两国政府能就采取的行动达成一致，这种行动将向世界各地的人民表明，共产主义的侵略将不可避免地失败。腊斯克国务卿4月访问台北时将与您讨论这些事情。

我非常愉快地回忆起对台湾的访问。希望您的身体健康如故，并希望蒋夫人从最近的病中康复。

最诚挚的个人问候

林登·约翰逊"
腊斯克

19640318，ZFD00075

哈里曼致腊斯克备忘录①
（1964年3月18日）

主题：对波伦大使"当前法国政策及其对美建议态度的一些思考"的评论

我已饶有兴趣地读了波伦大使在上述备忘录中的观点，对这些观点也没有异议。然后，我关心的是备忘录中所未提到的一些东西。

正如对阿尤布总统事件一样，我猜测戴高乐可能会惊奇于，他已如此完全不顾美国的利益，却未引发我们的强烈反应。正如在过去一样，我认为最好的办法是直接向戴高乐表达我们对其承认红色中国的强烈反对。我认为我们已同意这样做，但顾夫不知怎么就设法让我们放弃了。

我记得1944年我还在莫斯科做大使的时候，皮杜尔告知我，法国打算与苏联缔结条约，其中包括承认卢布林波兰的内容。我直接去找戴高乐，非常坦率地告诉他，他需要在莫斯科或华盛顿的善意中选择其一。他改变了立场，坚决顶住了斯大林的强大压力。他最终获得了绕开波兰问题的条约。即使他认为条约当时对他有相当的政治意义，他还是准备在没有条约

---

① 资料来源：*DDRS*，CK3100348253 – CK3100348256。

的情况下就打道回府。我承认现在的情况完全不同，但我认为对戴高乐的决定施加影响并非不可能。

我并不是说有可能阻止戴高乐承认红色中国——我们或许可以，或许不行。但行动或许能被推迟，可能整整推迟一年；或者，如果他认识到我们对此事的强烈反对以及我们相信的它对美国政策和地位所造成的严重影响，他随后的行动有可能改变。在选举年，国内政治的压力可能会有些影响。

他或者哪些拍他马屁的人（如法国驻万象大使），已采取了要么直接违背、要么威胁反对我们利益的几个具体步骤。我仍然相信，即便为时已晚，我们仍应直接向戴高乐声明，我们不喜欢他对红色中国所采取行动的任何部分，也不喜欢诸如降低南越的士气这种让华盛顿极为不满的其他行动。我并不建议做威胁，因为我知道我们做的任何事情都不能威胁到他，但他应该知道他要面对美国的不快，包括总统的不快。他采取了种种行动，却一直未遇到哪怕一点儿个人尴尬。我认为，如果我们允许这种状态继续，只会引发更多的困难。

我关心的不仅是与红色中国的贸易，而是法国提供技术援助或长期贷款的可能性。我们知道，由于苏联在1960年撤走他们的技术人员，红色中国的工业生产遭遇严重困难。即使是对关键工业部门的少量技术援助，也很可能改善他们的工业生产甚至加速其核计划。而且，法国的行动也可能引发其他国家采取类似行动，尤其是日本。在为时太晚之前，应该让戴高乐直面我们在这个问题上的观点。就越南问题与戴高乐本人进行全面磋商无疑是适宜的。既然我们决心帮助南越渡过难关，我们就应让戴高乐认识到这一点，直接告诉他，对他采取的会降低该地区人民士气的措施，我们持有怀疑的态度。

对戴高乐行为的公众关系侧面，应该继续评估。我觉得，对戴高乐墨西哥之行公开宣传并不像其应有的那样对我们有利。他向媒体暗示甚至在他自己的发言中提及我们关心其访问，这种行为无疑并非是有益的。我记得，肯尼迪总统曾要求他对拉美有更大的兴趣。在他下次出访前，我认为我们应采取行动表明，我们非常乐意看到戴高乐对拉美的兴趣；希望这意味着他愿意提供贷款和投资或促进发展；同时在对热带地区市场的责任方面，在欢迎非洲产品而歧视拉美的区别待遇方面，他能改变其在共同市场中的态度。

在动身前往非洲之前，我迅速口述了以上内容，并没有打算让其成为一份全面的陈述。自1941年起，我就认识戴高乐，并在多个场合见过他。我并不认为他不会受到外部和个人接触的影响。一旦他下定决心，他会极端固执、难以改变。我们必须尝试预计可能对我们不利的行动，并在他采取决定以前同他磋商。

W. 艾夫里尔·哈里曼

（姚百慧译校）

第四部分　其他国家档案

壹　德国档案

一　目录

19640115，ZFD00016，卡斯滕斯的记录（1964年1月15日）
19640121，ZFD00017，德法协商会谈记录摘要（1964年1月21日）

二　正文

19640115，ZFD00016

卡斯滕斯的记录[①]
（1964年1月15日）

法国大使今天拜访了我并向我通报了以下根据德法磋商协定需要告知部长先生的消息。他恳求对此要绝对保密，直到此事被公之于世为止。

法国政府将于近几周内宣布，巴黎与北京已经决定建立外交关系并于未来3个月内互派大使。

法国做此决定的原因如下：

[①] 资料来源：Hans-Peter Schwarz（Hrsg.），*Akten zur Auswärtigen Politik der Bundesrepublik Deutschland 1964, Band 1：1. Januar bis 30. juni 1964*，Munich，1995，S. 42 – 45。卡斯滕斯，联邦德国国务秘书。

（1）北约其他成员国，如英国和荷兰，也同北京维持着外交关系。

（2）1950年，由于印度支那还在进行战争，所以对法国而言，在那时建立外交关系是不可能的。

（3）而如今，若想要在印度支那维持艰难的均势，就不应忽视6.5亿中国人的存在。

（4）现在共产主义世界实际上已经一分为二了，中国已独立于苏联而存在。

在法国与台湾关系以及中国进入联合国的问题上，法国政府没有向中国人做出任何承诺。法国人不想与蒋介石断绝关系。但如果蒋介石要求断绝关系，那他们也将满足这一要求。实际上，法国对红色中国进入联合国的态度也或许会由于外交关系的建立而受到影响。

我对大使提供的消息表示感谢，并说为规范起见，我想要强调说明，在这个问题上，巴黎和我们之间没有进行磋商，我们只是被告知了一个法国已经做出的决定而已。①

法国政府所提出的原因是毋庸置疑的，然而却给联邦政府提出了这样一个问题，即这一行为将会如何影响美法关系。

就此，大使表示，已经通知了腊斯克，目前他还没有做出反应。不过不久以前，鉴于法国可能采取这一行动，美国国务院在一份公开的声明中做出了负面的评价。而另一方面，美国却已容忍了英国和荷兰的决定。

我表示，如果美法关系仅仅是在这个问题上存在麻烦的话，则不必担忧。但是如果已经存在其他更为困难的问题，而现在又加进了这个问题的话，则可能给美法关系增加更大的负担，这一点对我们而言并非无关痛痒。

之后我和大使谈到了印度支那的局势。大使表示，法国将愿承担对美国在柬埔寨机构的资助（军事装备援助、提供教官、经济援助）。对此，美国表示完全同意。而对于法国不向西哈努克亲王施压的立场，美国在表面上保持克制。

关于南越，法国人也许有清晰的认识，即美国人自己想要撤退。对此

---

① 在1963年12月13日巴黎的磋商会谈中，法国外交部政策部门的领导吕塞表示，"所谓法国打算同红色中国建立外交关系的断言纯粹只是推测。在法国政府做出任何决定之前，都将事先与联邦政府就任何事件进行协商"。驻法大使克莱伯于1964年1月24日在巴黎报告说，法国内阁已就打算承认中华人民共和国一事与德国联邦政府磋商的问题举行了一次讨论："内阁最终认为，因为磋商而使联邦总理先生和联邦政府尴尬面对美国，并不合适。更因为大家都知道，出于明显的原因，联邦政府不可能采取与法国一致的态度。"——原编译者注

法国将绝不参与。人们所能希望的是南越的中立。

此致部长先生

卡斯滕斯

（葛君译，孟钟捷校）

19640121，ZFD00017

德法协商会谈记录摘要（节译）①
（1964年1月21日）

关于1964年1月21日在波恩举行的德法政治协商会谈结果记录的摘要。……②

（4）中国问题的情况

扬森司长表示，德方对于法国打算承认中华人民共和国一事有两个原则性的担忧。首先是法国这一行动对美国人所产生的反作用，其次是对德国问题所产生的反作用。③ 他请求法方对其观点做出解释。

吕塞司长解释道，承认中华人民共和国是下述判断的结果，即它是一个国家实体。可能除了台湾以外，世界上没有人会对此表示怀疑，而法国不得不从现在开始承认这一事实。④ 另一方面，法国的政策一直持有这样的观点，即德国的苏占区根本就不是一个国家实体。对中国的承认绝对不会改变法国的这一立场。这两个问题之间没有可比性。

---

① 资料来源：*Akten zur Auswärtigen Politik der Bundesrepublik Deutschland 1964*, S. 90–101。
② 此处与本书主题无关，未译。
③ 在一次同法国外交部政策部门的领导人吕塞及其副手拉卢瓦的会谈中，国务秘书卡斯滕斯指出，联邦政府所担心的"最重要一点"是，法国承认中华人民共和国将会导致美法关系的进一步恶化。法国同中国的合作可能会加强美国和苏联妥协的趋势。除此之外将产生的另一个问题是："对红色中国的承认是否意味着法国打算改变其通常对于共产主义国家的态度。这样在'民主德国问题'上肯定会出现危险。在这种情形下，其他国家也可能接受这一改变，而同苏占区建立联系。"吕塞对此表示："法国对于红色中国的承认，仅仅是承认那些已经存在的国家。苏占区并不是一个国家存在。它只是一个由苏联占领的德国区域。红色中国与苏占区两者是不可比的。"——原编译者注
④ 在1964年1月22日的通报中，国务秘书卡斯滕斯发表声明指出，法国的决定"事实上首先肯定经过如下的深思熟虑：（a）正如我们一样，戴高乐认为从长远来看苏联比中华人民共和国更加危险。他显然希望北京地位的升高是对莫斯科的削弱。（b）同时，通过这一行动将表明法国政策的独立性以及在所有世界政治问题上的共同发言权"。——原编译者注

拉卢瓦补充道，此外，对德国来说还有一个四国责任问题，这使其同中国的情况构成了更大的差别。

扬森司长请求法国外交部通知其在第三方国家的外交使团，承认中国的态度和对苏占区的态度有着本质区别，以便他们在会谈时保持这一口径。

吕塞对此表示同意，但请求（德方）考虑到，类似这样的声明可能只对非洲国家是必要的。①

扬森司长问道，法国政府的这一决定是否可能有些操之过急。

米勒-罗沙赫司长暗示美国对于德国防卫的意义，以及德国对美英两国与苏联进行的谈判十分满意，继而问道，对于承认中国，美国毫无疑问将会做出激烈的反应，法国打算如何抑制，或者说如何抵挡？

吕塞表示，法国政府和中国政府会公开声明相互承认，并在3个月内互换大使。法国对中国的承认不附加任何条件，尤其是无须承担与台北断交或者支持接纳中国加入联合国的义务。对于台湾对法国承认中华人民共和国将会产生的反应，法国不予表态。假如台湾自行决定与法国断交，则法国也愿意承担这一后果。

法国政府也许意识到美国将反对此事。但它希望能从美国听到理智的声音。这一决定并不是为了激怒美国。法国十分希望，此举将有助于推动美国的政策从一种更加现实主义的立场出发来对待中国问题。在任何情况下，法国都不会强迫任何人采取相同的措施。同法国结盟的非洲国家也绝对不会被要求从现在开始同样承认中国。对于中国进入联合国这样的问题，法国的立场尚未确定。也许采取同英国相似的态度，支持中国进入联合国，但拒绝剥夺中华民国的资格。

法国是依据实际情况做出决定的；与此相对，美国的对华政策是以道德观念为出发点的。法国希望，美国有一天将能认识到此一创举的价值。②

---

① 1964年1月29日，克莱伯大使从巴黎报告，"对法国在世界上各使团的命令将在最近几天发出，这一命令是在北京的现实理论传播之前对潘考夫发出的预警。这一命令起草得十分简单明了，尤其在非洲人同法国使团领导人的会谈中，使他们从本质上了解到：北京不依赖莫斯科，另外，潘考夫只是莫斯科的傀儡"。——原编译者注

② 1964年1月21日，在华盛顿的克纳普施泰因大使也描述了这样的感观，即美国政府以及民主党"在震惊了一下后便认识到，情绪性的反应和公开表示愤怒，对其自身不会带来任何好处……因此一切内心的痛苦都变成了平静的官方反应。甚至尝试找出法国这一举动的积极方面……从今天的几篇重要的报刊评论中也能读出其安抚的含义。沃尔特·李普曼表示赞成戴高乐这一现实性的举动，认为这也符合美国在未来的利益。法国将作为一个大国返回远东。假如美国政府欢迎法国扮演这一角色，那么她是高明的"。——原编译者注

尽管法国自身对与中国建交并没有寄予很大的政治和经济上的希望，但如果中国从自身孤立的状态中被解放出来，并渴望获得一个建立正常外交关系的途径，那么可以肯定同其建交仍然是有好处的。

拉卢瓦对米勒－罗沙赫司长的问题补充回答道，比起欧洲形势，美国的反应更多是考虑东南亚的形势。他认为，以往美欧关系的历史已经证明，东西方的会谈有自己独特的节奏，它不会受到在亚洲所发生的事件的损害。

米勒－罗沙赫司长问，法国政府是否希望通过与中国建立外交关系向莫斯科施压，以促成可能的妥协。

吕塞认为，这仅是值得期待的，却并不是那么容易得到的。

拉卢瓦补充说，法方认为中苏之间的关系至今没有影响到苏联的欧洲政策。

米勒－罗沙赫司长问，法国政府是否希望通过对中国外交的承认来削弱中国对发展中国家的革命影响。

吕塞认为，这一问题的发展还是交由未来决定吧；在任何情况下，法国都不愿意由于外交承认而使非洲的大门向中国敞开。

伯克尔处长请求，在法国外交部寄送给其代表机构的备忘录中，指明中国问题和德国问题之间的差别，并指明在历史发展过程中，两国在人口数量和国家大小方面的实际区别。吕塞对此表示同意。

扬森司长从法方的详细解释中推断，不久之后对中国的外交承认的意义将会被淡化，以便使其与当初英国的决定处于相同的水平。他想了解日本对于法国这一意图的反应。

吕塞认为，日本可能是受到法国此举影响真正出现内政困境的少数几个国家之一。

米勒－罗沙赫司长认为，一旦美国在东南亚的地位被证明难以维系，赞同法国在那里的影响以便可能替代美国在理论上就是可行的。如果真是这种观点对法国的决定起到重要作用的话，那去理解认识它就十分重要了。

拉卢瓦接着指出，法国在东南亚糟糕的经历使之暂时还鼓不起勇气。另一方面，在法国政府看来十分重要的，是能在东南亚政策方面利用更多的工具。吕塞补充道，他认为，美国的反应绝对不会使其从它所坚持的亚洲政策上有所后退。

扬森司长提问，法国自身希望在经济领域获得怎样的好处？

吕塞回答，法国不会沉迷于任何幻想之中。中国的机会被极少的外汇储备束缚住了。

米勒－罗沙赫司长接着指出，法国拒绝给予苏联长期贷款；对中国应当同样如此。从中可以得出结论，经济上的考虑并不能构成承认中国的决定因素。

克拉普夫司长解释道，过去四年德国同中国的贸易急剧下降。极少量的外汇储备在这种情形下也会起到决定性的作用。

米勒－罗沙赫司长接着指出，德国经济界对与中国贸易寄予很大期望，人们也认为，尤其在对德国工业的期望这一点上，中国是开明的。

克拉普夫司长认为，苏联停止援助造成的损失将迫使中国在西方另外寻求补救。

扬森司长询问法方是否会向中国出售石油。

吕塞回答，此种推测缺乏依据。

拉卢瓦补充道，中国所需要的精炼油，阿尔及利亚目前没有出口。此外，高昂的商品运输费用会使之变得无利可图。

克拉普夫司长表示，德国认为，如果法国对中国的供货涉及增强中国军事力量的物资，比如高质量的汽油，是十分危险的事情。

吕塞回答，他并不了解有这样的计划。无论如何他会调查此事。

米勒－罗沙赫司长请求对法国政府这一决定的国内反应给予说明。

吕塞认为，总体上，公众接受法国政府的决定，认为这是自然的、必要的。

拉卢瓦另外解释道，这一决定使法国左翼陷入十分尴尬的境地。居伊·摩勒以前一直主张承认中国，而如今由于他同苏联和共产党的新关系，[①] 他可能不会支持政府的决定。

扬森司长最后请求，法方今后应继续将这一问题的进展告知我们。

（葛君译，孟钟捷校）

[①] 1964年1月13日，克莱伯大使从巴黎报告，法国社会党总书记摩勒主张接近法国共产党，倾向于改组人民阵线。——原编译者注

贰　澳大利亚档案

一　目录

19640120，ZFD00018，驻法国大使馆致堪培拉的电报（第 123 号）（1964 年 1 月 20 日）

19640122，ZFD00019，肖致巴威克的会议记录（1964 年 1 月 22 日）

二　正文

19640120，ZFD00018

驻法国大使馆致堪培拉的电报（第 123 号）[①]

（1964 年 1 月 20 日）

中国

1. 今天早晨，马纳克召见我，正式通知我[②]：

（a）法国已做出与共产党中国建交的决定；

（b）公开宣布和完成互换（大使）的时间尚未确定，但宣布的时间已指日可待；

（c）法国并未在其与台北的关系、对联合国的态度以及其他事情上承担义务。

2. 马纳克确认，法国打算不久与北京互换大使。

3. 马纳克发表了以下评论：

（a）法国认为，作为一个大国，共产党中国是客观存在的事实，那种认为通过莫斯科与之接触就足够了的看法已不切实际了；

[①] 资料来源：Department of Foreign Affairs and Trade, *Documents on Australian Foreign Policy*, *Australia and Recognition of the People's Republic of China 1949–1972*, Canberra: Dept. of Foreign Affairs and Trade, 2002, p. 231。

[②] 美国档案对这次会晤的记载，见本书美国档案部分，19640120，ZFD00311。

（b）拥有1100万居民和民族自决权的福摩萨也是客观存在的事实，但不能代表中国政府；

（c）（与中国）建立外交关系并不意味着认可中国人的政权形式，也不表示法国对（中国）周边地区的政策（例如，涉及中国干涉印度支那）有任何改变；

（d）与外部世界的接触有可能让中国人趋向于采取负责任的国际行为；

（e）法国把这一决定向它的盟国澳大利亚做了通报，同时也通知其欧洲和东南亚条约组织的盟国、印度、日本以及与一些法国有相互交换信息协议的非洲国家。

4. 马纳克说，法国完全准备维持与福摩萨的关系，但尚不知晓国民党的反应如何。

5. 注意到马纳克指出（法国）没有承担义务，我说，实际上，共产党取代国民党在联合国席位的机会似乎会增加。马纳克尽力强调，在通知非洲及其他国家时，法国一直避免显得是在向它们施压，让它们仿效法国。非洲国家已独立了，并无义务与法国采取一致行动。

（姚百慧译、校）

19640122，ZFD00019

肖致巴威克的会议记录[①]

（1964年1月22日）

法国承认共产党中国一事对澳大利亚的影响

现在，我们从官方途径了解到，法国打算尽快与北京建立大使级外交关系。这份文件考察了这一事件会如何影响澳大利亚在承认中国问题上已基本确定的立场。

福摩萨的地位

2. 法国声称，在与台北关系方面，并未向北京承担任何义务，法国继

---

① 资料来源：Documents on Australian Foreign Policy, Australia and Recognition of the People's Republic of China 1949 – 1972, pp. 232 – 234。帕特里克·肖，澳大利亚外交部第Ⅱ司（地区司）一秘；巴威克，澳大利亚司法部长，1961年12月22日以后兼任外交部部会政务委员。

续视"拥有1100万居民和民族自决权的福摩萨是客观存在的事实,但不能代表中国政府"。法国人谈到,他们十分愿意继续与福摩萨保持关系。

3. 美国表示,不希望法国和福摩萨断交。显然,美国将敦促国民党不要与法国终止关系。

4. 我们还不知道北京或台北方面的最终立场。其中一方或双方都能容忍法国同时与北京和台北维持外交关系,将是一大进展;而北京和台北接受"两个中国"的局面将是一个漫长的过程。

5. 无疑,台北方面强烈倾向于与法国断交,既把这种行动当作其对大陆拥有主权的声明,又希望借此阻止其他国家竞相追随法国。然而,国民党也须权衡这样一个事实:如果他们主动与法国断交,那么北京和巴黎将从目前这一棘手问题中解脱出来,福摩萨和其1100万常住居民将因无法获得自决权而被人遗忘(很明显,法国目前愿意承认其自决权)。尽管他们发生严重威胁(要断交),但国民党领导人过去已对其自身生存问题有了敏锐的察觉(比如在同意外蒙古加入联合国一事上),因此,还是有这样一种可能性,即他们会妥协,继续与法国保持外交关系,而这无疑也是美国敦促他们采取的办法。

6. 北京方面的态度则难以估摸。为法国所承认,象征着而在事实上也是北京的主要外交突破,尤其是当北京已意识到其外交孤立状态的时候;这一战利品自身也许已足够诱使中国领导人不在法国与福摩萨关系上寻求令人难以接受的条件。一种观点认为,北京与巴黎之间达成的协议不涉及福摩萨,与北京宣称福摩萨问题是中国的内政不相冲突(法国不会卷入这种声明)。

7. 或许福摩萨问题目前依然还不明朗,北京和巴黎都为了推进承认而将之搁置。有一点须记住:一旦法国断然宣布承认北京,北京将处于相对的强势地位(比如通过在互换大使上制造困难),加紧处理之前未解决或含糊不清的问题。巴黎则不太可能十分强硬,尤其是在北京方面对其不断施压而国民党又非常固执的情况下。

8. 因此,我们还不能预测福摩萨局势的最终结果。如果法国与北京和台北都能保持外交关系,那就表示这两个首都对"两个中国"的观点做出了巨大让步——到目前为止,双方均未在这方面表现出任何的灵活性。新局面很有可能会打破,在这一非常关键的形势下,我们得重新审视在承认问题上的立场。但现在还为时尚早。

联合国的局势

9. 会有多少国家、在多长时间内跟随法国的决定，这不好估计。确切的承认条件（包括以上提及的福摩萨的地位）是一项重要的考虑。另一个重要因素是美国反对效仿法国的程度如何。前法属非洲国家很明显最易受法国影响，但它们比一两年前更少关注外交政策。而且，国民党中国近年来一直在做它们的工作，取得了一些成果。目前，19个非洲国家承认福摩萨（包括14个前法属殖民地国家），14个非洲国家承认北京。

10. 除了前法属非洲国家的立场不好预测外，似乎还看不出大多数国家有什么理由立刻追随法国。诸多国家可能还要观望一阵，以看清法国与北京的关系进展如何。

11. 1963年要求在联合国给予共产党中国席位的提案以41票赞成、56票反对、12票弃权而被否决。反对票主要依靠19个拉美国家、12个前法属非洲国家，以及相对较少的9个欧洲国家。即便前法属非洲国家（加上法国）和两个新成立的非洲国家（肯尼亚和桑给巴尔）会转向，在1964年联合国大会上共产党中国仍然无法获得"重要问题案"所需要的2/3多数。因此，法国的行动是否会让北京在今年进入联合国，依然没有定数。

12. 法国大概会支持北京加入联合国，但我们尚不知道法国对北京宣称拥有安理会席位的态度。

美国的态度

13. 美国政府和国会很有可能会激烈地谴责法国。我们收到一份美国文件（可能发到了各个驻外机构），其中强烈反对法国的行动。美国会花费多少精力来劝说其他国家不要跟随法国，以及是否会要求我们帮助他们，这些尚需观察。不管怎样，这对于美国来说很有可能是一个易于情绪化的棘手问题，因而给承认北京增加动力并不符合我们的利益。加拿大的声明表明它可能会扮演某种砧板的角色。

贸易

14. 目前还没有理由认为法国（及在不久的将来可能追随法国此举的国家）承认北京将导致中国对澳大利亚采取歧视政策。如果多数国家都承认北京而我们还处于少部分不承认（中国）的国家之列，这种情况就会有所变化，但现今离这种情形似乎还有一段时日。

中国的邻国和海外中国团体的态度

15. 我们不应参与扰乱诸如泰国、马来西亚和菲律宾等国或在那些国家的中国团体的行动,这一点依然十分重要。

澳大利亚的态度

16. 如有必要公开评论,需遵循以下几点:

(a) 法国是西方主要强国中自朝鲜战争以来承认北京的第一个国家,这一事实显然会产生重要的影响;

(b) 法国的行动会影响其他一些国家对承认问题的态度,但不会出现多数国家纷纷效仿的局面;

(c) 因此,北京不大可能获得加入联合国所需要的投票,比如在今年;

(d) 澳大利亚将密切关注法国承认(北京)所需要的条件。基于目前对北京在一些关键问题上的态度的理解,澳大利亚不会也不想考虑改变其对承认中国的政策。

(沙芳洲译,姚百慧校)

附录一　中法建交大事年表

1963 年

8月29日，戴高乐就越南问题发表声明，表示密切关注越南发生的严重事件，提出越南应对外独立、国内和平和统一。

10月23日，周恩来与富尔在北京举行首次会谈，讨论改进中法关系的方案。

10月24日，陈毅与富尔继续讨论中法关系问题。

10月25日，周恩来、陈毅同富尔就中法关系举行第三次会谈。

10月30日，陈毅同富尔讨论中国在联合国合法席位问题。

10月31日，周恩来、陈毅同富尔会谈，中方提出"有步骤建交方案"。

10月31日，刘少奇接见富尔夫妇。

11月1日，周恩来、陈毅在上海同富尔继续会谈，中方提出"新的直接建交方案"。

11月2日，上午，周恩来和富尔商谈建交方案细节，最终形成《周恩来总理谈话要点》。

11月2日，下午，毛泽东接见富尔夫妇。

11月2日，晚8时，周恩来、陈毅副总理接见富尔，谈关于中印边界问题。中方将《周恩来谈话要点》定稿交给富尔，双方并签字。

12月10日，沈昌焕召见法国"驻台代办"萨莱德，递交照会，要求法国政府发表声明，终止中法建交谣传。

12月12日，李清泉和德波马歇在瑞士伯尔尼进行首次正式建交谈判。法方提出发表公报建交的方式。

12月23日，蒋介石致信戴高乐，要求法国给予台"更多同情与支持"。

1964 年

1月2日，李清泉与德波马歇举行第二次谈判，中方提出四种建交方案。

1月9日，李清泉与德波马歇举行第三次建交谈判，就第四点方案达成一致。这一方案为：发表联合公报，同时中方将单独发表声明，以说明同法国建交的决定，是"中华人民共和国政府作为代表中国人民的唯一合法政府作出的"。

1月15日，法国将中法即将建交的消息通知美国、联邦德国等国家。

1月15日，戴高乐致信蒋介石，告知中法即将建交消息。此信由贝志高带到台湾。

1月16日，美国国务院向法国驻美大使馆递交照会，认为中法建交会"损害自由世界的安全和政治利益"，要求法国重新考虑。

1月17日，法国驻美国大使馆复美国照会，认为承认中国"只会促进自由世界的安全和利益"。

1月19日，戴高乐的特使贝志高抵达台湾，向蒋介石递交戴高乐的复信。

1月19～20日，贝志高与蒋介石晤谈两次。

1月21日，贝志高携蒋介石的复信离开台湾。

1月23日，李清泉与德波马歇举行第四次建交谈判，商谈互派先遣人员问题。

1月24日，沈昌焕召见萨莱德，面交照会，对法国拟承认中国提出"最严重之抗议"。

1月27日，中法发表建交联合公报。

1月27日，美国国务院发表声明，对法国承认中国表示"遗憾"。

1月27日，台湾向法国"驻台使馆"递交照会，抗议中法发表建交公报，同时发表公开声明，反对"两个中国"之观念。

1月28日，中国外交部发表声明，声明"中华人民共和国政府是作为代表全中国人民的唯一合法政府同法兰西共和国政府谈判并且达成两国建交协议的"，再次申明中国在台湾问题上的立场。

1月31日，戴高乐举行记者招待会，其中谈及中国问题。

2月10日，萨莱德口头告知沈昌焕，法国拟与台湾"断交"。次日晨，台湾宣布与法"绝交"。

2月12日，台湾下令关闭"驻法国大使馆"。

2月20日，台湾"驻法代办"高士铭离开巴黎，24日抵达台北。

2月20日，萨莱德离开台北，24日抵达巴黎。

2月23日，中国驻法临时代办宋之光抵达巴黎。

2月23日，法国驻华代办沙耶抵达北京。

5月27日，法国驻华大使佩耶抵达北京。31日，向刘少奇递交国书。

6月2日，中国驻法大使黄镇抵达巴黎。6日，向戴高乐递交国书。

附录二　参考文献

一　档案、文献汇编

（一）未刊档案

1. 中华人民共和国外交部档案，外交部档案馆藏，北京。

《接待法国前总理富尔访华情况简报（第一期至第九期）》，1963 年 10 月 21 日 ~ 11 月 8 日，110 - 01167 - 02

《法国前总理富尔面交周恩来总理的法国总统戴高乐给他的亲笔信（译文及原件影印件）、富尔准备向戴高乐提出的报告及补充说明等》，1963 年 10 月 9 日 ~ 10 月 28 日，110 - 01982 - 07

《周恩来总理接见法国前总理富尔谈改善中法两国关系》，1963 年 10 月 23 日，110 - 01982 - 08

《毛泽东主席接见法国前总理富尔夫妇谈中、法关系及国内外局势》，1963 年 11 月 2 日，110 - 01982 - 14

《我驻瑞士大使李清泉与法国外交部欧洲司司长德波马歇就中法建交问题第二次谈判情况（有关请示、谈判记录、约谈时间）》，1964 年 1 月 2 ~ 13 日，110 - 01997 - 04

《关于同法国谈判中法建交问题的请示和补充请示及中央有关指示（我驻瑞士大使李清泉与法国欧洲司司长德波马歇会谈情况）》，1963 年 12 月 11 ~ 20 日，110 - 01997 - 06

《我驻瑞士大使李清泉与法国外交部欧洲司司长德波马歇就中法建交问题第四次谈判情况（谈判记录）》，1964 年 1 月 22 ~ 24 日，110 - 01997 - 07

《我驻瑞士大使李清泉与法国外交部欧洲司司长德波马歇就中法建交问题第三次谈判达成发表建交公报协议（谈判记录）》，1964 年 1 月 9 日，110 -

01997 - 09

《中法建交情况和有关问题及中央批示（法国官方及世界各国的反映）》，1964年1月24日，110 - 01998 - 01

《中发（64）49号中央文件关于中法建交通知、对法国的宣传报道问题的请示及给我驻外机构关于中法建交宣传要点的通知》，1964年1月21日～4月10日，110 - 01998 - 03

2. 台湾"外交部"档案，"中央研究院"近代史研究所藏，台北。

分类号305.21，卷次号0002，档卷名称：《法国拟承认匪共》

分类号305.22，卷次号0002，档卷名称：《法匪建交（第一册）》

分类号305.22，卷次号0003，档卷名称：《法匪建交（第二册）》

分类号305.22，卷次号0005，档卷名称：《法匪建交（第四册）》

分类号305.22，卷次号0007，档卷名称：《法匪建交（第六册）》

分类号305.22，卷次号0008，档卷名称：《法匪建交（第七册）》

分类号305.22，卷次号0011，档卷名称：《法匪建交（第十册）》

分类号305.22，卷次号0015，档卷名称：《法匪建交（第十四册）》

分类号305.22，卷次号0017，档卷名称：《法匪建交我对法抗议》

分类号311.1，卷次号0002，档卷名称：《中法绝交（照会与声明）》

分类号311.1，卷次号0003，档卷名称：《沈部长访法晋见戴高乐》

分类号312，卷次号0002，档卷名称：《法匪建交后之中法关系》

分类号312，卷次号0004，档卷名称：《总统与戴高乐总统来往电函》

分类号805，卷次号0006，档卷名称：《中法关系（第三册）》

3. 台湾"外交部"档案，"国史馆"藏，台北。

目录统一编号172 - 4，案卷编号1679，档卷名称：《法匪建交后中南美各国态度》

目录统一编号172 - 4，案卷编号0811，档卷名称：《法匪建交部长与使节谈话》

4. "蒋经国总统文物"，"国史馆"藏，台北。

《蒋经国与纳尔逊会谈纪要（四）》，典藏号：005 - 010301 - 00006 - 004

《蒋中正与克莱恩会谈纪要（一）》，典藏号：005 - 010301 - 00010 - 010

5. Ministère de Affaires Etrangères (MAE), Archives diplomatiques, Paris

MAE, ASIE-OCEANIE 1944 - , CHINE 1956 - 1967, Vol. 525

MAE, ASIE 1944 - 1967, FORMOSE 1956 - 1967, Vol. 61

（二）已刊档案、资料汇编

Department of Foreign Affairs and Trade, *Documents on Australian Foreign Policy*, *Australia and Recognition of the People's Republic of China 1949 – 1972*, Canberra: Dept. of Foreign Affairs and Trade, 2002.

De Gaulle, Charles, *Lettres, Notes et Carnets*, *janvier 1961-décember 1963*, Paris: Plon, 1986.

De Gaulle, Charles, *Lettres, Notes et Carnets*, *janvier 1964-juin 1966*, Paris: Plon, 1987.

Germany, Kent B. and Robert D. Johnson ed., *The Kennedy Assassination and the Transfer of Power*, *November 1963-January 1964*, Vol. 3, New York: Norton, 2005.

Kesaris, Paul, eds., *CIA Research Reports*, *China*, *1946 – 1976*, Bethesda, MD: University Publications of America, 1995.

Lester, Robert E., eds., *Confidential U. S. State Department Central Files*, *China*, *February 1963 – 1966*, *Part 1: Political, Governmental, and National Defense Affairs*, Bethesda, MD: Lexis Nexis, 2004.

Lester, Robert E., eds., *The John F. Kennedy National Security Files*, *1961 – 1963*, *Asia and the Pacific*, *First Supplement*, Bethesda, MD: Lexis Nexis, 2007.

Lester, Robert E., eds., *The John F. Kennedy National Security Files*, *1961 – 1963*, *West Europe*, Bethesda, MD: University Publications of America, 1993.

Lester, Robert E., eds., *The John F. Kennedy National Security Files*, *1961 – 1963*, *West Europe*, *First Supplement*, Bethesda, MD: Lexis Nexis, 2009.

Lester, Robert E., eds., *The Lyndon B. Johnson National Security Files*, *1963 – 1969*, *Asia and the Pacific*, Bethesda, MD: University Publications of America, 1993.

Martin, Garret J., "A 'Diplomatic Nuclear Explosion'? Sino-French Relations in the 1960s", CWIHP e-Dossier, No. 53, http://www.wilson-center.org/publication/%E2%80%9Cdiplomatic-nuclear-explosion%E2%80%9D-sino-french-relations-the-1960s, 访问时间：2014年9月16日。

Ministère des Affaires Etrangères, *DDF*, *1964*, *Tome I*, Paris: Imprimerie Nationale, 2002.

Ministère des Affaires Etrangères, *Documents Diplomatiques Français*

(*DDF*), *1963*, *Tome II*, Paris: Imprimerie Nationale, 2001.

Schwarz, Hans-Peter (Hrsg.), *Akten zur Auswärtigen Politik der Bundesrepublik Deutschland 1964*, *Band 1: 1 Januar bis 30 juni 1964*, Munich, 1995.

U. S. Department of State ed., *Foreign Relations of the United States* (*FRUS*), Washington D. C.: United States Government Printing Office (USGPO).

FRUS, *1961 – 1963*, *Vol. 13*, *Western Europe and Canada* (1994)

FRUS, *1961 – 1963*, *Vol. 22*, *Northeast Asia* (1996)

RRUS, *1964 – 1968*, *Vol. 12*, *Western Europe* (2001)

FRUS, *1964 – 1968*, *Vol. 15*, *Berlin*; *Germany* (1999)

FRUS, *1964 – 1968*, *Vol. 29*, *Part 2*, *Japan* (2006)

FRUS, *1964 – 1968*, *Vol. 30*, *China* (1998)

U. S. Department of State Historical Office Bureau of Public Affairs, *American Foreign Policy: Current Documents*, 1964, Washington D. C.: USGPO, 1967.

国际关系研究所编译《戴高乐言论集（1958年5月~1964年1月）》，世界知识出版社，1964。

李晓姣编《中法伯尔尼建交谈判法文档案选译——法国谈判代表的纪录》，徐蓝主编《近现代国际关系史研究》（第3辑），人民出版社，2013，第315~322页。

刘国光主编《中华人民共和国经济档案资料选编：1958~1965 对外贸易卷》，中国财政经济出版社，2011。

刘星海、高风主编《中法建交四十年重要文献汇编》，世界知识出版社，2004。

沈志华、杨奎松主编《美国对华情报解密档案（1948~1976）》（第3分册），东方出版中心，2009。

世界知识出版社编《国际条约集（1963~1965）》，商务印书馆，1976。

陶文钊、牛军主编《美国对华政策文件集》（第3卷），世界知识出版社，2005。

姚百慧编《中法建交多国档案选编（一）：中国解密档案》，华东师范大学冷战国际史研究中心编、李丹慧主编《冷战国际史研究》（第8辑），世界知识出版社，2009，第437~451页。

姚百慧编《中法建交多国档案选编（二）：美国解密档案》，华东师范大学冷战国际史研究中心编、李丹慧主编《冷战国际史研究》（第9辑），世界知识出版社，2010，第 311~350 页。

姚百慧编《中法建交多国档案选编（三）：法德澳解密档案》，华东师范大学冷战国际史研究中心编、李丹慧主编《冷战国际史研究》（第 12 辑），世界知识出版社，2011，第 367~403 页。

姚百慧编《中法建交多国（地区）档案选编（四）：台湾解密档案》，华东师范大学冷战国际史研究中心编、李丹慧主编《冷战国际史研究》（第 17 辑），世界知识出版社，2014，第 297~359 页。

一个中国论述史料汇编编辑小组编《一个中国论述史料汇编——史料文件（一）》，台北："国史馆"，2000。

中共中央文献研究室编《邓小平文集（1949~1974）》（下卷），人民出版社，2014。

中华人民共和国外交部、中共中央文献研究室编《毛泽东外交文选》，中央文献出版社、世界知识出版社，1994。

中华人民共和国外交部、中共中央文献研究室编《周恩来外交文选》，中央文献出版社，1990。

中华人民共和国外交部档案馆编《中华人民共和国外交档案选编（第一集）：1954 年日内瓦会议》，世界知识出版社，2004。

中央档案馆、中央文献研究室编《中共中央文件选集（一九四九年十月~一九六六年五月）》（第 43 册），人民出版社，2013。

（三）档案类数据库

ProQuest Information and Learning Company, *Digital National Security Archive* (*DNSA*), 在线数据库

JU00306

JU00307

Thomas Gale, *Declassified Documents Reference System* (*DDRS*), 在线数据库

CK3100001946 – CK3100001950

CK3100057503

CK3100060288 – CK3100060290

CK3100086829 – CK3100086834

CK3100090739 – CK3100090741

CK3100124989 – CK3100124990

CK3100328834 – CK3100328835

CK3100347986 – CK3100347988

CK3100348198 – CK3100348199

CK3100348253 – CK3100348256

CK3100357189 – CK3100357190

CK3100366591 – CK3100366596

CK3100368344 – CK3100368346

CK3100368347

CK3100374863 – CK3100374873

CK3100375111 – CK3100375116

CK3100472261 – CK3100472267

CK3100485789 – CK3100485793

CK3100515750 – CK3100515752

CK3100534869 – CK3100534871

CK3100545112 – CK3100545116

CK3100560409 – CK3100560411

CK3100564430 – CK3100564433

CK3100593275 – CK3100593279

CK3100593644 – CK3100593645

CK3100593646 – CK3100593648

CK3100599357 – CK3100599358

CK3100599362 – CK3100599364

CK3100683401 – CK3100683403

CK3100684473 – CK3100684475

二　回忆录、访谈录

Fardella, Enrico, Christian F. Ostermann and Charles Kraus eds. , *Sino-european Relations during the Cold War and the Rise of a Multipolar World*: *A Critical Oral History*, Washington D. C. : Woodrow Wilson International Center for Scholars, 2015.

Guillermaz, Jacques, *Une Vie pour la Chine*, *Mémoires* (1937 – 1989),

Paris: Editions Robert, 1989.

McGhee, George, *At the Creation of a New Germany, from Adenauer to Brandt: an Ambassador's Account*, New Haven: Yale University Press, 1989.

Munro, John A. and Alex I. Inglis eds., *Mike: The Memoirs of the Right Honorable Lester B. Pearson*, Vol. 3, Toronto: University of Toronto Press, 1975.

Cline, Ray S.:《我所认识的蒋经国》，联合报国际新闻中心译，台北：联经出版社，1990。

陈金沙：《在周总理领导下参与中法建交谈判——访中国原驻瑞士大使李清泉》，《江淮文史》1994年第1期，第60~70页。

黄舍骄主编《春华秋实四十年——中法建交回忆录》，世界知识出版社，2004。

李清泉：《在瑞士亲历中法建交谈判》，《世界知识》2004年第4期，第52~53页。

李清泉：《中法建交谈判回顾》，黄舍骄主编《春华秋实四十年——中法建交回忆录》，第47~66页。

刘达人：《刘达人先生访谈录》，何智霖、蔡慧瑛访问，蔡慧瑛记录整理，台北："国史馆"，1997。

童小鹏：《风雨四十年》（第二部），中央文献出版社，1996。

张锡昌：《亲历中法建交》，黄舍骄主编《春华秋实四十年——中法建交回忆录》，第1~46页。

三 专著、论文、报纸

陈三井：《中法断交前的一段外交秘辛——法国专使团的艰困访华行》，陈三井《近代中法关系史论》，台北：三民书局，1994。

黄庆华：《中法建交始末——20世纪40~60年代的中法关系》，黄山书社，2014。

许光建：《联合国宪章诠释》，山西教育出版社，1999。

姚百慧：《"速决为宜"：论中法瑞士建交谈判中的中国外交》，徐蓝主编《近现代国际关系史研究》（第2辑），人民出版社，2012，第290~315页。

姚百慧：《〈中法建交公报〉形成考释》，《当代中国史研究》2013年第

2 期，第 86~94 页。

姚百慧：《中法建交谈判中关于台湾问题的"三项默契"——〈周恩来总理谈话要点〉形成考释》，《当代中国史研究》2012 年第 2 期，第 71~81 页。

翟强：《美台对中法建交的反应（1963~1964）》，《史林》2013 年第 2 期，第 136~151 页。

中共中央文献研究室编《毛泽东年谱（1949~1976）》（第 5 卷），中央文献出版社，2013。

New York Times
《人民日报》

附录三 档案简目（档案编号序）[*]

ZFD00001，19630926，法
ZFD00002，19631009，法
ZFD00003，19631017，法
ZFD00004，19631031，法
ZFD00006，19631107，法
ZFD00007，19631211，法
ZFD00008，19631211，法
ZFD00009，19640115，法
ZFD00010，19640115，法
ZFD00011，19640115，法
ZFD00012，19640118，法
ZFD00013，19640125，法
ZFD00014，19640206，法
ZFD00015，19640206，法
ZFD00016，19640115，德
ZFD00017，19640121，德
ZFD00018，19640120，澳
ZFD00019，19640122，澳
ZFD00020，19640130，中
ZFD00021，19640131，法
ZFD00022，19630829，法

ZFD00023，19551101，中
ZFD00024，19640118，法
ZFD00025，19640126，法
ZFD00026，19640128，法
ZFD00027，19640131，法
ZFD00033，19630906，美
ZFD00034，19631007，美
ZFD00035，19631023，美
ZFD00036，19631216，美
ZFD00037，19640108，美
ZFD00038，19640115，美
ZFD00039，19640115，美
ZFD00040，19640115，美
ZFD00041，19640116，美
ZFD00042，19640118，美
ZFD00043，19640118，美
ZFD00044，19640121，美
ZFD00045，19640124，美
ZFD00046，19640124，美
ZFD00047，19640125，美
ZFD00048，19640127，美

[*] 说明：本附录主要为配合附录五"索引"制作；档案目录格式为"档案编号，档案时间，档案国别简称"。

ZFD00049, 19640128, 美
ZFD00050, 19640129, 美
ZFD00051, 19640204, 美
ZFD00052, 19630921, 美
ZFD00053, 19640227, 美
ZFD00054, 19640302, 美
ZFD00055, 19640304, 美
ZFD00057, 19640106, 美
ZFD00058, 19631210, 美
ZFD00060, 19640122, 美
ZFD00061, 19640126, 美
ZFD00062, 19640127, 美
ZFD00064, 19640207, 美
ZFD00065, 19640210, 美
ZFD00066, 19640212, 美
ZFD00067, 19640214, 美
ZFD00068, 19640213, 美
ZFD00069, 19640218, 美
ZFD00071, 19640218, 美
ZFD00075, 19640318, 美
ZFD00076, 19640303, 美
ZFD00077, 19640304, 美
ZFD00078, 19640304, 美
ZFD00079, 19640306, 美
ZFD00083, 19631023, 中
ZFD00090, 19631102, 中
ZFD00091, 19640127, 中
ZFD00092, 19640128, 中
ZFD00093, 19631210, 法
ZFD00094, 19631213, 法
ZFD00095, 19640103, 法
ZFD00096, 19640110, 法

ZFD00097, 19640113, 法
ZFD00098, 19640124, 法
ZFD00099, 19640218, 中
ZFD00103, 19640124, 美
ZFD00104, 19640124, 美
ZFD00105, 19640127, 美
ZFD00106, 19640129, 美
ZFD00108, 19631024, 美
ZFD00109, 19631101, 美
ZFD00110, 19631102, 美
ZFD00112, 19631103, 美
ZFD00113, 19631105, 美
ZFD00114, 19631105, 美
ZFD00119, 19640129, 美
ZFD00121, 19640201, 美
ZFD00124, 19631107, 美
ZFD00125, 19640128, 美
ZFD00127, 19640128, 美
ZFD00133, 19631018, 美
ZFD00137, 19630419, 法
ZFD00139, 19630422, 法
ZFD00140, 19630502, 法
ZFD00141, 19630513, 法
ZFD00142, 19630618, 法
ZFD00143, 19630809, 法
ZFD00145, 19630902, 法
ZFD00146, 19631018, 法
ZFD00147, 19631022, 法
ZFD00148, 19631030, 法
ZFD00149, 19631029, 法
ZFD00152, 19631115, 法
ZFD00153, 19631204, 法

ZFD00155, 19631218, 法
ZFD00156, 19631212, 法
ZFD00157, 19640119, 法
ZFD00158, 19640121, 法
ZFD00159, 19640122, 法
ZFD00161, 19640124, 法
ZFD00162, 19640125, 法
ZFD00163, 19640127, 法
ZFD00164, 19640128, 法
ZFD00165, 19640128, 法
ZFD00166, 19640202, 法
ZFD00167, 19640204, 法
ZFD00168, 19640206, 法
ZFD00169, 19640207, 法
ZFD00172, 19640210, 法
ZFD00173, 19640211, 法
ZFD00174, 19640211, 法
ZFD00175, 19640211, 法
ZFD00202, 19640124, 美
ZFD00214, 19640201, 美
ZFD00224, 19640130, 美
ZFD00239, 19640128, 美
ZFD00243, 19640128, 美
ZFD00245, 19640128, 美
ZFD00247, 19640128, 美
ZFD00251, 19640127, 美
ZFD00258, 19640125, 美
ZFD00262, 19640125, 美

ZFD00263, 19640125, 美
ZFD00265, 19640124, 美
ZFD00270, 19640124, 美
ZFD00271, 19640124, 美
ZFD00273, 19640123, 美
ZFD00277, 19640123, 美
ZFD00279, 19640123, 美
ZFD00281, 19640123, 美
ZFD00285, 19640122, 美
ZFD00290, 19640122, 美
ZFD00295, 19640122, 美
ZFD00297, 19640122, 美
ZFD00311, 19640120, 美
ZFD00314, 19640118, 美
ZFD00315, 19640118, 美
ZFD00320, 19640117, 美
ZFD00322, 19640116, 美
ZFD00324, 19640117, 美
ZFD00331, 19640117, 美
ZFD00332, 19640117, 美
ZFD00340, 19640115, 美
ZFD00341, 19640115, 美
ZFD00345, 19640115, 美
ZFD00347, 19640110, 美
ZFD00351, 19640108, 美
ZFD00352, 19640107, 美
ZFD00356, 19640103, 美

附录四 索引[*]

阿尔巴尼亚提案（Albanian Resolution） 78，295

阿尔方，埃尔韦（Alphand, Hervé） 10，11，12，36，38，43，295，332，345

阿尔及利亚（Algeria） 17，25，33，83，99，137

阿尔及利亚战争（Guerre d'Algérie） 25，99，137

阿富汗（Afghanistan） 21

阿拉伯联合共和国（United Arab Republic, UAR） 6，315

阿列罕尼（Alikhani） 27

阿隆，雷蒙（Aron, Raymond） 109

阿姆斯特朗，威利斯（Armstrong, Willis C.） 60

阿什拉夫（Achraf） 27

阿斯非（Asfi） 27

阿提安尼（Achtiani） 27

阿尤布（Ayub） 75

埃默森，约翰（Emmerson, John K.） 125

埃塞俄比亚（Ethiopia） 315

埃万（Evain） 2，3

艾登，罗伯特（Eden, Robert A.） 23

艾哈德，路德维希（Erhard, Ludwig） 58，68，69

奥地利（Les Autrichiens） 10

澳大利亚（Australia） 18，19，33，311

巴基斯坦（Pakistan） 12，21

巴黎统筹委员会（Coordinating Committee for Export Control, COCOM） 35

巴拿马（Panama） 12

巴尼特，罗伯特（Barnett, Robert W.） 51，61，108，125

巴特沃斯，W. 沃尔顿（Butterworth, W. Walton） 60

巴威克（Barwick） 19

巴西（Brazil） 71，106

邦迪，麦克乔治（Bundy, McGeorge） 10，40，54，290，341

鲍德，菲利普（Baudet, Philippe） 93

鲍尔，乔治（Ball, George W.） 46，60，202，247，271

北大西洋公约组织（简称"北约"）（North Atlantic Treaty Organization, NATO） 16，43，45，58，61，285

北大西洋联盟（North Atlantic Alliance）

[*] 说明：本索引条目后所附数字为档案编号中"流水号"的一部分（省略其中的 ZFD 和前面的 0），可与附录三配合使用。

68

北大西洋条约（North Atlantic Treaty） 20

北欧国家（Nordic Countries） 23

北越（North Vietnam） 6，10，35，356

贝志高（Pechkoff, Zinovi） 44，106，157，158，161，162，164，166，169，251，258，262，273

比利时（Belgium） 20，23，45，61，106，332，356

波兰（Poland） 75

波伦，查尔斯（Bohlen, Charles E.） 36，37，38，57，75，77，109，110，113，114，124，133，224，239，245，258，265，273，279，285，311，347，351，352

伯克尔（Böker） 17

博梅尔，雅克（Baumel, Jacques） 77

博内瓦尔（Bonneval） 139

布拉柴维尔集团（Brazzaville Group） 33

布鲁贝克，威廉（Brubeck, William H.） 60

部分禁止核试验条约（又作"莫斯科三国部分禁止核试验条约""莫斯科禁止核试验条约""禁止核试验条约""莫斯科条约""英美苏三国条约""三国条约"，The Test Ban Treaty） 20，33，34，61，83，108，145

裁军（Disarmament） 20，33，83

朝鲜（Korea） 10，21，23，121，127

朝鲜战争（Korean War） 12，19，38，43，125

陈诚（Chen Cheng） 61，140

陈雄飞（Chen Hsiung-Fei） 139，141，142，145，157，162，243

陈毅（Chen Yi） 2，6，7，94，156，281，315

池田勇人（Hayato, Ikeda） 45，50，53，55，61，125，347

打击力量（Force de Frappe） 145

大平正芳（Ohira, Masayoshi） 49，53，61，125

大西洋联盟（Alliance Atlantique） 12，15

戴高乐，夏尔（de Gaulle, Charles） 1，2，6，7，9，12，14，20，21，22，26，27，33，34，35，36，37，38，39，40，42，44，45，46，48，50，52，57，58，60，61，68，69，71，75，77，78，83，90，94，95，99，103，104，105，106，108，109，110，114，119，121，127，139，140，141，143，145，146，149，155，156，157，158，161，162，163，164，166，167，169，214，224，243，247，251，258，265，273，281，285，290，322，324，332，347，352，356

戴国栋（de Curton, Emile） 140，141

丹麦（Denmark） 23，35

丹尼，乔治（Denney, George C., Jr.） 119

岛内敏郎（Shimanouchi, Toshiro） 61，125

岛重信（Shima, Shigenobu） 61

道格拉斯，威廉（Douglas, William） 39

德波马歇，雅克（de Beaumarchais, Jacques） 7，93，94，95，96，97，98，279

德格雷希，德西蒂沃（de Greische, de Scitivaux） 142

德国（Germany） 12，15，16，17，23，33，35，42，58，61，68，69，83，106，109，125，285，332，347

德卡尔波奈尔（de Carbonnel） 174

德克鲁伊-沙内尔（de Crouy-Chanel） 2，3

德拉格朗维（de la Grandville） 36

德拉蒙德（Drummond） 53

德罗齐耶，比兰（des Roziers, Burin） 2，3

德马尔热里，罗兰（de Margerie, Roland） 15

德姆维尔，顾夫（de Murville, Couve） 2，3，4，7，10，11，12，13，14，24，25，26，27，34，35，36，37，38，57，60，77，94，108，110，114，133，139，140，141，142，143，148，149，153，155，156，157，158，163，167，239，245，279，285，295，347，352

德让，莫里斯（Dejean, Maurice） 24

迪阿梅尔，雅克（Duhamel, Jacques） 3

迪尔，O. W.（Dier, O. W.） 60

第二次世界大战（简称"二战"，The Second World War, WWII） 21，99，157，263

东北亚（Northeast Asia） 121

东非（Afrique Orientale） 27

东南亚（Asie du Sud-Est；Southeast Asia） 9，10，12，17，21，25，36，43，45，48，49，50，54，55，58，60，61，62，64，68，69，78，79，104，121，125，158，166，271，351，356

东南亚条约组织（The Southeast Asia Treaty Organization, SEATO） 12，18，43，277

东亚（East Asia） 50，54，61，121，125

杜勒斯，约翰（Dulles, John F.） 10

多边核力量（MLF） 68

法德友好合作条约（亦作"法德条约"，Traité Franco-Allemand；Franco-German Treaty） 15，68

法国全国雇主协会（Le Conseil national du Patronat français） 4，99，152

法兰西共同体（French Community） 37

法兰西民族解放委员会（Le Comité de Libération Nationale） 137

范登林（Pham Dang Lam） 26

非洲（Afrique, Africa） 2，10，12，15，17，18，19，20，27，33，34，35，36，37，42，43，44，45，58，60，61，64，75，78，99，106，140，145，156，157，158，161，263，281，311，315，322

非洲及马达加斯加联盟（The African and Madagasy Union, AMU；L'U. A. M.） 15，60，78，145，156，315，322，356

菲律宾（Philippines） 19，53，125

冯·哈森（Von Hasen） 285

福田一（Fukuda Hajime） 127

富尔，埃德加（Faure, Edgar） 1，2，6，7，20，21，23，35，83，90，94，95，108，109，113，114，148，152，153，156

富马，梭发那（Phouma, Souvanna） 13

刚果（布）（Congo-Brazzaville） 106

刚果共和国［亦作"比属刚果"，Congo (L), Le Congo Belge］ 140，315

高立夫（Clough, Ralph） 48，105，106，243，262，263，281

高碕达之助（Takasaki, Tatsunosuke） 45

高士铭（Kao Shih-ming） 3，8，141，143，146，149，163，164，168，174，175，258

戈登，林肯（Gordon, Lincoln） 71

葛罗米柯，安德烈（Gromyko, Andrei） 24

古巴（Cuba） 6，12，36，43，71，83，99，140

古井喜实（Furui Yoshimi） 53

古拉特，若昂（Coulart, Joao B.） 71

国际奥委会（International Olympic Committee, IOC）83

哈里曼，W. 艾夫里尔（Harriman, W. Averell）11，12，38，43，54，57，75，76，332，341，352

韩国（Korea）50，53，76，125，251

河野一郎（Kono, Ichiro）45

荷兰（Les Pays-Bas; Les Hollandais; Netherlands）10，16，23，35，83，156

赫鲁晓夫，尼基塔（Khrushchov, Nikita S.）12，24，35，68，145，356

黑非洲（L'Afrique Noire）143，162

黑金泰美（Kurogane Yasumi）53

黄田多喜夫（Oda, Takio）125

霍奇斯，卢瑟（Hodges, Luther H.）127

吉兰，罗贝尔（Guillain, Robert）262，265

吉田茂（Yoshida, Shigeru）61

纪业马（Guillermaz, Jacques）44，157，158，162

加德纳，阿瑟（Gardiner, Arthur Z.）125

加拿大（Canada）19，20，33，37，45，60，61，356

柬埔寨（Cambodge; Kambodscha; Cambodia）2，10，12，16，20，21，38，43，50，58，60，83，121，351，356

江易生（Kiang Yi-seng）108

蒋介石（Tchiang Kai-shek）6，7，9，10，16，20，21，23，37，41，44，45，46，47，48，50，52，54，60，61，65，66，76，79，83，103，104，105，121，137，139，140，141，142，143，145，149，157，158，161，162，163，164，166，167，168，169，202，214，224，247，251，258，262，265，273，277，290，314，322，324，332

蒋经国（Chiang Ching-Kuo）48，50，61，104，105，202

蒋廷黻（Tsiang Tingfu F.）42，45，46，51，108，202，332

捷克斯洛伐克（Czechoslovakia）61

喀麦隆（Cameroon）315

卡斯特罗，阿劳霍（Castro, Araujo）71

卡斯特罗，菲德尔（Castro, Fidel）36

卡斯滕斯，卡尔（Carstens, Karl）16，69

抗日战争（La Geurre de Resistance au Japon）157

科默，罗伯特（Komer, Robert W.）47，76

科特迪瓦（Côte d'Ivoire）145

克拉普夫（Krapf）17

克莱因，雷 S.（Cline, Ray S.）47，48，50，54，76，79，105，106，121，202

克罗内，海因里希（Krone, Heinrich）285

肯尼迪，罗伯特（Kennedy, Robert）43，345

肯尼迪，约翰（Kennedy, John）12，34，43，47，61，75，79，108，125，133，149，153，156

肯尼亚（Kenya）19

库兹涅佐夫，瓦西里（Kuznetsov, Vasili V.）24

奎德罗斯，雅尼奥（Quadros, Janio）71

拉丁美洲（简称"拉美"，Latin America）19，20，36，43，64，68，75，83，263

拉卢瓦（Laloy）17

拉尼埃，约瑟夫（Laniel, Joseph）23

拉塞尔，理查德（Russell, Richard, Jr.）39

腊斯克，迪安（Rusk, Dean）11，12，16，20，36，38，40，41，42，43，45，

46，47，49，51，53，54，55，57，61，
64，66，67，75，76，79，103，105，
106，108，110，114，119，125，155，
202，214，243，277，295，297，314，
315，331，332，345，356
莱昂，塞西尔·B.（Lyon, Cecil B.） 52
赖特，杰拉尔德（Wright, Jerauld） 44，
45，48，50，51，65，66，79，103，
104，105，106，243，251，262，263，
270，277，281，314，322，340
赖肖尔，埃德温（Reischauer, Edwin O.）
53，55，61，125，345
老挝（Laos） 1，7，9，10，12，13，21，
35，36，38，43，44，50，58，60，61，
94，121，140，153，156，322，351，
356
黎巴嫩（Libanon） 140
李普曼，沃尔特（Lipmann, Walter） 45，
98，127
李清泉（Li-Ching Chuang） 7，93，94，
95，96，98
里德，本杰明（Read, Benjamin H.）
290，341
里奇，艾伯特（Ritchie, Albert E.） 60
里奇，查尔斯（Ritchie, Charles） 60
利比亚（Libya） 315
联邦德国（亦作"西德"，Federal Republic of Germany, FRG） 16，20，35，
68，69，106，127
联合国（United Nations, UN；O. N. U.；
die Vereinten Nationen） 1，2，6，7，
16，17，18，19，20，23，24，33，38，
43，45，47，50，60，61，69，71，78，
79，83，90，108，140，156，202，
239，247，251，271，279，290，295，
297，311，332，345，356

联合国教科文组织（UNESCO） 163，168，
243
联合经济委员会（Joint Economic Committee） 125
两个朝鲜 23
两个德国（Deux états Allemands） 15，23
两个越南 23
两个中国（Two-Chinas） 6，19，20，23，
33，37，41，42，48，50，51，54，60，
71，83，90，92，95，98，103，105，
106，119，127，156，162，202，214，
245，247，251，290，322，324，332，
345，356
廖承志（Liao Cheng-chih） 53
刘少奇（Liu Shao-chi） 6，83
卢绪章（Lu Heu-chang） 2，99
罗宾逊，H. 巴兹尔（Robinson, H. Basil）
60
罗伯逊，R. 戈登（Robertson, R. Gordon）
60
罗希洛，亨利（Rochereau, Henri） 99
吕塞，夏尔（Lucet, Charles） 4，17，
133，169，174，279
马达加斯加（Madagascar） 106，145
马丁，保罗（Martin, Paul） 60
马尔罗，安德烈（Malraux, André） 37
马居斯，雅克（Marcuse, Jacques） 113
马卡帕加尔，迪奥斯达多（Macapagal, Diosdado） 125
马来西亚（Malaysia） 19，106，121
马纳克，艾蒂安（Manac'h, Etienne） 3，
8，18，141，146，162，163，164，
174，273，311
马歇尔，乔治（Marshall, George, Jr.） 50
麦吉，乔治（McGhee, George C.） 68，69
麦科恩，约翰（McCone, Jone A.） 10，

47，54

麦克纳马拉，罗伯特（McNamara, Robert S.）55

毛泽东（Mao Tse-tung）6，20，21，27，41，83，94，113，145

梅斯梅尔，皮埃尔（Messmer, Pierre）351

美国（Les étates-Unis；US）2，3，6，10，11，12，16，17，19，20，21，23，27，33，35，36，37，38，39，41，42，43，45，48，49，50，51，52，53，54，55，58，60，61，62，65，66，68，75，76，78，79，83，98，99，104，106，108，109，112，114，121，125，127，137，140，145，146，159，162，202，214，239，243，271，273，290，295，297，314，320，322，324，332，341，345，347，356

蒙哥马利，伯纳德（Montgomery, Bernard）20

孟戴斯-弗朗斯，皮埃尔（Mendès-France, Pierre）23，83

米勒，皮埃尔（Millet, Pierre）13

米勒-罗沙赫（Müller-Roschach）17

缅甸（Burma）21，50，121

民主德国（亦作"东德"，German Democratic Republic, GDR）15，68，127

摩勒，居伊（Mollet, Guy）17

摩洛哥（Maroc）83

墨西哥（Mexico）75，106

南非（South Africa）33，315

南京条约（Traité de Nankin）27

南美（Amérique du Sud；South America）12，61

尼日利亚（Nigeria）315

纽约时报（New York Times）60，127，133，146，147，156

挪威（Norway）23

欧长清（Au Truong Thanh）26

欧洲（Europe）10，12，17，18，19，20，21，25，27，35，43，46，104，140，157，356

欧洲经济共同体（EEC）58，243

潘考夫政权（Pankow）15，285

佩兰，弗兰西斯（Perrin, Francis）33

佩雷菲特，阿兰（Peyrefitte, Alain）214

佩吕什，乔治（Perruche, Georges）25，26

彭德怀（Peng Teh-huai）145

蓬皮杜，乔治（Pompidou, Georges）14，214，347，351

皮杜尔，乔治（Bidault, Grorges）23，75，83

皮尔逊，莱斯特（Pearson, Lester B.）60

葡萄牙（Portugal）33，106

朴正熙（Park Chung-Hee）125

普利翁（Plihon）78

齐拉纳纳，菲利贝尔（Tsiranana, Philibert）106，145

前法属非洲国家（French-African States）19，43，58，60，78，99，140

前法属西非国家（French West Africa）71

乔治-皮科，纪尧姆（Georges-Picot, Guillaume）2，3，99，146，152，156

琼斯（Jones）112

日本（Japan）6，17，18，20，21，35，36，37，42，45，49，50，53，55，60，61，75，83，121，125，127，140，159，167，324，332，340，345，347，356

日内瓦会议（Geneva Conference）1，7，9，21，44，83，94，99

阮玉寿（Nguyên Ngoc Tho）26

瑞典（Sweden） 23，35

瑞士（Suisse，Swiss） 7，12，20，33，83，99

若克斯，路易（Joxe，Louis） 37

萨莱德，皮埃尔（Salade，Pierre） 8，65，142，147，148，149，153，155，156，157，158，159，161，165，166，167，172，173，174，263

塞杜，罗歇（Seydoux，Roger） 78

塞拉利昂（Sierra Leone） 315

塞内加尔（Senegal） 315，322

塞尼，安东尼奥（Segni，Antonio） 11

三木武夫（Miki，Takeo） 45

桑给巴尔（Zanzibar） 19，27，161

沈昌焕（Shen Chang-Huan） 4，42，44，48，50，51，65，103，105，106，140，143，145，146，149，155，156，157，161，162，165，166，167，169，172，173，174，175，202，243，263，322

圣穆勒，安德烈（Saint-Mleux，André） 3

施罗德，格哈特（Schroeder，Gerhard） 15，285

史蒂文森，阿德莱（Stevenson，Adlai） 78，271，297

史密斯，布朗布利（Smith，Bromley） 49

舒曼，莫里斯（Schumann，Maurice） 37

斯大林，约瑟夫（Stalin，Joseph） 20，75

斯堪的纳维亚（Les Scandinaves） 10，12，156

松村谦三（Matsumura，Kenzo） 45，53

宋美龄（Madame Tchiang Kai-shek） 44，79，140

苏加诺（Sukarno，Bung） 36，125，

苏联（l'Union Soviétique，l'URSS；USSR） 2，10，12，16，17，20，21，24，25，27，33，34，35，36，37，43，52，58，60，61，64，68，69，75，83，114，145，152，285，356

孙碧奇（Sun Patrick） 251，270

泰国（Siam） 19，27，50，53，121，125，142

泰勒，威廉（Taylor，William R.） 36，43，57，60，352

陶宗玉（Tao Tchong-Yu） 174，175

特拉韦尔（Travert） 146

特雷齐斯，菲利普（Trezise，Philip H.） 125

突尼斯（Tunisia） 83，345

土耳其（Turquie；Turkey） 140

瓦达那，萨旺（Vatthana，Savang） 13

外蒙古（La Mongolie Extérieure；Outer Mongolia） 19，27，47，60，322

王季征（Kidding Wang；Wang Ki-Ding） 140，157

威金斯（Wiggins） 53

韦斯特里克（Westrick） 15

委内瑞拉（Venezuela） 71

乌弗埃-博瓦尼，费利克斯（Houphouet-Boigny，Felix） 145

吴庭儒（Ngo Dinh Nhu） 20，35

吴庭艳（Ngo Dinh Diem） 20，35

武内竜次（Takeuchi，Ryuji） 61，125

西哈努克，诺罗敦（Sihanouk，Norodom） 16，20，60，61，356

西欧（Europe Occidental；Western Europe） 35，43，61，83，153

西旺，雷诺（Sivan，Renaud） 27

希尔斯曼，罗杰（Hilsman，Roger，Jr.） 53，55，332，356

希特勒，阿道夫（Hitler，Adolf） 20

肖，帕特里克（Shaw，Patrick） 19

小亚细亚（l'Asie Mineure） 21
谢仁钊（Hsien Jen-chao） 167
新西兰（New Zealand） 311
许绍昌（Hsu Shao-chang） 71
鸦片战争（La Guerre de l'Opium） 27，99
亚非集团国家（Le Groupe Afro-Asiatique） 137
亚洲（Asie, Asia） 6，10，11，15，17，20，21，22，24，25，38，43，48，49，52，55，58，61，79，106，121，125，140，161，162，166，251，263，356
严家淦（Yen Chia-Kan） 48，65，103，105，106，243，281
扬森（Jansen） 17
杨西崑（Yang Hsi-Kun） 324
意大利（Italy） 20，35，42，58，61，332
印度（l'Inde, India） 6，12，18，21，27，36，43，44，61，64，99，113，125，356
印度尼西亚（Indonesia） 125
印度支那（Indochina） 9，10，12，16，18，21，25，35，44，99
印度支那战争（Indochina Krieg） 25
英国（la Grande-Bretagne; Les Anglais） 6，10，12，16，17，20，21，23，33，34，35，44，50，52，60，78，83，99，109，112，113，124，137，156，157，162，273，295，332，347
远东（Extrême-Orient; Far East） 12，35，43，60，61，76，79，106，277，285，322，356
约翰逊，G. 格里菲斯（Johnson, G. Griffith） 60

约翰逊，林登（Johnson, Lyndon B.） 37，38，39，40，41，47，49，54，57，60，61，65，76，77，79，103，121，202，297，332
越南（Vietnam） 10，12，20，21，22，23，25，26，35，42，53，54，55，58，60，61，75，76，77，99，106，121，125
越南共和国（又作"南越"，Südvietnams; The Republic of Viet-Nam, GVN） 16，20，25，35，42，50，55，58，60，62，75，76，79
张群（Chang Chun） 105
张奚若（Chang Hsi-jo） 6
赵安博（Chao An-po） 53
中法工商银行（La Banque Franco-Chinoise pour le Commerce） 99，174
中国代表权（CHIREP） 78，271，295，297
中国国际贸易促进委员会（Chicom Foreign Trade Promotion Council） 71，99
中国人民外交学会（l'Institut des Relations Extérieures） 6
中国人民银行（Chinese People's Bank） 71
中央情报局（CIA） 33，35，48
中山贺博（Nakayama, Yoshihiro） 125
周恩来（Tchou En-lai） 2，6，23，36，83，90，95，156，281，315
周鸿庆（Chou Hung-Ching） 42，61，340
朱抚松（Chu Fu-sung） 262，263
竹内春海（Takeuchi, Harumi） 61，125
自由法国（La France Libre） 140
自由中国新闻社（Information de la Chine Libre） 174，175

后　记

本资料集最初是北京市教育委员会社科计划重点项目（SZ201010028010）、北京市哲学社会科学规划项目（10BaLS054）"国际关系史史料的整理与研究（一期）"的部分成果。该项目结项后，资料集的整理工作又相继获得"北京市优秀人才培养资助项目"（2013D005016000009）、"北京市属高等学校青年拔尖人才培育计划"（CIT&TCD201404166）资助。我两度获得所在单位首都师范大学历史学院经费支持，于2010年和2014年赴台湾搜集档案文献。最终书稿纳入国家社科基金重大项目"20世纪国际格局的演变与大国关系互动研究"（11&ZD133）出版。在此，对提供项目资金、出版计划支持的北京市教委、北京市哲学社会科学规划办、北京市委组织部、全国哲学社会科学规划办、首都师范大学历史学院表示感谢。

本资料集在资料搜集、翻译及校对的过程中得到很多学界师友的帮助，他们包括台湾"中央研究院"近代史研究所潘光哲教授、辅仁大学萧道中老师，日本京都产业大学的吉田丰子老师，华东师范大学的孟钟捷教授以及葛君博士、李云逸博士、周磊博士，法国先贤祠－索邦巴黎第一大学的李晓姣博士，法国巴黎第四大学的龚天蕙老师，暨南大学的张明亮老师，首都师范大学的王燕平老师、崔金柱老师以及雷满妹、沙芳洲、李海琼、谭敏、刘京、管世琳、李云霄、喻卓、丁何昕子、武乐曼等研究生。本资料集也收录了部分学界已刊成果。没有各位的帮助和学界的前期研究，本资料集是不可能完成的。

博士指导老师徐蓝教授多年的教导，让我进一步掌握了学术研究的门径。本书部分成果曾刊登于《冷战国际史研究》和《近现代国际关系史研究》，在资料整理上有幸得到华东师范大学李丹慧教授的指点。恩师们的教诲，永生难忘。

最后感谢社会科学文献出版社承担出版这本资料集以及为此付出的辛勤劳动。

编纂本资料集是我自身在这方面的一个初步学习尝试。由于水平有限，本资料集一定还存在诸多不足，恳请学界友人予以指出，以便修订时予以更正。

姚百慧
2015 年 4 月

图书在版编目(CIP)数据

中法建交多国档案选编/姚百慧编. -- 北京：社会科学文献出版社，2016.12
（20世纪国际格局的演变与大国关系互动研究丛书）
ISBN 978-7-5097-9970-3

Ⅰ.①中… Ⅱ.①姚… Ⅲ.①中法关系-国际关系史-档案资料-汇编 Ⅳ.①D829.565

中国版本图书馆CIP数据核字(2016)第272181号

20世纪国际格局的演变与大国关系互动研究丛书
中法建交多国档案选编

编　　者 / 姚百慧

出 版 人 / 谢寿光
项目统筹 / 赵　薇
责任编辑 / 赵　薇

出　　版 / 社会科学文献出版社·近代史编辑室（010）59367256
　　　　　 地址：北京市北三环中路甲29号院华龙大厦　邮编：100029
　　　　　 网址：www.ssap.com.cn
发　　行 / 市场营销中心（010）59367081　59367018
印　　装 / 北京盛通印刷股份有限公司

规　　格 / 开　本：787mm×1092mm　1/16
　　　　　 印　张：17.25　字　数：290千字
版　　次 / 2016年12月第1版　2016年12月第1次印刷
书　　号 / ISBN 978-7-5097-9970-3
定　　价 / 79.00元

本书如有印装质量问题，请与读者服务中心（010-59367028）联系

▲ 版权所有 翻印必究